ESSAI

SUR

LA CONDITION JURIDIQUE DES ÉTRANGERS

DANS

LES LÉGISLATIONS ANCIENNES ET LE DROIT MODERNE.

ESSAI

SUR LA

CONDITION JURIDIQUE

DES ÉTRANGERS

DANS LES LÉGISLATIONS ANCIENNES ET LE DROIT MODERNE ;

THÈSE DE DOCTORAT

Présentée à la Faculté de Droit de Caen,

PAR

M. Eugène SOLOMAN,

Docteur en Droit,

Ancien Avocat à la Cour royale de Caen,

AVOUÉ A TOURS.

PARIS,

VIDECOQ PÈRE ET FILS, ÉDITEURS,

Libraires du Tribunal de Commerce de la Seine,

Place du Panthéon, près la Faculté de Droit.

TOURS,

AIGRE, Libraire,	R. PORNIN ET Cie, Imp.-Libr.,	BONTÉ, Libraire,
Rue Royale, 13.	Rue de la Scellerie, 34.	Rue Royale, 20.

1844.

Cette Thèse a été soutenue le 27 novembre 1843, devant la Faculté de droit de Caen,

En présence de MM. G. DELISLE, professeur de droit romain, *doyen ;* DEMOLOMBE, professeur de code civil; TROLLEY, professeur de droit administratif; BAYEUX, professeur de code civil; L. DEVAL-ROGER, professeur de code civil et d'histoire du droit, *président.*

Tours, Imp. de R. PORNIN et Cie

TABLE DES MATIÈRES.

FIN DE LA TABLE.

PROLÉGOMÈNES.

Tous les êtres ont leurs lois : la divinité a ses lois, le monde matériel a ses lois, les intelligences supérieures à l'homme ont leurs lois, les bêtes ont leurs lois, l'homme a ses lois.

Montesquieu, *Esprit des lois*, Liv. 1.

En étudiant la législation des différents peuples, et à différentes époques, sur la condition des étrangers, j'ai cru voir que les diverses branches de cette matière pouvaient se ramener à cette triple vérité : *Le droit n'est ni fortuit, ni spontané, ni stationnaire.*

Le droit n'est pas fortuit, car rien n'est fortuit dans le monde, et l'ordre moral a ses lois comme l'ordre physique a les siennes. Tout ce qui, dans le droit en particulier, naît en dehors des principes qui sont à sa base, ne vit que quelques moments dans le temps, comme les mondes sans attraction dans l'espace. Ainsi, pour me renfermer dans l'objet spécial de ce travail, la législation d'un peuple sur les étrangers tient par sa base aux principes fondamentaux de la constitution de ce peuple : ceux-ci à leur tour sont soumis, sous peine de mort, aux principes généraux et immuables du droit universel, qui ne sont eux-mêmes que l'expression des rapports résultant de la nature des êtres. C'est, au milieu des mondes de l'ordre moral, le système de la *mécanique céleste* qui régit ceux de l'ordre physique, et cette unité n'est que logique pour quiconque veut voir, au-dessus de ces deux ordres de lois, une loi unique et suprême, la volonté de la providence.

A

Mais en aucune chose peut-être il n'est donné à l'homme d'arriver au but ; sa gloire est d'y marcher, a dit un éminent historien (1) ; le droit n'atteint donc pas tout d'abord à la perfection, *il n'est pas spontané* et c'est là une différence profonde entre l'ordre matériel et l'ordre moral. Plus confiant dans l'intelligence de l'homme que dans la matière intelligente, le créateur n'a fait que poser dans la nature le principe éternel, *la loi des lois*, comme dit Bacon, s'en remettant à l'esprit humain du soin de tirer, une à une, en tendant à travers les siècles vers l'idéal du droit, toutes les conséquences du principe posé. C'est la recherche de ces conséquences qui constitue la liberté de l'homme et sa responsabilité ; c'est aussi ce qui dévoile sa faiblesse. Ainsi, pour revenir à la question de la condition juridique des étrangers, c'est assurément là une des faces les plus importantes du grand problême de la fraternité humaine, puisqu'il s'agit de savoir comment un étranger sera reçu par une autre nation que la sienne. *Tous les hommes sont frères* : voilà le principe, l'idée de Dieu ; mais comment mettre ce principe en action et en développer toutes les conséquences ? C'est là le problême, le travail de l'homme. L'esprit humain s'égare à la recherche de la solution, sans voir clairement le point de départ ni le but de ses efforts, mais il marche toujours, poussé par un vague instinct, qui lui dit que, pour les nations comme pour les hommes, la solitude et l'isolement sont un mal. Ici, comme dans tout calcul, la plus simple erreur amène d'autres erreurs à l'infini, et, quand l'homme ne sait plus que se heurter contre des impossibilités, il recommence ses essais sur une nouvelle base et avec de nouveaux tâtonnements : suivant quelles lois ?.... je ne sais, mais ce travail n'est peut-être pas sans analogie dans le monde. En effet, le naturaliste nous fait voir, dans la formation de cer-

(1) M. Guizot, *hist. de la civil. en Fr.* I, 31.

tains corps du monde physique les molécules s'attirer, se chercher, se rapprocher pour trouver le côté véritable par où elles puissent sympathiser, avant de vivre ensemble pour toujours sous la loi de l'attraction qui les centralise. Il me semble qu'il en est de même des institutions humaines, des alliances de l'homme avec l'homme, des peuples avec les peuples : le vrai point d'attraction ne se trouve pas facilement, mais une fois trouvé, les hommes et les peuples entrent peu à peu, pas à pas, dans l'éternelle vérité, dans le plan de la providence et ils marchent, selon les voies de Dieu, à d'autres conquêtes. Que d'essais infructueux, que de siècles de déceptions avant d'arriver là ! On y vient tôt ou tard, on y marche toujours ; c'est la loi de nature, et, pour nous y mener lentement, selon nous, la conduite de la providence n'en est pas moins sûre.

Le droit n'est pas stationnaire, puisqu'il ne naît pas parfait et qu'il tend à le devenir. Le droit, c'est la vie (2) ; il est essentiellement dramatique et historique comme l'homme (3). La législation spéciale sur les étrangers ne peut pas seule rester en arrière dans ce mouvement général, sans détruire l'harmonie universelle ; c'est une espèce de satellite de la législation générale, et, à la vue d'un progrès dans l'une, le jurisconsulte peut compter sur un progrès dans l'autre ; le même mouvement les emporte, comme celui de la terre autour du centre commun emporte ses satellites avec elle.

La question de l'extranéité, examinée seulement dans les quelques articles qui s'occupent des étrangers dans notre Code civil, me paraîtrait donc réduite à de bien mesquines proportions, comme un point dans l'espace ou un simple anneau dans une chaîne immense. Je la crois plus élevée, et , considérée comme le plus beau côté du problème éternel de la fraternité des hommes, elle m'est apparue une dans le passé,

---

(2) M. Lherminier, *philos. du droit.*—(3) M. Giraud, *hist. du droit rom.*

dans le présent, dans l'avenir. Le passé explique le présent, il lui aide par ses enseignements à entrevoir l'avenir. Pour ranimer l'histoire de la condition des étrangers dans les temps qui ne sont plus, il faudra faire revivre les principes généraux du droit chez les peuples anciens; il faudra rechercher ainsi l'enchaînement des causes et des effets, ce que M. Guizot appelle la portion immortelle de l'histoire (4). La même méthode doit servir à faire comprendre le droit actuel en cette matière. Quant à la question dans l'avenir, je n'aurai garde de l'aborder, je l'abandonne à d'autres plus forts et plus hardis.

Je diviserai donc cette dissertation en deux parties :

La première comprendra, sous le titre d'*Introduction historique*, l'histoire de la condition des étrangers. Je tâcherai de montrer, dans l'antiquité, l'humanité procédant à la solution du problème par la division du travail et par le tâtonnement de moyens divers, chez les peuples primitifs, chez les Juifs, chez les Grecs et chez les Romains. Puis, les légions romaines s'en vont, de pays en pays, demander à chacune de ces grandes civilisations les résultats obtenus par elles; elles les rapportent avec le butin de la guerre dans la ville éternelle, où le monde nouveau vient les prendre, ramenés à l'unité, pour conduire à d'autres conquêtes les vérités qu'il a cru y démêler. En effet, un travail de fusion s'opère; l'humanité, riche des expériences de l'antiquité épuisée, s'élance dans d'autres voies, éclairée par le christianisme naissant et régénérée par les forces nouvelles qui lui viennent des Barbares (5). Le travail se divise de nouveau, et, en France, notre problème change de face avec la féodalité, avec la lutte des seigneurs et du Roi, avec le triomphe de la royauté. La révolution française éclate ;

---

p. 5.—(4) *Hist. de la civil. en Europe*, p. 349.—(5) Les émigrations des hommes polaires, dit Pierre-le-Grand dans son testament, sont comme le flux du Nil qui, à certaines époques, vient engraisser de son limon les terres amaigries de l'Égypte.

une ère nouvelle s'ouvre pour tous ; la charité civile appelle les étrangers des frères et dans cette question , comme dans tant d'autres, notre pays marche à la tête de la civilisation. Les principes de l'assemblée constituante chancellent à leur tour, et nous voyons se dessiner l'époque actuelle , à travers les oscillations produites par le système du Code civil et par celui de la loi de 1819.

Dans la seconde partie , sous le titre de *Droit actuel* , j'essaierai d'exposer avec quelques détails les principes qui régissent aujourd'hui la matière.

Sans pénétrer dans l'avenir , la question ainsi envisagée reste immense , et je ne pourrai qu'en ébaucher l'esquisse à grands traits.

INTRODUCTION HISTORIQUE.

CHAPITRE I.

DES ÉTRANGERS CHEZ LES PEUPLES PRIMITIFS.

Le droit chez un peuple découle de la constitution de ce peuple, se modifie avec les événements et se grave dans les institutions qui sont effet avant de devenir cause. Si nous étions réduits, pour comprendre l'histoire du droit des étrangers à l'origine des sociétés antiques, à rechercher la source et les modifications de cette législation spéciale dans l'histoire des faits des temps héroïques, il faudrait y renoncer : ces événements tiennent plus de la fable que de l'histoire et n'ont guère laissé de trace saisissable dans les événements connus et certains qui les ont suivis. Il n'en est pas de même de la constitution d'un peuple et de ses institutions *fossiles*, si je puis ainsi parler ; il est moins difficile de les faire revivre à l'aide de ce qui en est resté dans les institutions postérieures.

Ainsi, je ne crois pas me tromper en disant que les peuples naissants vivent comme les individus : les premiers temps de leur existence se passent dans la satisfaction des besoins physiques (1) ; c'est à cette époque, et surtout dans notre matière, que se trouve bien vraie cette assertion de Montesquieu (2) « que les lois ont un très-grand rapport « avec la façon dont les divers peuples se procurent la sub- « sistance. » Selon qu'ils ont plus ou moins de peine et d'inquiétude à s'assurer leurs moyens d'existence, ils admettent plus ou moins facilement l'étranger à les partager avec eux.

(1) Montesquieu, *Espr. de lois*, 1, 2.—(2) Idem XVIII, 8.

Les peuples chasseurs, ceux qui mènent une vie errante et vagabonde, ceux aussi qui cherchent dans la guerre un butin qui les fasse vivre, reçoivent très-volontiers l'étranger parmi eux. Les bois qu'ils dépeuplent, les pays qu'ils parcourent, ceux qu'ils ravagent, n'ont pas de limites pour eux. La subsistance leur coûte peu et ne leur manque jamais : ils la cherchent en commun, et les membres d'une communauté sont moins avares de ce qu'elle possède que de leur propre bien. Ils possèdent peu de chose, mais c'est assez, c'est trop peut-être, pour satisfaire aux nécessités de leur sauvage existence, et ceux qui ne songent pas encore aux jouissances superflues du luxe, sont en général toujours prêts à partager avec générosité le peu qu'ils possèdent. L'étranger, pour vivre au milieu de ces peuples, ne leur enlève pas une part du repas, qui sera toujours plus que suffisant ; ce n'est pas d'eux qu'il reçoit le sien, il le prend à la forêt ou à l'ennemi. Loin d'être un hôte incommode, il pourra être un compagnon utile et un combattant de plus dans les expéditions, car ces peuplades nomades et guerrières ont, vis-à-vis de leurs voisins, plus de querelles que les peuples fixes, pour leurs chasses, pour leurs pêches (3) : c'est, à mon avis, ce dernier motif qui fait très-bien comprendre leur cruauté à la guerre vis-à-vis des peuples étrangers, malgré cette hospitalité pour l'individu étranger dont on s'étonne encore aujourd'hui (4). Cela est vrai pour toutes les sociétés

---

(3) Id. XVIII, 12.—(4) Les exemples ne manquent pas à l'appui de cette assertion. Les premiers Goths, les Huns, les Alains, qui n'attachent aucun prix à la propriété foncière, sont cruels à la guerre et favorables à l'individu étranger (Priscus, *frag.* p. 223. Bekker. Niebuhr). Il en est de même chez les Tartares de l'Asie centrale et chez plusieurs nations africaines (*Recherches sur le droit de pptѐ*, par M. Ch. Giraud, t. I, Introdon, ch. 1. p. 5) ; chez les Gaulois qui habitent leurs forêts (Diod. de Sicile V. 212) ; chez les Germains qui n'ont pas d'abord de propriété fixe, (Tacite, *Germ.* ch. 21 et 26 ; Julius Cesar, *de bell. gall.* VI, 22, 24 ; M. Guizot, *hist. de la civil. en France* I, 207) quoiqu'en disent beaucoup d'écrivains allemands ; chez les Celtes et les Celtibériens (Cassiodore).

naissantes, pour les barbares des temps anciens comme pour les sauvages du Nouveau-Monde (5).

Les peuples pasteurs sont encore hospitaliers, mais ils le sont peut-être moins que les peuples chasseurs. Le troupeau qui les fait vivre est déjà une propriété privée ; il appartient à la famille ou à la tribu, et, si un étranger vient en partager les produits, il pourra y avoir préjudice sensible pour les propriétaires. Ce commencement de propriété privée dispose moins à l'hospitalité. Le peuple pasteur souffre bien encore la compascuité, mais avec sa famille, avec sa tribu : s'il y a communauté des terres, la communauté agit dans ses relations avec les étrangers, comme un individu moral possédant des biens (6) ; elle se défend contre l'usurpation et n'admet au partage que des affiliés. Les troupeaux étrangers, qui viendraient paître sur les pâturages de la communauté, pourraient porter aux troupeaux des premiers occupants le même préjudice que l'étranger qui prendrait part aux produits du troupeau (7). Toutefois, cette sévérité du peuple pasteur ne commence pas dès l'origine. Ainsi, à une époque, où le sol et le pâturage étaient encore ouverts à qui voulait les occuper, nous voyons Hémor et Sichem, princes cananéens, proposer à leur peuple d'admettre parmi eux les Hébreux qui le demandent (8) : on accorde même aux étrangers jusqu'au droit de creuser des puits et de s'en attribuer la propriété exclusive et héréditaire (9) ; mais bientôt les troupeaux s'accroissent, la famille

—(5) Voy. M. Guizot, *même ouvrage*, I, 228, tableau des ressemblances que les Barbares de la Germanie ont avec les Barbares des temps modernes, nº 15. Tacit. ch. 21 et *extrait d'un mémoire de M. Simon*, dans l'histoire de l'académie des inscriptions, III, 41.—(6) Chez les Scythes, le bagage et le troupeau étaient propriété privée, les terres étaient propriété commune (Justin, *hist.* II, 2 § 3).—(7) Ces dispositions des peuples pasteurs se retrouvent partout chez tous les peuples de l'Orient et de nos jours encore sous la tente des Arabes (Homère, VI, vers 15, III, vers 34. Voy. enc. Hérodote et Cicéron, *de officiis*, III, ch. 13).—(8) Genèse, ch. 34, v. 1.—(9) Genèse, ch. 21, v. 30 et ch. 26,

grandit, la tribu s'augmente, le pâturage est trop étroit; alors les migrations commencent (10), on connaît le prix du sol, on dispute à l'étranger jusqu'au puits qu'il a creusé; la lutte est vive et le pasteur s'attache à la terre qui nourrit ses troupeaux et au puits qui les désaltère (11).

Les peuples agriculteurs sont plus sévères pour ceux qui viennent du dehors : l'homme s'attache étroitement au sol qu'il a cultivé; au lieu d'en faire sortir l'eau qui doit rafraî-chir ses troupeaux, il y trouve directement sa propre nourriture : le champ du laboureur est une propriété privée, il a toujours besoin d'améliorations et le superflu de ses produits n'est jamais inutile comme celui des prairies fertiles. Il a nécessairement d'étroites limites comme les forces et la vie de celui qui cultive : l'homme ne dépose pas seulement dans la terre la semence qui doit y fructifier, il y met tout ce qu'il a de sacré, la liberté et le travail; dans la fécondité croissante du sillon, il trouve une compensation aux forces qui s'en vont : c'est une espèce d'association entre le fort et le faible, d'identification entre la terre et l'homme; la terre *transhumane*, comme dit Dante, elle se montre reconnaissante des soins qu'elle a reçus et le vieillard s'attache par mille liens à ce dernier soutien de ses dernières années. Ce serait donc une partie de son travail et de sa liberté que l'agriculteur se verrait enlever par l'étranger : il consent bien à le recevoir au partage, à l'origine, *parce que ses terres sont spacieuses et manquent de laboureurs* (12), mais quand la famille s'accroît et grandit, il sent bien vite qu'on ne transporte pas un champ comme un troupeau, qu'il faut mourir où l'on a vécu, où l'on a travaillé, et les étrangers sont repoussés avec plus de rigueur. Les preuves abondent dans les histoires des Egyptiens, des Juifs, des Grecs et des Romains (12 *bis*), et de nos jours encore chez les Chinois, dont

V. 15 et 18.—(10) Genèse, *Passim*.—(11) Genèse, ch. 26, v. 15, 18.—(12) Genèse, ch. 34, v. 31.—(12 *bis*) Voy. *l'hist. de l'orig. des ordres ou états en*

la fête la plus solennelle est celle de l'Agriculture (13), et qui ne voient dans les Anglais que *des barbares à cheveux rouges*.

Mais il est peut-être plus que rare que le problème se présente avec cette simplicité : un peuple n'est pas exclusivement chasseur, pasteur ou agriculteur, ou bien, si cet état existe, il ne peut durer longtemps : les besoins physiques sont vite satisfaits et l'homme sent en lui de plus nobles destinées que celles de la vie matérielle. L'intelligence se produit peu à peu comme chez l'enfant ; elle amène le développement de la vie morale ; alors d'autres éléments viennent dans la conduite de ces peuples, à l'égard des étrangers, mêler, ajouter leur action à celle des éléments déjà signalés. Les sentiments religieux deviennent, sous l'inspiration d'un homme de génie, une religion qui ne sert de point de ralliement qu'à ses initiés (14) : l'homme s'enferme dans des murailles et la cité qui se forme ne sera ouverte qu'à ses citoyens : les mœurs deviennent des lois, et dans ces lois nous voyons qu'en ce qui concerne les étrangers le mode de subsistance n'est plus qu'un point secondaire ; on leur laisse la vie physique, mais on les éloigne du temple et des sacrifices, on les repousse du forum et l'on garde pour les indigènes les bienfaits du ciel et ceux de la vie politique et civile.

A l'origine des sociétés, c'est presque toujours la religion qui règne, et quelquefois elle établit pour longtemps son empire, comme en Égypte et chez les Juifs. D'autres fois, le principe théocratique finit par se combiner et se confondre avec le principe politique ou civique, comme en Grèce et à Rome.

Allemagne, ouvrage dans lequel M. C. D. Hullmam, veut prouver que l'ordre social moderne tout entier, politique et civil, a dérivé de cette circonstance que les peuples modernes ont été essentiellement agricoles. Voy. enc. Montesquieu, *Espr. des lois*, XVIII, 9. — (13) Voy. dans le *J^{al} le Siècle*, 9 déc. 1842, un article intitulé *les Anglais en Chine*. — (14) C'est pourquoi dans la Tauride les habitants immolaient à leurs divinités les étrangers qui faisaient naufrage sur leurs côtes ; de même, pour complaire à leurs dieux, les habitants de l'Asie dépouillaient les étrangers et les faisaient esclaves.

CHAPITRE II.

DES ÉTRANGERS CHEZ LES ÉGYPTIENS ET CHEZ LES HÉBREUX.

Nous savons peu de chose des Egyptiens, sinon que le pouvoir était aux mains de la théocratie : les prêtres faisaient un corps à part entretenu aux dépens du public, l'agriculture était une leçon des Dieux et l'on était dur pour les étrangers qui étaient réduits en servitude. Cela se conçoit : les prêtres devaient craindre que les partisans d'une autre religion ne vinssent leur enlever les croyances et le pouvoir ; il était habile de leur part d'enseigner à ces agriculteurs que leurs Dieux seuls pouvaient leur montrer l'art de féconder la terre et leur fournir leur subsistance.

L'histoire des Juifs est plus connue. Si nous les considérons au temps de Moïse, nous trouvons dans leurs lois et dans les livres qui nous les rapportent, un cachet particulier qu'on n'a pas assez remarqué en traitant notre question. C'est à la fois l'histoire du passé et le programme de l'avenir. Moïse en effet écrit à une époque toute de transition : les Juifs ont été pasteurs, ils sortent de chez un peuple agriculteur, et, en leur racontant l'histoire de ce temps, il leur trace des lois pour une époque où ils seront agriculteurs eux-mêmes : ils ont été étrangers et esclaves en la terre d'Égypte, ils sont nomades et guerriers, et, en leur rappelant les souffrances de la captivité, en leur traçant les devoirs passagers de la vie errante et militaire, il leur dicte les devoirs futurs et définitifs de la vie libre, sédentaire et pacifique. Qu'y a t-il donc d'étonnant, à ce point de vue, si l'on retrouve dans ces lois de la montagne tant d'apparentes contradictions qui ne sont que des nécessités rationnelles ; d'un côté beaucoup de bienveillance, de l'autre une grande rigueur pour l'étranger (1) ? J'insiste sur cette distinction, qui

(1) La sévérité, c'est la loi nouvelle, la loi agricole. L'humanité, c'est un

me semble capitale , et que personne , si je ne me trompe , n'a encore indiquée. C'est, à mon sens, la clef de toute la législation hébraïque, surtout en matière d'étrangers.

Les tableaux de la vie pastorale sont toujours dans la mémoire des anciens, et par conséquent plus encore dans les mœurs du peuple. La captivité n'est pas loin, le respect et l'appui dû à la faiblesse opprimée sont encore dans tous les cœurs. La vie nomade dure toujours et les peuples nomades ont besoin de guides qu'ils associent à leur fortune. Voilà pourquoi l'étranger, la femme, l'esclave, l'orphelin, ces déshérités du monde, sont l'objet de toute la sollicitude du législateur , qui ne veut pas froisser les mœurs de son peuple (2).

Si nous voyons les lois plus rigoureuses pour l'étranger, c'est quand, à l'inspiration de Moïse, les Juifs ont une religion bien déterminée, tolérante pour les individus (3), mais intolérante , exclusive et jalouse au suprême degré pour les doctrines et les cérémonies des autres religions (4); quand ils deviennent un peuple régulier, qu'ils ont des lois pour naître à la vie nationale, qu'ils vont avoir un sol pour asseoir ces lois; quand ils sont destinés à cultiver la terre promise par le Dieu d'Abraham et de Jacob , et qu'ils ont à s'assurer tous les bienfaits de ce temps, qu'ils ne connaissent pas encore, et cette terre où ils n'arriveront que par la force et ne se maintiendront que par la foi.

La guerre aussi a mêlé les Hébreux aux étrangers (5) et

débris de la loi ancienne, de la loi pastorale. M. Michelet (*Orig. du dr. franç.*) ne paraît pas avoir saisi le motif de cette différence, devant laquelle il s'étonne et s'extasie, en citant Manou, p. 302-3, § 339, 341, p. 395, § 16, et Deutér. C. 23, v. 24-25. — (2) Exode, ch. 23, v. 9. Deutéron, ch. 24, v. 17. Lévit. ch. 19, v. 34. I Rois, ch. 8, v. 41, 43. Deutér. ch. 23, v. 15, 16. — (3) Perdrai-je le Juif ou le Gentil, s'écrie l'Eternel dans le Talmud de Babylone, l'un et l'autre ne sont-ils pas l'ouvrage de mes mains ? (Basnage, *Hist. des Juifs*, liv. 7, c. 9, d'après la Guemare. Prideaux, *Hist. des Juifs*, t. 5, liv. 13, p. 20.) —(4) Lévit. ch. 18, v. 3, 4. *Id.*, ch. 20, v. 22, 23. — (5) La guerre est sou-

leur a fait oublier la bienveillance primitive avec laquelle ils les traitaient. Ils sont à une époque de barbarie ; ajoutez à cela l'insuffisance des moyens qu'ils avaient pour réprimer les vaincus et se soustraire à leur vengeance ultérieure, et vous aurez l'origine de ces ordres sanguinaires qui leur faisaient écraser un ennemi abattu, quand ils ne le réduisaient pas en servitude (6). Je devrais peut-être ne point parler ici de l'influence de la guerre : c'est ordinairement un état anormal chez les peuples, et, aux yeux de tous, il autorise, contre l'ennemi, des rigueurs exceptionnelles qui n'ont point d'écho, dans la loi, contre l'étranger. Mais il y avait des peuplades qui, pour Moïse, ne pouvaient jamais être seulement étrangères et étaient toujours ennemies ; c'étaient les peuplades Cananéennes, celles de Madian et d'Amaleck. On a voulu confondre ce qui était prescrit uniquement contre elles avec ce qui était ordonné à l'égard de toutes les autres : on a dit, en parlant de ces données, que Moïse avait été, pour les hommes comme pour les Dieux des nations étrangères, plus sévère encore que le sévère Lycurgue (6 *bis*) : c'est cette confusion, c'est cette erreur que je veux relever.

Moïse devait faire entrer et fixer les Hébreux au milieu d'un pays très-peuplé, et peuplé d'habitants idolâtres. En entrant dans le pays de Canaan, il fallait pour son peuple détruire les Cananéens ou être anéantis. Le législateur défendait aux Hébreux de s'établir parmi eux ; il craignait pour leur Dieu, pour leurs usages et pour leurs lois, leur seule patrie dans le

vent un moyen de hâter la solution du problème de la fraternité humaine ; elle met plus promptement en rapport des peuples, qui vivaient séparés avant le combat et qui s'allient après la mêlée. C'est un bienfait général acquis au détriment d'intérêts particuliers. — (6) Ordinairement, les Juifs se contentaient d'obliger leurs ennemis vaincus de jurer certains préceptes considérés comme loi naturelle et appelés *Noachides*, en souvenir de Noë à qui l'on dit que Dieu les dicta. (Maimonid., *de jure peregrini*. Selden, *de jure naturæ et gentium*, lib. 1.) — (6 *bis*.) Voy. M. Sapey, *Les étrangers en France sous l'ancien et le nouveau droit*, mémoire couronné par la faculté de droit de Paris, p. 4. —

désert, l'influence de ces idolâtres qui faisaient, pour complaire à leurs Dieux, ce qui était en abomination au sien (7): c'é-
tait une guerre d'extermination qui était ordonnée (8), mais
elle ne l'était que contre ces peuplades , et c'était seulement
aussi avec elles que les mariages et les alliances étaient interdits (9). Envers toutes les autres nations , il ramène au
droit commun ; il permet d'épouser une étrangère, même
une captive, pourvu qu'elle renonce à son ancienne patrie (10 , bien que l'état ne puisse s'empêcher de voir d'un œil
plus favorable les hommages rendus aux filles d'Israël. Les
Cananéens eux-mêmes ne furent point traités comme la loi
l'avait voulu : faite pour un temps qui n'était pas encore,
elle devait tout prévoir, et de là vint qu'elle fut plus rigoureuse que la réalité. Par l'ordre même de Moïse, Josué ins-
crivit sur ses drapeaux : *fugat qui vult, in fœdus veniat
qui vult , pugnet qui vult* (11). Les indigènes ne furent
point expulsés; les Israélites prirent leurs filles pour femmes,
et marièrent leurs propres filles aux fils de Canaan (12).

En dehors de toutes ces influences , que je pourrais appeler *externes*, la condition des étrangers en subit d'autres
qui se rattachent plus intimement à la constitution même du
peuple juif.

Aux yeux de son législateur , ce peuple ne forme qu'une
famille sortie d'Abraham ; c'est aux seuls descendants de
ce patriarche qu'ont été promis les bienfaits qui doivent écla-
ter dans la terre de Chanaan (13). Moïse voulait attacher à

(7) Deuter. ch. 12 , v. 31. Exode ch. 23 , v. 33. Levit. ch. 20 , v. 23 ; ch. 18,
v. 3 ; Nombres, ch. 33 , v. 55. Voy. enc. Psaume 137 de Jérémie. — (8) Deuter. ch. 11 , v. 24.—(9) Deut. ch. 7 , v. 3 et 4. Genèse, ch. 34 , v. 14-17. Exode,
ch. 34 , v. 16. — (10) Deuter. ch. 21 , v. 11, 12. I. Chron. ch. 2 , v. 34, 35.
Ruth. ch. 1. Juges , ch. 5 , v. 12. II Rois , ch. 3 , v. 3. III Rois, ch. 3. Exode,
ch. 2, etc. — (11) Selden, *de jure nat. et gent.*, liv. 6, ch. 13. — (12) Juges,
ch. 2 , v. 11 ; ch. 3 , v. 5.

(13) Il y a chez les Hébreux un grand orgueil de race, et leur goût de généa-
logie se trahit dans le dénombrement fait à la sortie du désert. Il en est de même

l'agriculture, pour l'attacher au sol, ce peuple jusque-là plus exclusivement pasteur et nomade : toutes ses lois tendent donc à le retenir chez lui , c'est-à-dire à l'empêcher d'avoir besoin des étrangers. Pour cela que fait-il? ses pasteurs sont habitués à la propriété commune du pâturage ; la terre promise devient une propriété publique, nationale par excellence, puisque le titre de son occupation émane de Dieu même (14). Les enfants de la grande famille ont tous un droit égal à cette propriété ; ils doivent arriver à la plus grande égalité possible dans les richesses ; il faut pour cela la plus grande identité dans les intérêts des citoyens et le jubilé rétablit l'égalité troublée. Prenons un exemple pratique : le prêt est interdit d'Hébreu à Hébreu : au lieu d'emprunter à autrui pour une entreprise , l'on s'associe avec autrui à profits et pertes ; c'est une espèce d'assurances générales et mutuelles entre tous les citoyens : Tous viennent au secours les uns des autres avec désintéressement, de tribu à tribu, de ville à ville, de particulier à particulier (15). Ainsi encore, dans ce système, les fonctionnaires n'ont point d'appointements, ils remplissent gratuitement les charges publiques dans l'intérêt commun, comme on remplit les fonctions de père et de mère dans une famille (16). Mais il y a contre ce système du législateur juif, exclusif de l'étranger , quelque chose de plus fort que la loi ; c'est la position géographique du pays, qui porte les Hébreux au commerce avec les nations étrangères et par conséquent les éloigne de l'isolement : Eh bien ! supposons un étranger introduit dans cette association, où la réciprocité est la base de toutes les relations : Qu'arrivera-t-il ? S'il est fixé parmi les Hébreux , il sera traité, sous le rapport du droit privé , comme un Hé-

---

chez toutes les nations de l'antiquité, qui descendent de quelque divinité ou qui sont sous sa protection spéciale et toujours exclusive.—(14) V. M. Giraud, *Recherch. sur le dr. de ppté*, ch. 2, p. 33, et Selden, *de jur. natur. et gent.* juxtà *disc. Ebreorum*, ch. 6.—(15) Levit. ch. 25, v. 35.—(16) V. M. Salvador,

breu, car il pourra rendre les services qu'il devra recevoir. S'il n'est que passager, il n'a point de devoirs aux yeux de la loi, elle ne lui donnera pas de droits ; il paiera ce dont il aura besoin, on lui paiera ce qu'il pourra donner.

Cet exposé fait pressentir qu'il y a pour les Juifs diverses classes d'étrangers, traitées plus ou moins favorablement, selon que ceux qui les composent peuvent plus ou moins participer à l'organisation fondamentale de la nation. Ils reconnaissaient en effet quatre espèces d'étrangers : 1° les Prosélytes ; 2° les Nocri ; 3° les Ilotes ; 4° les Gentils.

§. I. *Prosélytes.* « Les prosélytes, dit M. de Lamennais (17), à moins qu'ils ne fussent auparavant livrés à l'idolâtrie, n'étaient pas des convertis, selon le sens que nous attachons à ce mot, mais des étrangers que l'on consentait à incorporer dans la nation. » Le mot *guer* indique également, dans le Pentateuque, l'étranger affilié au peuple hébreu, naturalisé, et celui qui n'est qu'habitant, domicilié, *tochab* (18). Dans la suite on appelle le premier *étranger de justice* et l'autre *étranger des portes ou de domicile.*

1° *Prosélyte guer, affilié ou de justice* (étranger naturalisé). La grande famille hébraïque reconnaît des enfants adoptifs ; elle admet la naturalisation de l'étranger. Celui qui veut être incorporé (19) déclare ses intentions devant trois juges. Ceux-ci l'interrogent et lui retracent ses droits ; s'il persiste, on le reçoit avec les cérémonies d'usage ; il est circoncis et il devient alors semblable en toutes choses aux autres Israélites, sous les rapports religieux, politique et civil, surtout dès qu'il a épousé une citoyenne qui l'unit immédiatement à l'état (20). Il participe à tous les devoirs des

---

hist. des instit. de Moïse.—(17) *De l'indiffér. en matière de religion,* t. 3, ch. 23.—(18) Les Hébreux étaient obligés d'être plus tolérants à l'origine, parce qu'ils étaient moins forts ; ils devaient alors facilement considérer comme naturalisé l'étranger qui vivait au milieu d'eux et qui partageait avec eux les fatigues et les dangers du désert.—(19) M. Salvador, t. 2, liv. 5, ch. 3.—(20) Talmud Ba-

Hébreux, il participe également à tous leurs droits. Il peut faire la Pasque avec eux et ne pas plus qu'eux manger les viandes défendues (21) ; il parvient aux magistratures civiles et militaires. Mais cette initiation du prosélyte de justice est un bienfait personnel, puisqu'elle est produite par la circoncision. Par conséquent, ses enfants ne succédaient à ses biens que s'ils étaient nés depuis son initiation, ou bien, s'ils étaient nés antérieurement, ils devaient avoir été circoncis et purifiés. Si le prosélyte mourait sans enfants, nés depuis qu'il avait adopté les principes de la loi de Moïse, ses biens n'appartenaient pas au fisc, mais au premier occupant ; ils rentraient dans la communauté (22).

2o *Prosélyte tochab, non affilié,* ou *de domicile.* L'étranger, qui n'est point affilié à la loi de Moïse, mais qui cependant habite au milieu des Hébreux, peut rendre à ceux-ci certains services qui sont la mesure des droits qu'on lui concède. Au point de vue religieux, il ne peut faire la Pasque avec les Juifs et on peut lui *donner,* non lui vendre, les viandes défendues (23) et les bêtes mortes d'elles-mêmes ; mais il n'entre au temple que dans le parvis des nations (24) et on le soumet aux principes, dits *Noachides,* qu'on pourrait appeler *lois naturelles de police et de sûreté.* Au point de vue politique, il ne peut arriver aux magistratures ; mais, en droit civil, il est sur le pied d'égalité parfaite avec l'Israélite et le prosélyte *guer* (24 *bis*) : il est défendu de lui prêter à in-

bylon. *De Levicorum officiis,* cap. 8. Selden, *loc. cit.* lib. 2, c. 2. Lévit, ch. 19, v. 34, Basnage, *hist. des Juifs,* liv. 7, c. 9. Prideaux, t. 5, liv. 13, p. 20 ; Talmud, ch. 1, *de cultu pereg.* — (21) Exode, ch. 12, v. 48. Deutéron. ch. 14, v. 21.—(22) Quelquefois la simple habitation suffit pour donner ce droit d'affilié. Quelques-uns acquièrent ce titre à la 3e génération, comme les Iduméens et les Egyptiens (*Deutér.* ch. 23, v. 7-8), les premiers parce qu'ils sont frères des Hébreux, les autres parce que les Hébreux ont été étrangers en leurs terres. Les Moabites au contraire et les Ammonites en sont exclus à jamais, même après la 10e génération (v. 3-4), parce qu'ils sont les fils de Loth et n'ont pas voulu venir au-devant des Juifs, avec du pain et de l'eau, dans le chemin, après la sortie de l'Egypte.—(23) Deutér. ch. 14, v. 21.— (24) V. Basnage.— (24 *bis*) Exo-

térét des vivres ou de l'argent (25). C'est parmi les étrangers *tochab* que le juif doit prendre son serviteur ou sa servante, mais sans les faire esclaves (26) ; si l'étranger s'est enrichi et a acheté un Israélite, celui-ci peut lui être racheté, sinon il sera délivré à l'époque du jubilé.

§. II. *Étranger nocri, passager* ou *forain*. Celui qui ne fait que passer au milieu des Hébreux est en dehors de toute communauté religieuse, politique ou civile ; on ne lui donne rien, car il ne rendrait peut-être jamais : il n'est pas soumis à la loi de l'État et rien ne peut le forcer à remplir, par réciprocité, la condition exigée par elle d'un enfant d'Israël. Ainsi, on ne lui donne pas, comme à l'étranger *tochab*, les viandes défendues ; il faut qu'il les achète (27) : s'il devient serviteur ou esclave, il l'est pour toujours et le jubilé même ne le délivre pas (28). On peut, et on ne peut le faire qu'à lui seul, lui prêter à intérêt, car c'est ainsi qu'il agit lui-même (29). Mais c'est aussi en sa faveur que sont enseignés les préceptes de bienveillance, dont l'accomplissement est un droit vis-à-vis des autres (30) ; c'est pour lui qu'Israël doit, pour accomplir la volonté de Jéhovah, partager les dîmes de la troisième année entre le lévite, *l'étranger pauvre*, la veuve et l'orphelin, épargner un angle du champ, ne pas glaner et abandonner le reste des olives et de la vendange (31).

§ III. *Ilotes*. La guerre pouvait rendre des étrangers ilotes et tributaires. C'est à cette classe d'individus qu'appartenaient les étrangers que Salomon rassembla dans le pays pour transporter le bois et les pierres nécessaires à la cons-

de, ch. 23, v. 9. Deutér., ch. 24, v. 17. Lévit, ch. 19, v. 34. — (25) Lévit, ch. 25, v. 35. — (26) Lévit, ch. 25, v. 44-45. — (27) Deutér., ch. 14, v. 21. — (28) Lévit, ch. 25. — (29) Deutér., ch. 23, v. 20. Le mot *necheb* ne signifie pas usure, comme on l'a dit, mais un intérêt quelconque, comme *usura* et *fœnus* chez les Romains. Il ne faut non plus appliquer ici à tous les étrangers ce qui n'est dit que des *nocri* (Décisions du Grand-Sanhédrin de Paris, an 1807, art. 8). — (30) Deutér., ch. 10, v. 18 19. — (31) Deutér., ch. 14, v. 29 ; ch. 26, v. 1 2

truction du temple (32). On prescrit pour eux le repos du septième jour, comme pour le bœuf, l'âne et le fils de l'esclave (33).

§ IV. *Gentils*. Les Gentils sont les idolâtres. Il y a entre eux et les Hébreux réciprocité entière, égalité parfaite ; ils ne se doivent rien de part et d'autre. Ainsi « il n'est pas permis de faire un cheptel de fer entre Israélites, mais on peut recevoir d'un Gentil et lui donner un troupeau à cette condition : on peut en recevoir de l'argent à intérêt et lui en donner de la même manière (34). Les Gentils avaient fini par obtenir une enceinte dans le temple ; ils entraient dans le parvis des nations et ne pouvaient aller plus loin (35).

Le nombre des étrangers augmenta constamment chez les Juifs ; il était grand sous Salomon (36), il croissait sous les prophètes. Après le retour de la captivité, les étrangers portent leurs denrées sur les marchés de Jérusalem (37). Vers les derniers temps de la Judée, ils s'y trouvaient dans une proportion considérable et l'on ne distinguait plus que trois sortes de personnes, dit Basnage, les Juifs, les Prosélytes et les Gentils (38). Enfin ce peuple, qui n'avait pas oublié toute bienveillance pour les étrangers, est devenu étranger lui-même dans les pays où il s'est retiré : partout et pendant longtemps, une terre inhospitalière lui a refusé un abri ; mais le lien, qui l'avait fait résister, dans son pays, à l'invasion des mœurs étrangères, l'a tenu uni pendant des siècles contre les mœurs de ses hôtes, et c'est comme un exemple de la supériorité de l'amour de Dieu sur l'amour de la Cité, car

Lévit., ch. 23, v. 22; ch. 25, v. 35. Deut., ch. 24, v. 17-21-22.—(32) II. Chron. ch. 8, v. 7-8. — (33) Exode, ch. 23, v. 12. — (34) Mischna, *de damnis*, lib. 2, ch. 5, § 6. Deutér. ch. 28, v. 13-44. — (35) De quelque pays qu'il vienne, l'étranger peut rendre hommage à la divinité dans le temple hébreux : « O Jehovah, dit la prière pour la dédicace de ce temple, écoute aussi l'homme venu d'un pays lointain qui n'est pas de ton peuple d'Israël (V. Basnage). »—(36) III Rois, ch. 4, v. 34.—(37) Esdras, Néhémie. Esther, ch. 10. Josephe, *antiq. jud.* liv. 12, ch. 2-3.—(38) *Hist. des Juifs*, liv. 7, ch. 7.

l'amour de la Cité n'a pas sauvé les républiques de la Grèce ni les destins de Rome, nous allons en voir la preuve dans les deux chapitres suivants.

CHAPITRE III.

DES ÉTRANGERS CHEZ LES GRECS.

La Grèce eut aussi ses temps héroïques ; Homère nous a chanté son hospitalité comme la Bible celle des pasteurs hébreux : plusieurs causes ont porté atteinte à cette bienveillance primitive. En effet, les peuples d'Europe sentent vite le besoin de l'agriculture (1), et les Grecs durent être promptement agriculteurs, c'est-à-dire propriétaires privés. Quand les hommes passent à la vie agricole, dans un pays aussi peu étendu et à une époque aussi peu civilisée, la gêne se fait bientôt sentir ; on se heurte dans cet étroit espace où personne n'a de place fixe : il n'y a point encore de puissance publique qui fasse respecter les individus ; le faible opprimé cherche son salut dans la fuite ou appelle un protecteur ; pour lui tout protecteur est un héros, le héros presque un Dieu, et, avec le temps il devient le Dieu de la force, Hercule par exemple. Une fois que l'opprimé comprend tout l'avantage, qui lui est revenu pour la sûreté de sa personne de la protection d'une divinité, les Dieux vont naître à l'infini pour protéger ce qui est en danger, c'est-à-dire tout, la propriété, la famille et les droits qui en découlent. Ainsi nous trouvons le droit de propriété consacré de la manière la plus solennelle et le Dieu qui le protège, Jupiter, est le père des hommes et le plus puissant des Dieux (2) : Dieu *pénate* par excellence, il protège la fidélité conjugale comme sous la forme sacrée d'un *terme*, il défend la limite des champs : on a besoin du secours de la

____

(1) Montesquieu, *Espr. des Lois*, liv. 18, ch. 9.—(2) Callimaque, *Hymne à Jupiter*, v. 94. Dion Chrysost. *de regn. opp.* I, 56. Odyssée, X, v. 334.—

justice et il est l'époux de Thémis ou de l'Équité (3). Arrivée là, l'imagination de l'homme fait bien vite un pas de plus; ce n'est plus le droit méconnu qui existe avant le Dieu protecteur ; un droit n'a réellement de vie que lorsqu'il est respecté et efficace ; c'est le Dieu qui existe le premier, et tout droit va devenir un don gratuit et spécial de la divinité. Voilà, à mon avis, comment l'on est arrivé à pouvoir dire avec vérité (4) que la religion des anciens semblait n'avoir d'autre but que d'offrir au culte des mortels, sous une forme mythique, les éléments de la vie civilisée.

Le chef de famille n'a pas invoqué pour lui seul la protection des Pénates : c'est la divinité du foyer domestique , elle veille sur la femme et sur les enfants , elle répand le bonheur sur toute la famille ; tous lui vouent le même amour que le père : le culte des Dieux privés prend ainsi , dans chaque famille , possession d'une autorité éternelle et illimitée : il faudra pratiquer ce culte avant de jouir du moindre droit et la religion privée va devenir la base la plus ferme de la constitution de l'état. Que manque-t-il en effet pour constituer l'état sur les mêmes bases ? La réunion des familles et de leurs Dieux privés sous la tutelle générale d'un même Dieu. Nous y arrivons :

En général, presque tous ont senti les mêmes besoins, dans la même situation. Tous respectent cette protection divine chez les autres, pour qu'on la respecte chez eux , et de la sorte elle se trouve être presque toujours efficace. Quelquefois pourtant les passions l'emportent et la lutte recommence ; les faibles s'unissent alors, Cadmus ouvre un asile aux persécutés , Thésée élève *l'autel des malheureux* , chacun sous l'invocation d'un Dieu : les cabanes mobiles se rapprochent avec leurs propriétaires et avec leurs pénates, la bourgade prend naissance ; tous y sont bien reçus ; la cité

(3) M. Giraud, *Rech. sur le dr. de ppté*, I, 39. — (4) M. Giraud, T, 35. —

hospitalière va devenir comme un monde nouveau sorti des débris des vieux mondes ; l'asile de Cadmus sera Thèbes, *l'autel des malheureux* Athènes, et, comme on l'a dit, le phénix social renaît plus beau de sa cendre : voilà le lien trouvé entre toutes ces familles, qui conservent leurs Dieux privés : chaque peuple va grandir sous la protection d'un Dieu commun.

Les limites de ces petits états sont incertaines à leur tour. Il y a des luttes d'état à état comme il y en a eu d'homme à homme ; la force des armes assure l'indépendance du territoire, et, comme il s'agit encore de propriété, quoique sur une plus grande échelle, c'est le Dieu tutélaire de la propriété privée qui devient le protecteur de la cité, le chef de l'état (5). Conquis par tous, le territoire devient la propriété de tous ; c'est la communauté qui fait le partage aux individus et la propriété privée n'est plus qu'une émanation du domaine éminent de l'état ; mais on est reconnaissant pour les vieux services des Pénates ; le culte des Dieux privés sera toujours la pensée dominante de la loi ; l'intérêt politique ne viendra qu'après (6).

Voyons arriver l'étranger dans un de ces petits états. Le caractère dominant de chacun d'eux est le caractère municipal : c'est dans des villes qu'on se renferme, c'est pour des villes qu'on combat (7) ; on se resserre, on s'isole et chaque gouvernement prend à tâche de se façonner un peuple ex-

(5) Tous les témoignages de l'antiquité représentent le Dieu tutélaire de la propriété comme le chef et le grand protecteur des cités et des états. Aussi présidait-il les assemblées du peuple, et l'admission au droit de cité dépendait de la profession de son culte. (V. Harpocration, vᵒ Ἑρκεῖος Ζεύς, et Suidas, *eod. vᵒ*.) — (6) Cela éclate jusqu'à l'évidence en matière de succession : on consulte d'abord l'intérêt religieux, la protection aux Dieux privés, l'intérêt de la commune ne vient qu'après ; après lui, la considération de l'affection. Ainsi, en ligne descendante, l'héritier est nécessaire pour ne pas laisser périr le culte des Dieux privés, et, avant de recevoir les biens, l'héritier libre est conduit dans la phratrie du défunt pour être admis d'abord à la participation des *sacra*. (Voy. mém. de M. Giraud sur le *droit de succession chez les Athéniens*. Revue de législation, t. 16, p 97.) — (7) Tite-Live, liv. 41, ch. 24. Plutarch. *in Peri-*

ceptionnel (8). Les communications sont difficiles , les longs voyages impossibles ; l'étranger qui se présente ne peut donc être qu'un voisin , un espion peut-être, et l'on sait combien sont vives les jalousies, les défiances et les querelles de voisinage, quand les voisins sont les ennemis de la veille ou ceux du lendemain. On le repousse donc en thèse générale.

D'ailleurs que viendrait faire cet étranger dans l'intérieur de la cité? Il y a identité presque parfaite entre les lois et les Dieux ; les deux natures de l'homme restent unies dans la politique comme elles le sont dans ce monde ; une seule main tient tous les fils de la conduite humaine , et cette main le repousse : il est, lui , le protégé d'une divinité étrangère , ou plutôt d'une divinité ennemie, puisque c'est la protectrice de l'ennemi. Il n'y a de droits que ceux octroyés par un Dieu : réclamera-t-il ceux de la nature? Mais on dédaigne la nature comme étant hors de la cité; il n'y a d'autre propriété que celle émanant de l'Etat et du Dieu de l'Etat ; il n'y a d'autre famille que la famille légale , celle qui participe au culte des Dieux privés ; le droit de la commune et celui de la famille civile l'emportent sur celui du sang (9). Cela est dur sans doute, mais cela est logique : quand la Constitution d'un peuple est exclusive, elle ne peut admettre tout le monde parmi ses citoyens : quand elle est basée sur la religion , que deviendrait-elle, si l'on admettait les adorateurs des Dieux étrangers ?

Voilà le droit pur, le droit classique de la Grèce. Entrons, avec ces données, dans l'examen du système pratique adopté à l'égard des étrangers pour les deux Etats principaux, Sparte et Athènes.

§ I. *Étrangers à Sparte*. A Sparte, comme dans les autres états de la Grèce , l'édifice de la législation civile et politique s'élève sur la base du droit de propriété. C'est l'Etat

cle. — (8) **V. M** Thierry, *Hist. de la Gaule sous l'adm^on Rom.* p. 23. — (9) **M.** Giraud, *mém. cité,* p. 109.

qui est propriétaire et le Dieu de la propriété est celui de l'Etat. Lycurgue, pour constituer une forte égalité, divisa le territoire en neuf mille parts, dont une fut donnée à chaque chef de famille : cette propriété fut inaliénable entre les mains du possesseur ; il ne pouvait ni la vendre, ni la donner pendant sa vie, ni la léguer par testament. Il voulut en outre empêcher que la propriété pût jamais s'accroître par l'industrie, et le commerce, ce passeport des étrangers, fut prohibé (10). L'on comprend sans peine ce que devait être la législation d'un pareil peuple sur les étrangers, indépendamment même des conséquences des guerres qu'il eut à soutenir avec ses voisins. Lycurgue pousse jusqu'à ses dernières limites le système de l'exclusion ; il ne permet jamais un long séjour aux gens du dehors et il chasse même ceux qui ont été attirés pour leurs affaires et leur négoce (11). Il défend également aux Lacédémoniens de voyager hors de leur pays, de peur que leurs mœurs ne s'abâtardissent par le commerce des autres peuples (12).

§ II. *Étrangers à Athènes*. Moins farouche dans ses institutions que la cité des Spartiates, Athènes est signalée, entre toutes les villes grecques, comme celle où les étrangers étaient le mieux accueillis et le mieux traités par les lois et par les hommes : on y distinguait les étrangers en trois classes : les Isotèles, les Métœques et les Barbares.

1° *Les Isotèles*. En droit strict, l'étranger ne pouvait jamais participer à tous les droits du citoyen ; nous en savons la cause. Cependant un grand service rendu à l'état devait nécessairement être agréable au Dieu protecteur, et dans ce cas la rigueur de la règle fléchissait dans une certaine mesure ; l'étranger devenait *isotèle*. L'isotélie ne pouvait être accordée que sur la demande de mille citoyens, approuvée au scrutin dans une assemblée de six mille, et adoptée par

____

(10) Plutarch. *in Lycurg.*, Meursius, Manso.—(11) M. Salvador, *Hist. des Inst. de Moïse*, liv. 5, ch. 3.—(12) Plutarch. *Instit. Lacon.* p. 238.

un décret du peuple. Cette élection pouvait être attaquée par le moindre des Athéniens, devant un tribunal, qui avait le droit de réformer le jugement du peuple même. Aux points de vue religieux et politique, l'isotèle était exclu des phratries, il n'avait pas la capacité du sacerdoce et la magistrature des neuf archontes lui était interdite. Le droit de propriété, étant tout à la fois religieux et politique, devait lui être dénié, mais l'élection de l'assemblée du peuple, présidée par le Dieu de l'Etat, levait expressément cette prohibition. L'isotèle était assimilé au citoyen, pour le droit d'agir en justice sans l'assistance d'un patron, et il payait les mêmes impôts que l'Athénien. Enfin, il avait la *manus* grecque sur son épouse, et quand Solon eut introduit le droit de tester dans la législation, ce droit fut concédé à l'isotèle. Mais ses enfants n'avaient pas plus que lui tous les autres droits de cité (13), les natifs de père et mère Athéniens les avaient seuls de plein droit et ces droits n'étaient reconnus à la famille de l'isotèle qu'à la quatrième génération. Les descendants devaient s'adresser aux magistrats de la curie et aux magistrats populaires pour faire vérifier leur filiation (14). On se relâcha avec le temps de cette sévérité, et Démosthènes se plaignit plus tard de la trop grande facilité qu'on avait mise à donner le titre de citoyen : « Nos pères, dit-il, regardaient le titre de citoyen comme « glorieux, vénérable, plus grand que tous les services ; et « nous le vendons à des hommes perdus, à des esclaves, à « des fils d'esclaves (15). »

2° *Les Métœques*. L'industrie et le commerce n'étaient pas prohibés à Athènes comme à Sparte (15 *bis*) et l'aréopage

(13) Le nom que portaient ces isotèles les séparait à toujours des citoyens par naissance, πολίται; on les appelait δημοποίηται (Harpocration, *loc. cit.* cité par M. Giraud.) V. encore le Code de Henri III, par Brisson, p. 188 v°. — (14) Demosth. *adv. Bœtum et advers. Neœram.* Plutarch. *in Pericle.*— (15) Remarquons ici avec M. Thierry, p. 36, que l'Isotélie, qui n'est même pas une naturalisation complète, ne s'accorde qu'à des individus et non à des peuples comme nous verrons à Rome accorder tous les droits de cité.—(15 *bis*) Les lois

pouvait permettre à certains étrangers, appelés Métœques, de résider à Athènes : mais il fallait, pour obtenir cette autorisation, que l'étranger fût banni à perpétuité de son pays ou qu'il vînt s'établir dans la ville avec tout son ménage et sa famille pour y exercer quelque métier (16). Les Métœques n'étaient point admis aux cérémonies religieuses , ils avaient leur Jupiter et des usages religieux qui leur étaient propres. Mais les mœurs et les lois étaient pour eux d'une égale sévérité ; l'orgueil du peuple les repoussait comme la politique du législateur : ils étaient relégués dans un quartier de la ville, comme plus tard on a vu les Juifs dans l'Europe moderne ; leurs enfants ne pouvaient prendre part aux exercices des jeunes Athéniens. Dans les cérémonies Athéniennes , dit l'auteur du *voyage d'Anacharsis*, leurs femmes étaient obligées d'étendre des parasols sur la tête des femmes libres : les Métœques se voyaient aussi exposés aux insultes du peuple et aux traits ignominieux qu'on lançait contre eux sur la scène. Bien plus, dans ce pays, où le théâtre était l'école des mœurs, où les mœurs étaient une des bases principales de l'édifice social , un étranger ne pouvait figurer sur un théâtre. Sous le rapport politique, le Métœque, qui se mêlait à l'assemblée du peuple , était puni de mort ; il usurpait par là le droit de souveraineté et l'on voulait aussi, dit Libanius, qui nous rapporte ce fait (*déclamations* 17 et 18), empêcher que les secrets de la République ne fussent divulgués. Il devait payer au trésor public, pour lui et ses enfants , un tribut annuel de douze drachmes, appelé capitation, dont le recouvrement était garanti par ses biens. Presque tous les Métœques habitaient la ville et les ports, parce qu'ils composaient en grande

défendaient à tout Athénien et à tout étranger établi de prêter de l'argent sur un vaisseau qui ne devait pas transporter à Athènes le blé et les autres marchandises dont elle faisait le détail (*Lois Athéniennes* de Samuel Petit, *ch.* 23.) Les Athéniens n'autorisaient donc le commerce que dans leur intérêt exclusif. — (16). Plutarch. *in Solon.* Ils ne pouvaient trafiquer dans la place publique, à

partie la classe industrieuse : ils étaient obligés de servir sur les galères ; quelquefois on les faisait combattre comme fantassins , mais ils n'étaient jamais reçus dans la cavalerie. Ils ne pouvaient acquérir ni posséder des immeubles, même à titre onéreux ; par conséquent les citoyens seuls pouvaient prêter de l'argent avec sûreté sur des propriétés foncières , puisque les Métœques ne pouvaient avoir une hypothèque utile sur des biens dont il ne leur était pas possible de prendre possession (17). Il leur était interdit , sous peine de confiscation de leurs biens et d'esclavage, de contracter mariage avec des indigènes. Enfin ils n'avaient pas le droit de paraître en justice ; ils devaient se choisir parmi les citoyens un patron qui répondait de leur conduite et agissait pour eux devant les tribunaux. Si celui qui n'avait pas de patron succombait dans son action contre un citoyen , il encourait la perte de sa liberté personnelle et pouvait être adjugé comme esclave à son heureux contradicteur (18).

§. III. *Les Barbares.* Tout ce qui n'est pas Grec est barbare. Ceux qui étaient accusés de pérégrinité étaient, avant tout jugement, jetés dans les fers; ils ne pouvaient éviter cette mesure, même en donnant des fidéjusseurs ; s'ils étaient condamnés comme pérégrins, ils étaient vendus. L'orgueil des Hellènes s'efforça pendant longtemps de perpétuer cette vieille séparation du genre humain en Grecs et en Barbares, et, pour amnistier à leurs yeux la conquête romaine, il fallait rattacher Rome à la Grèce et leur démontrer qu'on ne s'embarbarisait pas en devenant Romain (19). Le principe religieux finit bien par s'affaiblir, pour laisser dominer à son tour le principe politique , mais ce fut toujours au fond le même système d'exclusion ; les vaincus furent toujours ré-

moins de racheter leur indignité par une redevance. — (17) Plus tard, on les releva de cette incapacité. — (18) Ces deux mesures peuvent être regardées comme l'équivalent de la *caution judicatum solvi* et de la contrainte par corps de notre législation sur les étrangers. V. enc. M. Giraud, *mém. cité.* — (19) De-

duits en servitude, au lieu d'être admis au droit de cité. L'avenir possible des Etats Grecs était donc restreint et caduc, il devait y avoir dans cette civilisation un très-rapide développement suivi d'épuisement (20), et cet épuisement devait amener la conquête (21). La Grèce avait rempli sa mission dans la solution du problème de la fraternité humaine, et, quand les légions romaines vinrent lui demander le résultat de ses efforts, elles ne trouvèrent plus qu'une civilisation épuisée et vaincue pour avoir voulu résoudre le problême à son profit et par l'exclusion.

CHAPITRE IV.

DES ÉTRANGERS CHEZ LES ROMAINS.

La nation romaine, plus que toutes les autres, eut à s'occuper des étrangers, car il se fit au milieu d'elle *une immense circulation des peuples de tout l'univers* (1). Rome, avec son immense empire, est assurément le plus vaste théâtre des temps anciens, où se soient centralisés les efforts de l'humanité cherchant la solution de notre grand problême. Nous retrouvons chez elle, dans l'histoire de la législation spéciale qui nous occupe, les traces d'une double influence : la cité conquérante agit sur le monde par les armes, le monde réagit sur elle par les lumières ; la force part du centre pour conquérir et elle y ramène, pour les discipliner à son image, tous les éléments de civilisation épars dans l'univers.

Pour suivre plus clairement les phases diverses du droit romain sur notre question, je divise ce chapitre en quatre parties : la première comprend le règne du droit religieux ; la seconde, celui du droit aristocratique ou civil ; la troisième,

nys d'Halicarnasse, VII, 70. — (20) V. M. Guizot, *Hist. de la civ. en Europe*, 2ᵉ leçon. — (21) Denys d'Halicarnasse, *Antiq.*, II, 17. Tacite *Ann.* XI, 24. M. Thierry, *loc. cit.* p. 26.

(1) Montesquieu, *Grand. et décad. des Rom.* 13.

la lutte du droit civil et du droit des gens, appelé *jus gentium*; la quatrième, le règne du droit des gens.

PREMIÈRE PÉRIODE. *Droit religieux.* A Rome, comme en Grèce, la législation primitive nous offre l'identification du droit et de la religion. Tous les droits sont déifiés (1 *bis*), mais ce n'est plus, comme en Grèce, le culte des dieux privés qui l'emporte, c'est celui du Dieu de l'État : l'intérêt domestique est dominé par celui de la cité. Là est la clef d'une différence capitale entre les deux civilisations grecque et romaine, et nous en retrouverons surtout les effets dans la législation des deux peuples sur les étrangers. Pourquoi donc l'homme, qui déifie sur les bords du Tibre les besoins et les droits de l'humanité, le fait-il dans un autre ordre que celui qui les déifie dans l'Attique? Si je ne me trompe, en voici la raison :

En Grèce, nous avons vu l'homme passer de la vie héroïque à la vie civilisée et le droit suivre naturellement, pas à pas et sans efforts, les progrès de cette transformation sociale : les Dieux privés sont et restent toujours les premiers. A l'origine de Rome au contraire, le droit romain n'est pas celui d'un peuple primitif; il a certainement déjà vécu ailleurs, car il repose sur des fictions; il est savant et presque complet. C'est qu'en effet, si Rome est une ville naissante, ses fondateurs et ses premiers habitants ont connu dans d'autres villes la vie sédentaire et civilisée : il n'y a point ici de métamorphose sociale, rien n'est changé; il n'y a qu'une ville de plus, et cette ville doit son existence et son droit à ses voisins. Les Latins, les Sabins et les Étrusques vivaient avant Rome autour des lieux où elle s'éleva (2) : Sans doute chez

---

(1 *bis*.) Vico, *Science nouv.* trad. de M. Michelet, liv. 4, ch. 4. M. Hugo, *Hist. du dr. rom.* §. 35.

(2) M. Niebuhr, *Hist. rom.* 2ᵉ éd. Ces trois peuplades étaient adonnées à l'agriculture et formaient des confédérations municipales (M. Guizot, *Hist. de la civ. en Eur.* 2ᵉ leç. V. enc. M. Michelet, *Hist. rom.* 1.). Ce sont là deux

ces peuplades , quand l'homme passa de la vie héroïque à la vie municipale , les *sacra privata* eurent d'abord le premier pas (3) , mais chez les Etrusques le pouvoir était aux mains des prêtres : leur constitution était un mélange de théocratie mystérieuse et de sombre féodalité et le pontife avait dû s'apercevoir qu'il y aurait avantage à faire dominer partout et toujours le Dieu de l'Etat, dont il était l'oracle. Eh bien ! quand Rome est fondée par des émigrés de ces trois peuplades, réunis chaque jour plus nombreux dans les bois , *vetus urbes condentium consilium* , suivant l'expression de Tite-Live, ses fondateurs apportent avec eux le droit, qui est l'expression de leur état social , et c'est l'augure Etrusque qui organise la nouvelle cité : le Dieu de l'état devient sous cette influence le Dieu suprême et les secrets du droit sont un mystère qu'il ne révèle qu'à ses prêtres

Chaque race conserva probablement, pendant les premiers temps, le droit spécial de son pays (4) : or il y avait chez chacune d'elles une aristocratie de force , de richesse ou de science produite par la vie héroïque , des patriciens et des plébéiens, quelque chose comme cette féodalité, que Vico voit seulement dans Rome fondée (5) , et qui doit remonter plus haut : la différence de législation originelle se confondit pour les individus de même condition dans les races différentes (6), mais il dut rester une division profonde entre les patriciens et les plébéiens de toutes les races (7) ; les patriciens eurent tous les droits , et c'est à eux surtout que va s'appliquer ce que nous avons à dire des romains, en parlant des étrangers.

L'isolement le plus complet est le caractère dominant du droit de toute cette période. Trois symboles étroitement unis paraissent représenter toute cette législation, ce droit des

germes de haine contre l'étranger , outre le caractère particulier de chacune de ces peuplades.—(3) L'importance qu'ils conservent, même à Rome, en est une preuve irréfragable.—(4) M. Giraud, *Hist. du dr. rom.* p. 39.—(5) *Id.*, p. 36. —(6) Salluste, *Catil* , VI. Florus, 1 , 1. — (7) Tite Live, I, 28.

hommes à la lance, des Quirites, *jus Quiritium* : ce sont *Dii Penates*, les Dieux de l'Etat ; *Jupiter Terminal*, le Dieu de la propriété ; et *Vesta*, la divinité de la famille. Terme et Vesta sont les grands Dieux de la cité romaine (8) ; tout l'édifice de la constitution civile repose sur la pierre des limites, parce que l'idée de propriété domine tout (9); Jupiter Terminal se confond donc avec les Pénates ou les Dieux nationaux par excellence, qui renferment l'idée de la famille comme celle de l'état, car il y a les Pénates de l'état et ceux de chaque famille (10).

On ne reconnaît que deux sortes de personnes libres, les citoyens romains, *cives Romani*, et les étrangers, que l'on appelle peut-être déjà *hostes* (11).

L'étranger ne peut pénétrer dans ce réseau juridique : tout l'en avertit s'il s'approche de la ville, *sola urbs* (12) : les murailles, les portes sont sacrées, et, avant d'y arriver, il rencontre sur la route ce qui est sacré pour tous, des tombeaux. Il ne peut être propriétaire du sol, de l'*ager roma-*

---

(8) *Varro (Servius in Æneid.* III, 12) *unum dicit esse Penates et magnos Dios.*—(9) Si le Romain se marie, il est propriétaire de sa femme; il l'est aussi des enfants qui lui naissent, et son débiteur, qui ne le paie pas, devient sa propriété. Voici, à mon avis, la traduction rationnelle de l'idée mythologique du texte : Les fondateurs de Rome sont agriculteurs ; par conséquent tant que la propriété leur manque, tout leur fait défaut ; tous les droits n'ont d'assiette et de but pour eux, n'existent qu'au moment où ils deviennent propriétaires ; ils co-existent avec le droit de propriété, ils se confondent avec lui, et, comme d'ailleurs il n'y a de propriété que quand l'état l'a conquise et partagée à ses membres, on comprend que le Dieu de la propriété et celui de l'Etat se confondent. Plus tard, un nouveau motif entre plusieurs autres, loin de diminuer l'importance de la propriété, vint au contraire l'augmenter; la constitution fit dépendre le droit de suffrage politique de la possession d'une fortune foncière déterminée.— (10) M. Giraud, *loc. cit.* Vico, *traité de Constantiâ jurisprud.* ch. 21, 22, 23. — (11) Je n'ai point trouvé de document certain sur le nom que portaient alors les étrangers. Nous verrons plus tard que, dans la seconde période, on les appela *hostes.*—(12) Varro, *de linguâ latinâ*, V, §. 143. L. 2, 87 et 187 ff. *de verb. signif. Roma sola urbs, cætera oppida*, Isid. VIII, 6. Sid. Apoll. *Epist.*

nus (13) : c'est à l'étranger, à l'ennemi que la conquête l'a arraché : le nom seul de cette propriété rappelle cette origine, on l'appelle *mancipium* (14). Elle a reçu la double consécration du sang des *Quirites* et de la protection de leurs Dieux : elle donne le droit de suffrage dans les assemblées publiques ; l'Etat en a seul le domaine éminent, souverain, elle vient de l'Etat et elle y retourne ; il ne l'a partagée qu'entre ses citoyens (15), en même temps que les autres objets qui semblent aussi précieux à la simplicité militaire et rustique de ce peuple (16) : les Dieux de l'Etat repoussent l'étranger des comices et de ce partage primitif ; c'est la seule propriété légale que reconnaisse alors le droit romain (17) et les Dieux ne la donnent qu'à ceux qui peuvent l'avoir en qualité de Quirites, *ex jure Quiritium*. L'étranger ne peut donc la recevoir de l'Etat. Pourrait-il avoir quelque droit sur elle, si elle lui venait d'un Romain ? Non, car la propriété privée est sous la garde du Dieu Terme, cette pierre qui, selon la parole de Platon (18), sépare *l'amitié de l'inimitié*, et le Dieu Terme n'est pas plus tolérant que les Dieux de l'Etat, lui qui ne recule pas même devant Jupiter Capitolin (19).

Aussi voyez comme, dans la pratique, tout concourt à éloigner l'étranger, avec quelle sollicitude le Dieu protecteur veille sans cesse à maintenir cette exclusion originelle ! Le pontife *libripens* de la mancipation l'empêche d'acquérir à titre onéreux (19 *bis*) et la mancipation transmet seule la propriété de l'*ager* (20). Il ne peut rien donner ni rien recevoir par

I, 6. — (13) Varro, V, 33, 55. — (14) M. Giraud, *propriété*, p. 233. — (15) Cicer. *de republ.* II, 14. Plut. *Numa*, §. 16. Den. d'Halic. *Antiq. Rom.* II, 74. — (16) Ulp. *Reg.* XIX, 1. Gaius, I, 192. — (17) A l'exception de l'*ager romanus*, les terres du Latium sont *res nullius*, *res hostium*. — (18) *Lois*, II, 9. — (19) St-Augustin, *de la cité de Dieu*, IV, 23, 29. — (19 *bis*.) Varro, *de linguá latiná*, V, 183. Cicer. *de legib.* II, 20, 21. Tertull. II, *adv. Marc.* Cap. 6. Festus, v° *Manceps*. — (20) Gaius II, 23, 41, 65. L'*in jure cessio* était très-rare, et d'ailleurs le magistrat n'aurait pu se mettre en communication avec l'étranger (Gaius II, 25.) V. enc. Suet, *in Aug.* 64, Festus v° *Emanci-*

testament, car les comices, présidés par les Dieux de l'Etat (21), et le temple des Vestales (22) lui sont fermés, comme le testament par mancipation reste pour lui lettre close (23). Il est privé du droit de succession *ab intestat* ; c'est un privilége de l'agnation romaine (23 *bis*) et il ne peut continuer ni les *sacra privata* du défunt, ni ceux de sa famille, ni ceux de sa *gens* (24).

Il n'y a pas, pour l'étranger, plus de *nexus* que de *mancipium* : l'obligé devient, par suite de l'obligation résultant du *nexus*, la propriété éventuelle du créancier, en cas de non-exécution, et le droit de propriété lui est refusé. La logique des principes du droit ne conduirait pas à cette conclusion, qu'elle serait encore amenée par les prescriptions de la pratique ; les formes religieuses et sacramentelles constituent seules l'obligation du *nexus*, et ces formes ne peuvent être dans le domaine de l'étranger.

Il ne peut rien demander à la justice ; c'est la lance au poing que le Quirite paraît devant le juge, *signo justi dominii*, dit Gaius : le vaincu ne peut porter la lance.

En principe, il ne peut pas non plus se marier avec les Romains (24 *bis*), Vesta le lui défend : elle ne protège et n'autorise que le mariage des citoyens. Aussi, dans la pratique, le prêtre et le sacrifice de la confarréation (24 *ter*) et les cérémonies de la coemption repoussent-ils également l'étranger. Les religions de l'antiquité ne reconnaissent pas encore de *mariages mixtes*.

Enfin, l'étranger n'aura pas même la sépulture des citoyens

<hr>

pati. Cicer. *de legib.* II, §. 20-21. Tite-Live, VI, 14. — (21) Gaius II, 101.— (22) Aulu-Gelle, *Nuits attiq.* XV, 27. — (23) M. Giraud, *propriété*, 184-208. — (23 *bis*) Ulp. V, 2, 3, 4. — (24) Voy., sur les *sacra privata*, note de Muhlenbruch sur les *Antiq. rom.* d'Heineccius, appendice au liv. I, ch. I, §. 71. — (24 *bis*) L'enlèvement des Sabines prouve que les habitants d'une cité ne peuvent, à cette époque, se marier avec ceux d'une autre. (M. Ortolan, *Hist. de la législ.*^{on} rom. 2e édit. p. 57.) — (24 *ter.*) Heinecc. *Ant. rom.* liv. I, tit. 10,

romains (24 *quater*) : les Dieux de cette théocratie Étrusque forment une famille étroitement unie ; les *Dieux manes* de Rome savent bien que ce n'est pas la Vesta romaine qui a présidé à la naissance et aux relations de famille de celui qui vit le jour chez les peuplades voisines. Son tombeau n'ira pas se mêler, sur la route, aux tombeaux des ancêtres des Quirites : quand il vivait, son bras n'a point défendu avec eux les portes de la ville, sa cendre ne les protègera pas après sa mort.

Je n'ai point dit que l'étranger fût incapable de parvenir aux fonctions du sacerdoce ni aux charges publiques : était-il besoin d'en parler ? Les Dieux de l'Etat qui, dans mille dé-tails, le tenaient éloigné d'eux, pouvaient-ils lui permettre l'entrée même du sanctuaire ou celle du Capitole ? Il serait superflu de le nier, et nous pouvons regarder comme certain que l'étranger était repoussé des autels et du forum, aussi bien que de la propriété et du foyer domestique (25). Un seul droit paraît le concerner, pendant cette période ; c'est le *jus applicationis*, et encore Ciceron appelle-t-il ce droit *obscurum sanè et ignotum* (25 *bis*): il consiste à permettre à l'*hostis* de se choisir un patron parmi les citoyens romains, pour paraître en justice sous le *masque civil* de celui-ci (26), et, par compensation, le patron hérite des biens de son client.

Tout exclusif qu'il soit en principe, ce droit d'un peuple conquérant doit subir l'influence des événements extérieurs. Mais il s'agit d'un droit religieux, et une religion ne peut, sans péril, faire de concessions. Que va donc faire de ses ennemis vaincus, Rome, qui a plus besoin de s'agrandir que de s'isoler, et qui ne connaît pas encore assez le luxe pour avoir besoin d'esclaves (27) ? Elle ne peut démembrer à leur profit cet indissoluble faisceau de droits religieux : elle

§. 4. — (24 *quater*) Fevret , *de l'abus* , IV, 8, n° 18. — (25) A une époque bien postérieure, l'étranger, qui se faisait passer pour citoyen romain, était en-core puni de mort (Sueton. *in Cesare Claudio*).—(25 *bis*) Cicer. *de oratore,* I, 49. — (26) Vico, Mackeldey, *Man. de dr. rom.* p. 84. — (27) M. Ortolan ,

le leur accorde ou le leur impose tout entier ; elle les amène dans ses murailles et les fait citoyens, au nom du Dieu de l'État, qui domine tous les autres. C'est ainsi que Rome s'accroît des ruines d'Albe, *Roma crescit Albæ ruinis*, suivant l'énergique expression de Tite-Live (28) : il en est de même des Sabins (29), qu'elle voit *eodem die hostes, dein cives* (30), et, plus tard, après la destruction de la ville par les Gaulois, le même procédé incorpore les Véiens, les Capenates et les Falisques (31). Les vaincus sont des instruments pour les triomphes futurs (32) et Rome, dit saint Evremond, se fait des citoyens de tout le monde et de ses citoyens des soldats. Mais un motif, sur lequel on n'a pas insisté assez, et qui a dû, à une pareille époque, puisssamment contribuer à rendre si facile cette naturalisation en masse de certains peuples, c'est surtout qu'il n'y a pas, entre eux et Rome, opposition complète de culte ; il y a au contraire communion de certains Dieux et de certaines fêtes religieuses (33). Au reste, ce n'est pas toujours sans résistance que les peuples vaincus subissent cette assimilation, et ceux, qui n'ont pu s'en défendre, la regardent comme une peine nécessaire (34). Quoi qu'il en soit, ce système produisit, 246 ans après la fondation de la ville, 130,000 citoyens au-dessus de l'âge de seize ans (35). Le titre de citoyen devient dès-lors plus précieux ; les besoins sociaux commencent à croître, on sent la nécessité des esclaves, et la population vaincue est transportée à Rome et réduite en esclavage (36).

Explic. hist. des Inst., 1, 26. – (28) 1, 30. Cic. *pro Balbo*, 31. Den. d'Halic. IV, 25. — (29) Den. d'Halic. II, 103, 111. — (30) Tacite, *Ann.* XI, 24.— (31) Den. d'Hal. II, 89. Festus, V^is *Stellatina* et *Sabatina*.—(32) Montesq. *Grand. et déc. des Rom.* ch. IV.—(33) V. Creuzer-Guignaut, *Relig. de l'antiq.* II, 588. Il y avait pour les Romains et les Latins *Sacra Dianæ* (1, 15) et *Jupiter Latialis* (Den. d'Halic. *Antiq. Rom.* I, 250; IV, 415.) Ils avaient aussi communauté de *viscerationes*. Voy. enc. Pline, et aussi Denys d'Halic. IV, 250, sur les *feriæ latinæ* instituées par Tarquin l'ancien.—(34) Ceux qui ont pu choisir, comme les Eques, les Herniques et les Prénestins, ont conservé leurs usages et leurs lois. Tit. Liv. IX, 45. Montesq. *Grand. et déc.* ch. IX. — (35) Den. *Antiq.* V, 20. Plut. *Public.* 13. — (36) M. Ortolan, *Instit.* I,

Je l'ai déjà dit, ce droit religieux qu'interprète l'augure est, dans le Latium, le privilége exclusif du citoyen romain, et dans l'Etat, celui du seul patricien : à lui seul les auspices et le sacerdoce, le mariage solennel, la famille civile, la possession de l'*ager*, les génies des ancêtres et les *sacra privata*. Rien n'est commun entre les deux classes de la cité ; ce qu'on dit de l'étranger vis-à-vis de Rome, s'applique également au plébéien vis-à-vis du patricien. La transfusion de peuples entiers dans Rome ne change point cet état de choses, elle augmente seulement le nombre des mécontents. La royauté tombe ; les pouvoirs se séparent ; le droit se dégage lentement, peu à peu, des nuages religieux dont le pontife et le patricien enveloppent son origine et ses mystères ; il se fait civil, *se civilise*. Il portera longtemps encore à la vérité la rude empreinte de son inflexibilité native (37), mais par cela seul que la religion se tient plus à l'écart, il y a, sinon progrès, au moins possibilité de progrès : on s'essaie à la lutte, on se permet contre le patricien une résistance qui n'aurait pas osé se manifester contre le pontife : le plebéien s'indigne bientôt à la pensée que ce droit, qui n'avait sa source que dans la science du prêtre, dépend aussi du caprice du patricien : l'agitation arrive, et, de révolte en révolte, on demande et l'on obtient la rédaction des coutumes, pour n'être plus à la merci des seigneurs...... je me trompe, c'est des patriciens que je veux dire.

SECONDE PÉRIODE. *Droit aristocratique ou civil.* La loi des douze tables fond, en un seul droit national, les législations des races diverses des anciens jours. Elle résume le droit antérieur des tribunaux patriciens (38), qui devient avec quelques innovations la base fixe du droit de l'avenir. Jusques-là la jurisprudence était l'œuvre de la conquête et de la reli-

26. **M. Giraud,** *propriété*, 254. — (37) M. Ortolan, *Hist. de la lég. rom.*, p. 165.

(38) Voy. **M.** Giraud, *hist. du dr. rom.* p. 68, Vico et Bonamy.

gion , du patriciat théocratique. Elle est maintenant l'œuvre de l'aristocratie, du patriciat politique et civil. Tous les droits sont encore réunis en un faisceau indissoluble, autour de l'autel de la patrie, et l'on ne peut en donner un seul à qui ne peut les avoir tous. Un seul mot les résume toujours, *jus Quiritium* ou *jus civitatis*, car les Romains, *Quirites*, n'étaient d'abord que les habitants de la ville, *civitatis* (39). L'isolement est toujours le même ; le droit civil forme, comme le droit religieux , un cercle étroit où le pied de l'étranger ne peut pénétrer. Les symboles, qui représentent la législation, restent les mêmes et se contentent d'emprunter leurs noms à la langue du forum, au lieu de les prendre à la liturgie mythologique. Le *commercium* répond à la capacité pour les biens ; c'est le nom civil du Dieu Terme (40). Le *connubium* répond à la capacité pour la famille ; c'est la Vesta antique (41). Partout où paraissait l'augure, nous rencontrons le magistrat et toute la constitution repose encore sur l'idée de propriété. La réunion du *connubium* et du *commercium* forme ce qu'on appelle le *jus privatum* , bien que ces deux droits aient encore un côté politique important (41 *bis*). Les Dieux

(39) Gaius, II 40. Ulp. *fragm.*, tit. 3, § 2. Heineccius, *Antiq. rom.* append. I, 1 § 23, Notes de Haubold et de Muhlenbruch. V. enc. M. de Savigny, sur le droit de latinité et sur le droit italique. — (40) Le *commercium* désigne la capacité du contrat symbolique appelé *mancipatio* (Ulp. t. 19, § 4 et 5) ; or, à la mancipation se rattachent la propriété parfaite, *dominium quiritarium, l'in jure cessio*, et la revendication rigoureuse. Les conséquences plus éloignées de la mancipation sont : le droit aux servitudes qui rentrent comme la propriété dans le *jus quiritarium*, la capacité de certaines obligations (Gaius III, § 93, 94), enfin la *testamenti factio*, qui comprend la capacité de faire un testament, d'être nommé héritier, légataire, d'être témoin d'un acte de dernière volonté (Ulp. tit. 20, § 8, 14 ; tit. 22, § 1, 2; tit. 25, § 4, 6. Gaius , II , 285. L. 3, 8, 9, 11, 13, 19, ff. *qui test*. L. 6, § 3, L. 8 § 2, *de j. codic.* L. 49, § 1, *de her. instit.* — § 24, Inst. *de legatis*, L. 18 pr. *qui test.* § 6 Inst. *de test. ord.* L. 30 C. *Theod, de Hœret.* — (41) *Connubium* désigne la capacité de contracter un mariage romain (Ulp. tit. 5, § 3, 4, 5, 6, 8), et d'un semblable mariage dérive la puissance paternelle, *quod jus proprium civium romanorum est*, dit Gaius (L. 3 ff. *qui sui vel alieni juris sunt*), de la puissance paternelle la parenté romaine et de la parenté romaine l'ancienne succession *ab intestat.* — (41 *bis*) Voy. Heinecc , *antiq. rom loc. cit.*, § 24 et 30.

Pénates, de leur côté, les grands Dieux, passent à l'état de *jus publicum* (42) et conservent aussi l'influence exclusive dans le *jus sacrum* (43), dont le *jus privatum* s'était seul détaché : la religion de l'Etat domine toujours avec la même hauteur dans la sphère politique (43 *bis*).

Comme dans la première période, nous ne trouvons encore que deux sortes de personnes libres (43 *ter*), des *cives romani* et des étrangers, dont nous savons maintenant le nom avec certitude ; ils s'appellent *hostes* (44) ; bientôt on les appellera, moins durement, *peregrini*.

L'étranger n'a pas le *commercium* et par conséquent il ne pourra avoir un droit de propriété garanti par la loi. Veut-il acquérir par mancipation ou par l'*in jure cessio* ? Il rencontre un magistrat romain, qui vient rappeler les droits du propriétaire souverain, de l'Etat, comme le prêtre rappelait ceux de Jupiter Terminal ou des Pénates. Les témoins doivent être des citoyens (45) et il en est de même des contractants (46). Une seule voie aurait pu lui être ou-

---

(42) Le *jus publicum* comprenait, suivant Heineccius, *loc. cit.*, § 49 et 51 ; 1° le *jus censûs*, c'est-à-dire le droit d'être porté sur les tables du cens (Cicer. *de divin.* I, 45 ; Varro, *de re rusticâ*, II, 1 ; Dion. Halic., *antiq. rom.*, IV, 225) ; 2° le *jus militiæ* (§ 56) ; 3° le *jus tributorum et vectigalium* (§ 58) ; 4° le *jus suffragiorum* (§ 64 ; Dion. Halic. II, 87) ; enfin 5° le *jus honorum et quidem sacerdotium.*—(43) Le *jus sacrum* (*loc. cit.* § 70) était de deux sortes : de même qu'il y avait les dieux de l'Etat et les dieux privés, il y avait aussi *jus sacrum publicum* et *jus sacrum privatum* (Festus, V° *publica*). Ce dernier s'occupait des dieux des particuliers, de ceux des familles et peut-être aussi de ceux des *gentes* (Voy. note de Muhlenbruch, sur § 71 d'Heinec. *loc. cit*).—(43 *bis*) Brutus, ad Ciceron. *Epist. famil.* Cicer. *Phil.* 2. Brisson, *de formulis*, II, 292.—(43 *ter*) Schilter, dissert. *de jure pereg.* IX.—(44) Cic. *de offic.*, I, 12 ; Gaius, L. 234 ff. *de verb. s*f°ne. Festus, V° *hostis*, Varro, *de ling. lat.*, V. 14. Plaute, *rudens*, act. 11, sc. 4, v. 21, et *trinummus*, act. I, sc. 2, v. 75. *Hostis* est celui qui n'a pas la vie civile, soit qu'il n'y soit pas né comme l'étranger, soit qu'il en ait été dépouillé comme le condamné (Cic. et Gaius, *loc. cit.* Tertull. *apologet.*, 35 et 36). L'ennemi avec qui l'on est en guerre s'appelle alors *perduellis* (L. 118 et 234 ff. *de verb. s*f°ne. L. 118, ff. *de captivis.* Ainsi *perduellis* est l'ennemi des combats, *hostis* est l'ennemi de la loi.—(45) Cicer. *Topic.* § 10.—(46) Ulp., XIX, 1, 3, 4.

verté, dans le droit nouveau, pour acquérir la propriété Quiritaire, c'était l'*usucapio* ou *usûs auctoritas,* dont les plébéiens
avaient arraché l'octroi à l'inflexibilité patricienne pour échapper à la revendication Quiritaire qui était imprescriptible : il
n'y avait là ni prêtre ni magistrat pour l'éloigner, mais on y
mit un des nouveaux Dieux, une maxime de la loi des douze tables : *adversùs hostem aiviternad* (æterna) *otoritas* (auctoritas) *esto* (47), et voilà l'étranger encore exclu de toute propriété
garantie par les lois (48). Il n'est capable que d'un fait de
détention, sans garantie de durée, sans force contre la revendication de l'ancien propriétaire, entre les mains de qui
le droit est resté. Puisque la loi ne veut pas lui reconnaître
de propriété, elle refusera aussi de protéger en lui le droit
de créance, résultant des obligations, *jus nexi* (48 *bis*) : il
ne peut obliger, lier personne; les formes solennelles ne sont
pas faites pour lui. Les tribunaux n'entendront pas ses plaintes, à moins *peut-être* qu'il ne recoure au bénéfice du *jus
applicationis* (48 *ter*) : la procédure romaine est un véritable
combat judiciaire, et, bien que la simple *festuca* des actions
de la loi ait remplacé la lance du guerrier (49), l'étranger
ne pouvait pas encore engager la lutte contre le Quirite.

Il n'a pas le *connubium* (49 *bis*); il ne peut participer
aux droits de famille des Romains. La confarréation et la
coemption ne lui sont pas accessibles, et, s'il veut recourir
à la forme nouvelle de l'usucapion, pour donner quelque force

(47) *Auctoritas*, dans l'ancienne langue latine, exprimait l'idée du droit de
revendiquer et de défendre en justice; il équivalait presque à droit de propriété.
Le sens de la loi romaine était donc que l'étranger ne pouvait jamais prescrire
contre un Romain (Grævius, *sur Cicéron, loc. cit.*).—(48) *Aut enim ex jure
Quiritium unusquisque dominus erat, aut non intelligebatur dominus.*
Gaius, II, 40. Cicero, *pro Cecina*, § 33 s.—(48 *bis*) Voy. Marezoll, *Droit privé
des Romains*, trad. par M. Pellat, II, 3, § 105.— (48 *ter*) Voy. M. Hugo, *hist.
du dr. rom.* I, 218. Heinecc., *Append.* § 137, prétend que les biens de l'étranger mort sont considérés comme vacants et appartiennent comme tels au fisc ou
au premier occupant, à moins qu'il ne se fût choisi un patron, auquel cas celui-ci
héritait *jure applicationis.*—(49) Gaius, IV, 6.—(49 *bis*) Seneca, *de benefic.*

légale à son union naturelle avec une romaine, ou même avec une étrangère, pour avoir le droit de puissance maritale ou celui de puissance paternelle *ex jure Quiritium*, il voit encore se dresser devant lui l'inflexible maxime de la loi des douze tables.

Quant au *jus publicum*, la politique défendait de le lui reconnaître : il ne pouvait donc avoir le *jus censûs* ; la seule inscription sur la table du cens donnait le droit de cité, et ceux qui s'y faisaient inscrire par fraude étaient battus de verges (50). Il n'avait pas le *jus militiæ* ; le service des légions romaines était plutôt un droit politique qu'une charge, et les citoyens seuls pouvaient en faire partie (51). Il n'avait pas le *jus tributorum*, basé sur les tables du cens, ni le *jus vectigalium* qui était surtout la redevance, l'impôt direct des possesseurs de l'*ager*. L'on comprend pourquoi le *jus suffragiorum* et le *jus honorum* lui étaient interdits (52). Le *jus sacrum* ne pouvait encore l'être moins que tous les autres (53).

Cependant les étrangers étaient reçus dans la ville, mais leur séparation absolue du reste des citoyens préservait les lois et les mœurs d'une contagion trop immédiate. Ils ne devaient pas se servir des mêmes vêtements que les Romains : réduits à l'usage du *pallium*, ils ne pouvaient porter la *toge*, ce vêtement sans lequel les citoyens ne pouvaient se présenter décemment en public (54). L'usage des *prænomina*, qui tenait à l'antique institution des *gentes*, leur était interdit ; ils n'avaient que des *nomina* (55). Ils n'avaient pas la liberté

IV, 35.—(50) Dion. Halic. IV, 221. Ulp. XI, 2.—(51) Just. Lips. *de milit. rom.*, I, 2. M. Giraud, *Hist. du dr. rom.*, p. 241. — (52) Dion. Halic. II, p. 87. — (53) Tous les citoyens romains eux-mêmes n'avaient pas le *jus suffragiorum* et le *jus honorum*. Ceux qui en jouissaient étaient appelés *optimo jure cives*. Mais le *jus connubii* et le *jus commercii* étaient inséparables de la qualité de citoyen (V. M. de Savigny et la note de Haubold sur Heineccius, *loc cit.*, § 25. — (54) Pline, II, IV, VII, 3. Sueton. *in Aug.* 50.. *in Claud.* 15. Virgile, *Æneid*, I. Cicero, *pro C. Rabirio*, 4. L. 32, ff., *de jure fisci*. On appelait les Romains *gens togata.* — (55) Cicer. *Epist.*

Quiritaire (56), cette liberté que le citoyen romain ne pouvait perdre, *nisi ipse auctor factus esset*, et qui le garantissait de l'arbitraire du magistrat (57), de la dureté du créancier (58) et de l'ignominieux supplice des verges, quand il pouvait s'écrier, comme les victimes de Verrès : *civis sum romanus* (59)! *Je suis le fils de la reine des nations!* Enfin leur séjour dans la ville n'était que précaire ; on pouvait les en chasser, individuellement ou en masse, et l'on profita plus d'une fois de cette faculté (60).

La loi des douze tables n'avait fait que fixer le droit, sans changer la constitution de l'État : les plébéiens ne cessent de lutter pour obtenir la concession des droits des patriciens; ils obtiennent ainsi successivement la liberté individuelle, l'usage du *connubium* et du *commercium* avec le patriciat. Une fois nés à la vie *civile* et privée, ils conquièrent l'un après l'autre tous les droits *publics* et politiques, et ne s'arrêtent qu'après avoir obtenu les dignités de consuls, de pontifes et d'augures.

Livrée à la guerre civile, l'aristocratie avait poussé le peuple aux conquêtes et à la victoire. Comment vont être traités les vaincus et les alliés qui ont coopéré à leur soumission ? La république, au lieu de chercher à augmenter le nombre des citoyens, ne songeait qu'à le restreindre, tout en étendant sa domination au-dehors. Il fallait prévenir les perturbations trop vives qu'apportait, dans le balancement des

---

ad Div. XIII, 36. *Topic.* 6. Marezoll, *loc cit.*, II, 2, § 70.—(56) Cette *libertas* était un privilége qui pouvait se perdre, sans que pour cela on devînt esclave (Cic. *pro Cecinâ*, 33 ; Voy. note de Mulhembruch sur Heinec., *loc. cit.*, § 25). De même aujourd'hui, l'étranger est soumis à la contrainte par corps dans des cas où un Français en est exempt.—(57) Aulu-Gelle, *Nuits att.* X, 3. Dion. Halic. V. 19.—(58) Aulu-Gelle, *loc. cit.*, XX, 1.—(59) Voyez Loi Porcia. Cicer. *in Verrem*, II, 58, 62, 63. Aulu-Gelle, *Nuits att.* XVI, 13. Festus, v° *Municipia.* Actes des Apôtres, XXII, 24. Euseb., *Hist. ecclésiastiq.*, V. 1.—(60) Cela arriva encore plus tard, notamment en l'an 627 et en 698. Il arrivait quelquefois aussi, qu'en temps de peste ou de famine, on chassait tous les étrangers de la ville. Cicer. *de offic.* III, *in Brutum*, c. 28 ; *Agrar.* I, 4 ; *Pro Archiâ*, 5. Juvénal,

F

forces publiques, l'introduction soudaine d'une foule de citoyens. Les adjonctions collectives de citoyens cessent presque complètement : pourtant, à chaque progrès des plébéiens,
les étrangers les suivent, appelés par la politique des tribuns (61) : la guerre, le commerce, la civilisation, tout les
pousse vers Rome, les rapproche de la cité et leur en fait
franchir les limites. Les peuples voisins arrivent les premiers, le mouvement s'étend de proche en proche, des plébéiens aux habitants du Latium, de ceux-ci aux peuples
d'Italie, de l'Italie aux régions extra-Italiennes et de là aux
Barbares (61 *bis*).

Les premiers qui se présentent sont les peuples du Latium (62) : on ne les fait pas *cives*, mais ils ne restent pas
hostes ou *peregrini*; leur condition juridique est un intermédiaire entre ces deux classes (63). On leur accorde la
communauté du *commercium* avec les citoyens, mais on leur
refuse la faction de testament, active et passive, et on ne leur
donne pas le *connubium* (64). Ils ont la liberté du droit des
gens, mais non la liberté Quiritaire, et l'on peut les battre de

Sat. III, v. 58 s, etc. — (61) Chaque fois que l'esprit plébéien domine, la condition
des étrangers s'améliore, depuis la première loi agraire jusqu'à César. — (61 *bis*)
A voir cette ascension continuelle et progressive de tous les peuples du monde,
vers la ville éternelle, on pourrait croire et dire, si cette expression toute militaire était plus relevée, que les Plébéiens, les Latins, les Italiens, les provinces
et les Barbares *s'emboîtent le pas*. — (62) Je ne m'attache point à la distinction
des Latini en *Latini veteres* et *Latini novi*, ni à ses causes. Les différences,
qui les séparaient d'abord, s'effacèrent peu à peu et l'on en vint à ne connaître
qu'un seul *jus Latii*. — (63) Le *jus Italicum* ne fut jamais accordé à des individus, mais à des villes, comme l'a établi M. de Savigny : il n'y eut jamais que
trois espèces d'hommes libres, *cives*, *latini*, *peregrini*. Il ne faut donc pas y
joindre les *Itali* (Voy. note de Mühlenbruch sur Heineccius, *loc. cit.*, § 2). —
(64) C'est cette exclusion du connubium qui, au temps de Gaius, les a fait ranger
parmi les *peregrini* (Gaius, I, 79). Toutefois, ils pouvaient être propriétaires d'un
esclave, d'un *mancipium*, exercer les droits de patronage, recevoir la tutelle
testamentaire ou dative, et avoir des colons sous leur dépendance, car les rapports de famille, artificiels dans leurs parties qui se rattachent aux biens, participent à la nature des biens (*commercium*), non à celle de la famille (*connu-*

verges. Ils ont le droit, lorsqu'ils se trouvent à Rome, de donner leurs suffrages dans les comices, sur l'invitation du président de l'assemblée (65). Ils ont le *jus militiæ*, non comme légionnaires, mais comme alliés, et le *jus tributorum* pèse sur eux plus lourdement que sur les citoyens. Quant au *jus sacrorum*, ils l'ont dans certaines limites, et, comme je l'ai fait pressentir plus haut, c'est surtout là ce qui explique comment ils arrivent, avec le temps, à pouvoir devenir citoyens de trois manières : 1° par l'exercice d'une magistrature annuelle dans leur pays (66) ; 2° par la translation de leur domicile à Rome, s'ils laissent des enfants dans la ville Latine qu'ils abandonnent (67) ; 3° enfin par une accusation publique de concussion contre quelques citoyens romains, quand on porte la loi de *repetundis* (68). Leur condition est donc une espèce d'apprentissage de celle des citoyens, une sorte de purgatoire dans lequel ils se purifient et où ils expient l'audace de leurs fréquentes révoltes, dont ils n'ont pas prescrit la peine. L'ensemble des droits dont ils jouissent est appelé *jus Latii*, comme la réunion des prérogatives, accordées aux citoyens de Rome, s'appelait *jus Quiritum* ou *jus Civitatis*.

Au milieu de ces nouveaux alliés, Rome place des sentinelles vigilantes personnellement intéressées au maintien de l'alliance et de la subordination. Ce sont les *colonies* et les *municipes*.

Les Colonies étaient d'abord composées de citoyens romains qui allaient remplacer, dans la ville conquise, les habitants dépossédés de leur territoire ; on les appelait alors *coloniæ togatæ*. C'était l'image de la mère-patrie : elles avaient le *connubium*, le *commercium*, le *jus nexi*, comme Rome et avec Rome. Peut-être leur manquait-il le *jus suffragii* et le *jus honorum*. Elles faisaient, dit Bossuet (69), deux

bium). — (65) Dion. Halic. *Antiq.* VIII, Tit. Liv. II, 33 — (66) Appian. *de bell. civil.* II, 443. Strabo, IV, 187. — (67) Tit. Liv. XLI, 8. — (68) Cicero, *pro Balbo*, 24. — (69) Disc. sur l'Hist. univers. III, 6.

effets admirables, l'un de décharger la ville d'un grand nombre de citoyens, la plupart pauvres, l'autre de garder les postes principaux et aussi d'accoutumer peu à peu les peuples étrangers aux mœurs et aux lois romaines.

Après avoir placé en éclaireurs les colons Romains dans le Latium, Rome plaça plus loin, en sentinelles perdues, chez les autres peuples de l'Italie, des colonies composées de Latins : ce fut l'origine des *coloniæ latini nominis*, et ces colons Latins emportèrent avec eux le *jus Latii*, comme les colons *togati* avaient emporté le *jus civitatis*.

Il n'était pas toujours facile ni politique de déposséder ainsi les villes soumises de leurs habitants. On en fit des *municipes*, quand on n'en fit pas des *colonies*. Il y avait deux sortes de villes *municipes* : les unes avaient avec les romains communication du droit de cité, le *jus suffragii*, le *jus honorum* (70), le *commercium* et quelquefois aussi le *connubium* hors du territoire du municipe ; elles renonçaient à leurs anciennes lois, adoptaient le droit civil romain et s'organisaient intérieurement sur le modèle de Rome (71) : les autres avaient le *jus optimum civitatis* et leurs citoyens avaient à Rome une tribu dans laquelle ils votaient : mais ce n'était qu'à Rome qu'ils pouvaient exercer leurs droits politiques, et c'est ce qui a fait dire à Cicéron (*de leg*, 1 et 2) que les citoyens des municipes ont deux patries, la patrie de la nature et la patrie de la cité. Cette apparition des municipes sur la scène juridique est d'une importance capitale : c'est la première fois que le droit de cité va s'appliquer à un peuple étranger dans une ville étrangère. Aussi ne fallait-il rien moins, pour amener cette innovation, que la reconnaissance forcée des prêtres et des Dieux de Rome pour le premier municipe : la ville de Cœre leur avait donné l'hospitalité pendant l'invasion Gauloise ; on voulut l'en récompenser. On dirait volontiers qu'en

(70) L. 18 ff. *de verb. sign.* Ulp L. 1. § 1, ff. *ad municip.*— (71) M. Roth,

multipliant l'image, la copie de leur cité et de sa législation, les Romains voulaient la mettre à l'abri de toute destruction ultérieure et totale. Rome cesse dès-lors d'être un petit état dominateur, elle se répand au-dehors, elle admet dans ses murs, d'abord d'autres villes, bientôt d'autres peuples, et enfin d'autres races d'hommes; elle devient ainsi la tête d'une véritable société, qui va se grossissant de jour en jour, pour atteindre à des proportions gigantesques (72).

En effet, l'état Romain devenait un puissant empire : la Campanie, les Samnites, les Ombriens, les Lucaniens, les Apuliens étaient vaincus : Rome combat Pyrrhus, l'Italie est soumise et l'épée du soldat romain va rencontrer celle des mercenaires de Carthage. Les guerres puniques livrent la Gaule et l'Espagne aux aigles des légions, les combats d'Illyrie les jettent sur la Grèce, et ils vont, dans leur vol triomphateur, s'abattre jusque sur l'Asie qui devient une province romaine. Cette brillante période de conquêtes créa les conditions plus ou moins favorisées, suivant les traités, des *socii*, des *civitates fœderatæ*, des *provinciæ* qui ne touchent qu'indirectement à mon sujet; je m'arrêterai seulement un instant à ce qu'on a appelé *jus Italicum*.

Les peuples de l'Italie avaient fait successivement, chacun leur traité particulier, qui leur laissait en général leur indépendance politique. Toutefois, toute alliance de peuple à peuple leur était sévèrement interdite, et le sénat jugeait leurs moindres querelles de voisinage. Le *jus Italicum* ne s'appliquait pas, comme quelques-uns l'ont cru, à l'état personnel des Italiens; il n'avait pour objet que des capacités et des immunités immobilières; il s'appliquait au corps de la cité ; il était exclusif de certaines cérémonies et de certains sacrifices communs aux Latins et aux Romains (72 *bis*), et ne conduisait pas, comme le *jus Latii*, à l'isopolitie : il fallait que l'Italie

<hr>

de re municip.—(72) M. Thierry, p. 25 et 38. Machiavel, *sur Tite-Live*, Disc. II, 3.—(72 *bis*) Sigon. *de antiq. jur. Italic.*, 1, 22.

passât par la *Latinité* pour atteindre au droit de cité, comme on passait par le Latium pour arriver à Rome (73).

Le *jus Italicum* comprenait en général : 1° le droit pour le pays d'être gouverné par ses lois, par ses magistrats, et d'instituer ses propres tribunaux ; 2° l'exemption de tout impôt direct, foncier pour les propriétaires d'immeubles, personnel pour ceux qui n'avaient pas de propriété territoriale ; 3° le *commercium*, c'est-à-dire le droit d'appliquer au sol italique et avec les Romains les formalités officielles de la *mancipatio*, de la *vindicatio* et le bénéfice de *l'usucapio* (74) ; 4° l'obligation de fournir un contingent militaire.

Les Italiens se contentent de cet état de choses tant que la domination romaine ne s'étend pas au-delà de l'Italie. Ils n'aspirent pas à établir chez eux ni entre eux les formes romaines du *connubium* ou du *commercium* ; Rome ne le défend jamais. La communication du *jus publicum* serait pour eux de peu d'importance et ne vaut pas encore, à leurs yeux, l'abandon de leur indépendance. Mais quand toutes les conquêtes extra-Italiques ont donné un prix toujours croissant à la qualité de citoyen romain, quand le droit de cité est celui de la souveraineté universelle, quand on n'est rien dans le monde sans ce titre, qu'on est tout avec lui (74 *bis*) et que les rois s'en décorent, avec la permission du peuple, comme ce doge, *qui ne veut pas descendre et se fait citoyen*, les Italiens se disent qu'ils sont, suivant l'expression de Montesquieu, les mains avec lesquelles Rome enchaînait l'univers, et ils lui demandent la concession du *jus publicum* ; ils veulent s'allier aux familles romaines par la parenté et acquérir des Romains par la mancipation ou par testament.

<hr>

(73) Plin, *Paneg.* 37. — (74) Ulp. XIX, 1. Gaius, I, 120. Cic., *pro Flacco*, 32. M. Giraud, *dr. de ppté*, p. 293, dit que, les propriétés foncières des *cives romani* se trouvant souvent en Italie, Rome se fût blessée elle-même en refusant le *commercium* au sol italique. — (74 *bis*) Montesquieu, *Grand et décad.* 9. —

Le patriciat résiste : il redoute pour sa domination exclusive, pour ses vieilles mœurs, pour son droit immuable,
l'introduction des alliés dans la cité ; il a peur que l'antique
constitution romaine, pondérée pour Rome, ne le soit pas
pour l'Italie, et, comme il a défendu jadis les portes sacrées
de la ville de Romulus, il défend les portes de cette cité
immatérielle de l'égalité et du droit (75). Le peuple, guidé
par ses tribuns, élève la voix en faveur des alliés : ceux-ci
accourent à Rome, se pressent sur la place publique, attendent la proposition de la loi promise ; les Gracques osent
la faire et ils meurent assasinés. Ces meurtres, hautement
avoués par les Patriciens, jettent la terreur parmi le peuple :
le Sénat en profite pour faire passer une loi, qui déclare ennemi public, quiconque proposerait d'accorder le titre de citoyen aux alliés. Un seul recours restait aux Italiens, la voie
des armes ; ils se révoltent (76) ; ils veulent à tout prix jouir
« du droit de cité de la capitale d'un empire dont ils ont été
les défenseurs (77). » La guerre est sanglante ; des consuls,
des légions entières y périssent, l'Italie y perd plus de trois
cent mille hommes. Rome ne triomphe qu'en inscrivant, au
nombre de ses citoyens, les Latins, et quelques alliés qui
n'ont pas pris les armes ou qui les quittent les premiers, et
en accordant le *Jus Latii* aux Italiens (78). Bientôt après
cette guerre, le droit de cité est étendu à toute l'Italie. Le
Sénat cherche vainement à restreindre, par des chicanes de
forme, le bienfait arraché par les armes (79), en exigeant que
les villes Italiques, pour obtenir le droit de cité, adoptent
officiellement le droit privé des Romains (80). Il ne reste

(75) M. Thierry, *loc. cit.* p. 75. Déjà, après le désastre de Cannes, quand on avait
proposé d'admettre quelques Latins dans le sénat pour combler les vides faits
par l'épée d'Annibal, cette opinion avait été trouvée si dangereuse qu'on avait
arrêté qu'elle ne serait pas révélée et la voix éloquente et indignée de Valerius
Maximus s'était écriée avec orgueil : *» patriis auspiciis, non alienigenis rempublicam administrare oportet* (Titulo, *de auspiciis*, 1).—(76) Appian. *de bell.*
civ., 49.—(77) Vell. Patercul. II, 15, 20.—(78) Lex Julia, an 664. Lex Plautia,
an 665.—(79) Tite-Live, 84. M. Ortolan, *hist.* p. 208.—(80) Cicer. *pro Balbo.*

que peu de différence entre Rome et l'Italie (81). Quelques villes, sous le nom de *Fundi* (81 *bis*), préfèrent encore l'autonomie et n'adoptent que certaines parties du droit civil romain (82), et Rome conserve une organisation judiciaire spéciale (83). L'Isopolitie est bientôt complète dans tout le Latium et dans toute l'Italie (84), et, au-dessus de cette vaste agrégation de peuples, nous trouvons encore, pour l'expliquer, une divinité commune ; l'Italie est la terre de Saturne.

TROISIÈME PÉRIODE. *Lutte du droit civil et du droit des gens.* Cet immense mouvement de nations ne pouvait pas rester sans influence sur la constitution romaine ; les violentes secousses qu'il amena devaient surtout réagir sur la législation des étrangers. Rome, « dit Montesquieu (1), ne fut plus cette ville, dont le peuple n'avait eu qu'un même esprit, un même amour pour la liberté, une même haine pour la tyrannie. Chaque ville y apporte son génie, ses intérêts particuliers et la dépendance de quelque grand protecteur ; la ville déchirée ne forme plus un tout ensemble..... on ne vit plus Rome des mêmes yeux. » — « *Peut-être....,* répond savant publiciste un profond historien de nos jours, *mais on la vit de plus haut !* »

D'un autre côté, pendant que l'Italie entre à Rome, le sang patricien se perd, la guerre éteint les générations qui l'alimentent, le Patriciat y perd son importance, et ses vieilles races tombent sur les champs de bataille et s'annihilent insensiblement dans les mariages avec les Plébéiens.

Au milieu de cette lutte générale, quand Rome est aux prises avec l'Italie, quand ses Dieux se trouvent face à face

---

—(81) Suivant M. Thierry, *loc. cit.*, p. 52, il n'y en a plus.—(81 *bis*) On les appelait *fundi*, dit M. Guizot (*Essais sur l'h^{re} de Fr.*), parce que *fundus ei legi factus erat.* Tit.-Liv. IX, 43. Cicer. *pro Balbo*, XIII).—(82) M. Giraud, pp^{té}, p. 306.—(83) Suet. *in Augusto*, 46.—(84) Cicer. *pro Syllâ*, 6, 7. *pro Archia*, 7. Ez. Spanhem, *orb. rom*, I, 1, 13. Voy. Heineccius, *loc. cit.*—
(1) *Grand. et décad.* ch. 9.

avec les Dieux importés par les nouveaux citoyens , quand le Patriciat résiste aux tribuns et que les mœurs antiques sont débordées par la philosophie nouvelle de la Grèce, le vieux droit civil et aristocratique peut-il seul rester debout et conserver seul sa puissance exclusive? Nous savons ce qu'est devenue la terreur superstitieuse inspirée par le droit théocratique, qui ne connaissait que des co-religionnaires: que devient le respect pour ce droit aristocratique, qui ne connaît que des citoyens romains et ne s'occupe pas des hommes?

L'habile avarice de Rome a démembré d'abord son *jus civitatis* au profit des Latins ; elle a fini par se le laisser arracher tout entier par les peuples d'Italie : c'est toujours avec le seul *jus civitatis* et sur lui seul que s'opère ce travail : mais , avant d'en venir là , les Romains s'étaient déjà trouvés en contact avec les peuples du Latium et avec ceux de l'Italie , d'abord sur les champs de bataille , puis jusque dans les murs et sur le forum de la cité.

Dans les premiers temps , quand le contact n'a lieu que dans les combats , la servitude et ses règles suffisent à régir les rapports privés. Dès qu'il s'établit par des traités, l'on se renferme dans la lettre de leurs stipulations, pour déterminer les rapports juridiques des nouveaux venus avec les Romains, et ce sont des juges spéciaux, appelés *recuperatores* (2) qui en font l'application. Quand les relations d'intérêt privé augmentent et s'établissent de toutes parts , il faut demander ailleurs les principes qui doivent les régler. L'on s'aperçoit que le *jus civile* des Romains est inapplicable , mais ce droit de l'aristocratie a déjà fait sentir son insuffisance, à l'époque où l'arrivée des plébéiens au consulat créa de nouveaux rapports entre ceux-ci et le patriciat. Le préteur a été institué pour *adjuvare , vel supplere , vel corrigere jus civile, propter utilitatem publicam* (3). Il juge le Ro-

---

(2) M. Sell, *de la recuperatio des Romains,* p. 72 s. — (3) L. 7 ff. *de just.*

main et le *peregrinus*, et se trouve sans loi applicable à ce dernier : il s'aperçoit, en consultant la loi étrangère, qu'elle reproduit, à peu près sous la même forme, une partie des dispositions du *jus civile* : le mouvement annuel des magistratures provinciales agrandit le cercle de l'expérience et l'on donne à ces dispositions communes le nom de *jus gentium, quòd apud omnes gentes peræque custoditur* (4). Le préteur fait alors, dans son édit, la loi du *pérégrin* ; il lui accorde sur les personnes et sur les choses des droits qui ne sont pas juridiquement ceux du Romain, mais qui dans beaucoup de cas, comme nous allons le voir, n'en diffèrent guère, quant aux effets. Le nombre des affaires augmente (5), les plébéiens s'inquiètent de voir la clientelle du patriciat s'étendre sur les *pérégrins* devant le *prætor urbanus* (6), et l'on institue un préteur spécial (7), qu'on appelle *prætor peregrinus, eò quòd plerumque inter peregrinos jus dicebat* (8). Des données de l'expérience, l'esprit s'élance vers les spéculations abstraites : dès que le romain sait qu'il y a une loi chez tous les peuples et que cette loi se rencontre souvent avec la sienne, c'en est fait de son respect pour son droit aristocratique et exclusif : il doute de la réalité de son origine sacrée ; un plébéien devenu pontife en divulgue les mystères ; la philosophie grecque arrive ; l'homme qui pense remonte aux notions éternelles du juste et de l'injuste, et il va bientôt redescendre de ces hauteurs avec des préceptes et des règles de philosophie morale, en dehors des prescriptions arbitraires du droit des douze tables.

Je ne veux pas développer ici tous les changements et tous les progrès que cette révolution morale amène dans la science et dans la pratique du droit. Les débris du patriciat résis-

---

et jur. — (4) Gaius I, 1. M. Marezoll, *loc. cit.*, I, 16. M. de Savigny, *traité de droit romain*, I, p. 105.— (5) M. Ortolan, *hist.*, p. 170. — (6) Voy. M. Niebuhr. et M. Giraud, *hist.* — (7) En l'an 507. Voy. note de Mulbenbruch sur Heineccius, *loc. cit.*, § 135. M. Sell, *loc. cit.*, p. 435 s. — (8) L. 2 §

tent avec une âpreté et une opiniâtreté héroïques ; les jurisconsultes se jettent dans la lutte, comme dans notre moyen-âge , conciliateurs prudents et sages, pour dévoiler le mystère des lois, les interpréter et les réformer dans le sens du progrès : éclairés par le stoïcisme , ils cherchent la cause et la nature du droit de propriété ; ils les trouvent dans un droit d'humanité complètement étranger jusqu'alors aux institutions, qui ont gouverné la république, et Cicéron s'écrie : *Quemadmodùm , theatrum cùm commune sit, rectè tamen dici potest , ejus esse eum locum , quem quisque occuparit, sic in urbe , mundove communi non adversatur jus , quominus suum quidque cujusque sit* (9). *Placet stoïcis, quæ in terris gignuntur, ad usum hominum omnia creari, homines autem hominum causa esse generatos, ut ipsi inter se, aliis alii prodesse possent* (10). On conçoit donc un droit de propriété naturelle à côté de la propriété quiritaire : cette dernière ne s'appelle déjà plus *mancipium* comme au temps de la conquête ; c'est seulement le *dominium*, mais c'est encore le *dominium quiritarium*. Aussi, dans la pratique, les modes d'acquérir de droit civil sont-ils plus nombreux ; même en dehors de ces modes, quand le sol, comme le sol provincial, ne peut être soumis au droit de propriété quiritaire, ou bien, quand les formalités n'ont pas été accomplies sur le sol italique, on reconnaît l'effet de la tradition, qui n'est pas de droit civil, qui ne donne que le *dominium bonitarium* : le possesseur de bonne foi, quand il a possédé longtemps, a une exception ; le vice de sa possession est couvert par la prescription (11) ; le préteur lui donne une action utile pour revendiquer sa chose (12) et cette propriété ne diffère en rien d'une propriété véritable (13). Au testament par mancipation , le préteur oppose le tes-

---

8, ff. *de reg. jur.*—(9) *De finib.*, III, 20.—(10) *De offic.*, I, 7. De republ. , I, 17.—(11) Gaius, II, 40 s. ; IV, 36. Paul, *sent.* II, 5, 3.—(12) Ulp. *fragm.* X. —(13) Gaius, II, 40. Ulp. XIX. Paul, *sent.* II, 5, 3.

tament *secundùm tabulas,* et il admet la possession *contrà tabulas.* La loi naturelle fait des héritiers, comme jadis la loi civile. Le *nexus*, pratiqué comme manière de s'obliger, produit des dérivés ; on s'oblige *re, verbis, litteris et consensu* ; l'extension du commerce fait reconnaître comme obligatoires par le préteur quelques-unes de ces conventions (14) qui, d'après le droit civil, ne produisent aucún lien, aucune action, quand on ne les a pas acompagnées de stipulation ; ce sont les *pacta.* Le souvenir des rigueurs de l'ancien droit ne se conserve plus que dans un petit nombre de cas et dans une formalité de procédure (15). Enfin les actions de la loi cèdent la place aux formules, on voit naître les exceptions et la procédure n'est plus le combat judiciaire des anciens jours (16). Toutefois ces innovations ne triomphent pas tout d'un coup de ce que les novateurs appelaient les vieilleries ridicules de l'ancien droit ; elles vivent à côté d'elles et amènent, dans le droit des personnes et dans celui des choses, ce dualisme remarquable dont je ne fais que signaler l'existence.

Les étrangers, les *perigrini*, sont les premiers à profiter des bienfaits juridiques qu'ils ont apportés avec eux: ils ne sont pas admis à participer aux prérogatives du *jus Quiritium* ; leur condition est toujours purement négative sous ce point de vue, mais, dans le domaine du *jus gentium*, elle devient positive, et leur capacité embrasse toute espèce de rapports de droit (17).

Ils ont une propriété naturelle, appelée *dominium in bonis* ou *dominium bonitarium,* et reconnue par la loi. En effet, ils ont l'*actio furti* et l'*actio legis aquiliæ* et l'on a ces actions contre eux: on les suppose, dit Gaius (18), citoyens romains, au moins sous ce rapport, et ce principe est venu s'appliquer jusque dans notre Code civil, relative-

(14) L. Patilia, Papiria, an 428.—(15) Gaius, IV, 37.—(16) LL. Æbutia, Julia, Pinaria, Calpurnia. — (17) M. de Savigny, *loc. cit.*, II, 66.—(18) Gaius, IV, 37. Ulp. XX, 14.

ment aux lois de police et de sûreté. Les fragments d'Ulpien nous apprennent qu'ils peuvent tester, en se conformant aux lois de leur pays, *adversùs civitatis suæ leges testari possunt* (18 *bis*), bien qu'ils n'aient pas plus activement que passivement, en droit civil, la faction de testament. La liberté du commerce n'exige point la modification des anciennes règles à cet égard. Mais, jusqu'au S. C. Plancien (19) ; on peut faire, par une voie détournée, ce qui n'est pas permis directement et les étrangers profitent des fideicommis (20) et des testaments militaires (21).

Leur capacité se montre surtout en matière d'obligations : on leur reconnaît toutes celles qui naissent des contrats les plus usuels, comme la vente, le louage, la société, de la plupart des délits et de la tradition. En effet, leurs obligations ne sont pas seulement naturelles, comme on pourrait le croire, mais elles sont civiles, c'est-à-dire garanties par des actions (22). Cette faveur remonte sans doute au temps où les romains, ayant fait alliance avec des peuples voisins, eurent avec eux des relations de commerce journalières. Le *jus gentium* n'existait pas encore ; on eut recours à une fiction et les actions des *peregrini* furent assimilées, comme *actiones fictitiæ*, à celles des citoyens romains (23).

Leur mariage est un véritable *matrimonium*, mais *non justum*. On trouve plusieurs applications de ce principe, surtout par rapport à la règle *pater est quem nuptiæ* (non pas *justæ nuptiæ*) *demonstrant*. Ainsi l'étranger, qui n'a pas le *connubium* et qui épouse une citoyenne romaine igno-

---

(18 *bis*) *Adversùs* est ici pour *secundùm*. Voy. Heinecc. *loc. cit.* § 138, et note de Mulhenbruch, *eod. loc. Institui non possunt peregrini, qui planè nihil ex testamento civis romani capiunt*, Cicer. — (19) L. 59, § 1, ff. *ad leg. Falcid.* Ulp. XXV, 17. — (20) § 1. Instit. *de Fideicom. hered.* — (21) Gaius, II, 110, 111. M. Ortolan, *Explic. hist. des Inst.* I, p. 391.— (22) On reconnaît aux *peregrini* l'usage de *l'acceptilatio.* L. 8 § 4. ff. *de acceptilat.*—(23) Gaius, IV, 37.

rant sa condition , acquiert le droit de cité, s'il naît un enfant du mariage (24). Le Sénatus-consulte, qui établit cette disposition, reconnaît donc le mariage de l'étranger comme un mariage véritable, son enfant comme un enfant véritable, et l'application de la règle *pater est...* devient nécessaire. La loi enjoint ici aux tribunaux romains de reconnaître au *perigrinus* une capacité fondée sur le *jus gentium*.

Puisque les *latini* et les *peregrini* n'ont pas le *connubium* , le citoyen romain qui , pendant son service dans les provinces (25) , a entretenu avec eux des relations pouvant conduire à un mariage, a besoin d'une concession pour valider le mariage à l'époque de son congé. On lui concède alors le *connubium* avec une *perigrina,* ou même avec plusieurs, en cas de mariages successifs, et certains *perigrini* peuvent acquérir de la sorte une capacité supérieure à celle des autres membres de leur classe (26). C'est ce qu'on appelle le *connubium concessum*. On accorde de même aux Latins et aux *perigrini*, sous le nom de *commercium concessum* , l'usage de la mancipation par privilège spécial (27) , dans le but de faciliter les conventions que les soldats romains peuvent faire avec leur femme et leur beau-père, relativement aux biens : c'est alors une suite du *connubium concessum* (28). Ces concessions se faisaient d'abord par le peuple , ensuite par le sénat (29).

Les droits politiques perdent de leur importance, à mesure que la nature municipale de l'état s'altère par les accroissements de la conquête , par les événements de la politique ou par l'influence des doctrines morales et philosophiques. Cependant , les étrangers ne peuvent pas encore aspirer aux

—(24) Ulpien , V. 4 ; VII, 4 ; Gaius, I , 68.—(25) L. 38 , 63 , 65 ff. *de ritu nupt.* L. 6 *C. de nupt.*—(26) Ulp. V , 4 ; XIX , 4 , 5. Paul, *sent.* , II , 19. 6. Tite-Live, l. 38, c. 36 ; l. 43, c. 3. Heinecc. *ant. rom.* I , 10, § 16.—(27) Ulp. XI , 16 ; XX , 8 , 14 ; XXII , 1 , 3.—(28) M. de Savigny, *loc. cit.*—(29) Et plus tard, par l'empereur. Heinecc. *append.* § 34.

dignités de l'état (30), même à l'aide d'une fiction, et les sacrifices du *jus sacrum* leur restent interdits.

Toutefois, peut-être serait-il vrai de dire que, si le *jus sacrum* des Romains ne leur est pas concédé, il s'établit dans l'état, en leur faveur, une autre espèce de *jus sacrum*, que je suis tenté d'appeler aussi *de droit des gens* et qu'ils apportent avec eux. En effet, bien que la religion soit le plus ferme rempart où le patriciat se défende le mieux et le plus longtemps, Rome, qui vit tant hors d'elle-même, doit respecter les Dieux des peuples chez lesquels se trouvent ses légions ou ses magistrats ; elle doit aussi tolérer chez elle les divinités des étrangers qui y affluent de toutes parts (31). Elle ne peut donc échapper à l'influence de la communication des croyances religieuses ; elle évite de se servir au forum des moyens religieux qu'on laisse tomber en désuétude (32) ; les augures ne se regardent plus sans rire, les doctrines d'Epicure ébranlent la foi des Quirites, et le doute s'attaque à ce qu'il y a de plus vital dans le culte des ancêtres. Deux classes de religions se font ainsi jour dans l'état : les unes, comme la riante mythologie grecque, se prêtent à l'assimilation (33) ; les autres, comme le Judaïsme, le culte Egyptien, le culte Druidique et le Christianisme, s'y refusent (34) :

(30) *Peregrini*, dit Cicéron, *et incolæ officium est nihil præter suum negotium agere, nihil de alio conquirere, minimeque in aliena esse republica curiosum : tanquam peregrini publicis civium negotiis se immiscere non debeant, sed satagere rerum suarum.* — (31) Quand une ville est détruite, le général romain conjure ses divinités tutélaires de l'abandonner, de venir à Rome ; on leur donne des autels et un culte. C'est ce que fit Scipion à l'égard des Dieux de Carthage (Macrob. *Saturn.* III, 9). — (32) Cicer. *de nat. Deor.* II, 3 ; *de legib.* II, 21. Tacit. *Annal* IV, 16. — (33) Les religions antiques pouvaient se confondre : elles dérivaient de principes communs ; elles étaient fondées sur la déification des phénomènes de la nature, des forces matérielles du monde et de l'humanité. Partout, où des rapprochements devenaient possibles, on se hâtait de les proclamer ; on tenait compte des rapports, on glissait sur les différences et l'on concluait, sans trop de scrupule, d'une similitude, quelle qu'elle fût, à l'identité (Cæsar, *Bell. gall.*, VI, 17, 21. Tacit., *Germ.* 9, 10. M. Thierry, *Hist. des Gaules*, III, 290). — (34) Ces religions sa-

au milieu de cet antagonisme, Auguste consacre le Panthéon à la communauté des Dieux (35) : c'est, comme l'a dit M. Thierry (36), une espèce de bourgeoisie céleste que Rome octroie aux Divinités de ses vaincus, et elle le fait avec sa libéralité accoutumée, réglant en cela le ciel sur le modèle de la terre.

C'est surtout cette dégénérescence du *jus sacrum* qui nous explique les concessions de plus en plus nombreuses du droit de cité : l'empire s'étend au loin, on passe de la *libera respublica* à la monarchie pure ; le *jus Quiritium* perd de son importance politique pour les particuliers, et l'on voit baisser le prix qu'on y attachait. Un plébiscite, provoqué par César, vient conférer à la portion de la Province Cisalpine, située à droite du Pô, et à la Gaule Cispadane le droit de cité romaine et les réunit à l'Italie (37), tandis que des concessions du droit de Latinité et l'établissement de plusieurs grandes colonies préparent la Transpadane à recevoir bientôt la même faveur (38). C'est briser la borne posée par la religion même entre l'Italie et le reste du monde ; on donne le droit de cité à des *barbares* ; on réunit à la terre sacrée de Saturne un territoire voué, comme ses habitants, à un éternel asservissement ; les provinces ne peuvent passer le Rubicon pour arriver à la Cité, le *jus Quiritium* le franchit et vient au-devant d'elles. L'aristocratie s'irrite : « César prend son point d'appui hors de l'Italie, il se fait l'écho de tous les griefs, le centre de toutes les réclamations publiques ou privées, venues des provinces. Il entretient avec tous les points de l'empire une correspondance, où sa solli-

cerdotales ou exclusives furent encore souvent proscrites, quand elles furent faibles (Tacit. *Annal.* 11, 85 ; XV, 44. Suet. *Tib.* 36). Les habitants de l'Egypte, réduits à la condition la plus rigoureuse, ne peuvent devenir citoyens romains qu'après avoir été d'abord naturalisés citoyens de la ville cosmopolite d'Alexandrie (Josephe ; Pline, Epist., X, 22, 23. Dion, 41, 17). — (35) Pline, *Hist. nat.* XXV ; Dion. L. III, 27. — (36) *Loc. cit.* p. 303. — (37) Tacite, *Annal.* XI, 24. Strabon, VI. — (38) Dion. Cassius, 41, 36. Cette partie de la Gaule

citude inépuisable semble embrasser jusqu'aux plus minces intérêts. Ici il fait réparer à ses frais des édifices endommagés, là il en fait reconstruire de neufs; il reverse en largesses corruptrices sur le monde les trésors dont il dépouille la Gaule. Aussi, dans la guerre de César et de Pompée, les provinces prennent parti pour César, les électeurs arrivent et il est nommé (39). » Après la victoire, le dictateur tient ses promesses; beaucoup d'individus, des villes, des peuples entiers reçoivent, suivant leur mérite, le *jus Quiritium*, le *jus Latinitatis* ou le *jus Italicum* (40). Il fait en masse citoyens romains les soldats de sa fameuse légion de l'*aluoette* (41). Il fait entrer au sénat des provinciaux notables, tirés principalement des deux Gaules Cisalpine et Narbonnaise ainsi que de l'Espagne. Les patriciens s'indignent de voir siéger à côté d'eux ces semi-barbares (42), et le grand tribun meurt assassiné comme les Gracques (43).

Sous les Empereurs, le droit de cité romaine continue à se communiquer à diverses nations. César avait été accusé de le vendre par pénurie d'argent. Antoine le mit presque à l'enchère : Auguste agit avec une plus grande réserve; il supprime complètement ce mode honteux de concession, préférant laisser souffrir le fisc plutôt que l'honneur de la cité romaine (44). Il refuse le droit de cité à un Gaulois pro-

prend le nom de *togata* (Suet, *in Cæsar*. IX). — (39) C'est ici de l'histoire romaine et rien que de l'histoire romaine, extraite textuellement du beau livre de M. Thierry, *loc. cit*, p. 66. — (40) Le droit de cité et le droit de latinité furent accordés successivement à un certain nombre de Gaulois individuellement (Suet. *in Cæsar*, C. 76, 3, 40. Tacit. *Annal.* XI, 23), et même collectivement à tous les membres de tel ou tel peuple de la Gaule (Strabon, IV; Tacit. *Annal.* XV, 32, *Hist.* I, 18, 78). Certaines villes, comme Lyon, Vienne et Cologne, avaient obtenu par privilége le droit Italique (L. 8, §. 1 et 2, ff. *de censibus*). Voy. dans la *Revue de législation*, VII, p. 114, l'article déjà cité de H. Klimrath. ch. 3. Avant Vespasien, on trouvait en Espagne des colonies, des Municipes de citoyens romains, des villes du droit latin, des fédérés, des tributaires. Vespasien accorda à tout le pays le privilége latin (Pline, IV). — (41) Suet. *in Cæs.*, 76. Voy. M. Klimrath, *loc. cit.* — (42) Suet. *loc. cit.* — (43) Suet. *in Cæs.* 84.—(44) *Civitatem parcissimè dedit, adfirmans se faci-*

tégé par Livie et exclut de ses prérogatives, par les lois *Ælia Sentia* et *Fusia Caninia,* les indignes citoyens que donnaient les affranchissements multipliés. César avait conféré ce droit aux médecins étrangers pratiquant à Rome, à tous les professeurs des arts et sciences (45) : Auguste (46) l'étend aux provinciaux qui, déjà Latins, viendront dépenser leur fortune en Italie, et feront, par exemple, à Rome, des constructions d'une certaine valeur (47) : Claude (48) y comprend le Latin propriétaire d'un vaisseau de dix mille mesures au moins, employé pendant six ans à transporter du blé à Rome (49). D'autres constructions, comme celles d'un moulin, procurent encore le droit de cité au Latin (50). Néron, vainqueur aux jeux olympiques, donne la liberté à l'Achaïe et la cité avec de grosses sommes d'argent à ses juges (Heinecc. *loc. cit.* § 14). Les lois *Ælia Sentia* et *Junia Norbana* ouvrent une voie encore plus large en déclarant citoyen de plein droit le Latin, mari d'une femme Latine qu'il aurait épousée dans le but d'avoir des enfants. Des concessions, de plus en plus larges, du droit de Latinité créent de toutes parts une multitude de Latins qu'un mariage fécond rend aussitôt citoyens de Rome, eux et leurs enfants (51). Sous Tibère, la loi Visellia attache la cité romaine au service fait pendant six ans dans la garde de nuit (52). Un affranchi, devenu latin

---

lius passurum fisco retrahi aliquid quàm civilatis romanæ vulgari hono-rem (Suet. *in Aug.* 40). — (45) Suet. *Cæs.* 42.— (46) Il tire les légions des rangs dés Latins, des Italiens et des provinces, et il donne aux Romains le spectacle inouï jusqu'à cette époque d'un provincial montant au Capitole, sur le char des triomphateurs, pour avoir reculé les bornes de l'empire.— (47) Gaius, I, 33. Ulp. III, 1.— (48) Il était né à Lyon, et donna, malgré le sénat, le *jus honorum* à la *Gallia comata* (Tacit. *Annal.* XI, 23. Dion. L. X, 17. Senèque fait dire à une Parque qu'elle tranche les jours de Claude, *parçe qu'il faut conserver en ce monde quelques étrangers pour graine, quoniam placet aliquos peregrinos in semen reliqui* (Apokolokyntosis, 3). — (49) Ulp. III, 6. Gaius, I, 34. Suet. *Claud.* 18, 19. — (50) Ulpien, III, 1. — (51) Ulp. III, 6. Gaius, I, 29, 31, 32. — (52) Ulp. III, 5. Sous Marc-Aurèle, qui prend sur ses médailles le titre *d'ampliator civium*, il suffit d'entrer dans les légions

et majeur de trente ans, devient citoyen romain lorsqu'il est encore solennellement affranchi par un citoyen. Le mêmeSénatus-
Consulte lui accorde aussi le titre de citoyen, à raison de son
mariage et de ses enfants. Ces catégories, réunies aux anciens modes d'acquérir la cité que nous avons déjà indiqués, et à quelques autres (53), forment des sources abon-
dantes d'où l'assimilation se répand, chaque jour et sans se-
cousse, sur tous les points de l'empire, et le système politique qui maintient l'exclusion sociale est à toujours banni ;
les doctrines d'égalité, de philanthropie se formulent et se
propagent en même temps que s'établissent les institutions
militaires (54).

Pendant que tant de peuples divers s'élèvent jusqu'à posséder le droit de cité romaine, les esclaves aspirent en
grand nombre à la liberté qui leur donne aussi le *jus Quiritium* (55). Mais les affranchissements forment une source
peu honorable de citoyens. Auguste tente d'y remédier par
la loi *Ælia Sentia* (56), et Tibère par la loi *Junia Norbana* (57). On distingue dès-lors trois sortes d'affran-

pour obtenir la cité (Spanhem, *Orb. rom.* I, 18). — (53) Ainsi, on devenait
encore citoyen par un bienfait du prince (Ulp. III, 1), par un plébiscite (Gaius,
I, 8), par un sénatus-consulte (Gaius, I, 26), par la faveur d'un simple général, tantôt en vertu d'une loi précédente (.... *Lex Gallia et Cornelia definitæ
potestatem Pompeio civitatem donandi dederat...* Cic. *pro Balbo*, 14; *pro
Archia*, 10), tantôt sauf ratification d'une loi à venir (Cic. *Phil.* I, 7 S.).
Quand les droits du peuple sont aux mains des empereurs, ceux-ci font seuls
des citoyens. — (54) La puissance paternelle faisant partie du *jus quiritium*, et
l'enfant d'un *Latin*, né avant l'élévation de son père au droit de cité, restant
Latin à moins d'une concession spéciale du prince (Pline, *Panegyr.*, 37), le
Latin devenu citoyen romain voyait se briser autour de lui tous ses liens de famille, *civitasque romana instar erat odii et discordiæ et orbitatis* (Plin.,
loc. cit.). Il fallait qu'un privilége vint à son secours pour le rendre capable ou
de recueillir la succession de ses enfants, ou de leur transmettre la sienne. Tra-
jan changea cet état de choses.

(55) M. Giraud, *Hist.*, p. 98. — (56) Cette loi fut portée en l'an 3 de l'ère
chrétienne. (Dion. Halic. Suet. *in Aug.* 60). — (57) La loi *Junia Norbana* fu'
portée en l'an 20 par Junius Norbanus Balbus. Voy. note de M Haubold et de

chissement, trois sortes de liberté : 1° affranchissement par les modes solennels, donnant la pleine liberté et la cité ; 2° affranchissement par les modes non solennels, ne donnant qu'une petite liberté et les priviléges des *Latins colonarii* (58) ; 3° affranchissements d'esclaves soumis à des traitements infamants et donnant la pire liberté, qui les range au nombre des *dediticos* (59).

Les affranchis de la seconde classe portent le nom de *Latini Juniani*, pour les distinguer des *Latini colonarii* : ils ont bien le *commercium* comme ces derniers, mais le droit positif leur retire les principaux avantages de cette capacité ; ils ne peuvent tester, ni rien recevoir par testament (60), ce qui fait dire d'eux à Salvien : *Vivant ut ingenui et moriantur ut servi* (61). Mais ils ont le droit de mancipation avec les citoyens, ils peuvent être témoins et *libripens* , ils peuvent même recevoir par *fideicommis* (62). Les restrictions anomalés de leurs droits ne touchent que leurs personnes ; leurs enfants ont tous les droits des Latins (63). Enfin ils peuvent devenir citoyens par les modes que nous avons indiqués d'après Ulpien (64).

Quant au *peregrinus libertinus*, rangé par la loi *Ælia Sentia, deditiorum numero* (65), sa condition était la plus

---

Mulhenbruch sur Heinecc. *Ant. rom.*, I, 5, § 12. — (58) A l'époque de l'expédition d'Annibal, Rome avait en Italie trente colonies *Latinæ* ou *togatæ*. Dix-huit seulement secoururent la métropole ; Rome leur accorda le *jus Latii*, et on appela leurs habitants *Latini colonarii*. A la différence des *Latini Juniani*, les Latins colonarii étaient *ingenui et honorum in suis coloniis capaces*. Note de Mulhenbruch sur Heinecc., *loc. cit.*, Append., § 83. — (59) En vertu de la loi *Ælia Sentia* — (60) Ulpien XI, 16 ; XVII, 1 ; XXI, 14 ; XXII, 3 ; Gaius III, 55-76. — (61) L. 1 C. *de Lat. lib. toll.* L. 3 C. Th. *ad S. C. Claud.* IV, 11. M. Hugo, *Hist. du dr. rom.* M. Giraud, *Hist.*, p. 254. — (62) Ulp. XX, 8 ; XXV, 6. — (63) M. de Savigny, *Traité de dr. rom.*, II, p. 35. — (64) Ulpien ne parle que des Latins, parce que, depuis la constitution de Caracalla, il n'y avait plus d'autres étrangers que les Latins Juniens et les pérégrins dédiices, et ces derniers ne pouvaient jamais devenir citoyens (Gaius I, 26). — (65) Les dédiices étaient les peuples qui s'étaient rendus à discrétion. Dion. Halic. III,

misérable de toutes : il ne pouvait jamais espérer arriver à la cité romaine, ni même à la latinité (66). Il avait bien la capacité générale, conformément au *jus gentium*, mais dans les applications particulières, surtout pour le droit de succession, sa condition était très inférieure à celle de l'étranger libre (67).

QUATRIÈME PÉRIODE. *Règne du droit des gens.* Nous retrouvons encore dans cette période notre même division des personnes libres, les *cives*, les *latini*, les *peregrini* : ces derniers sont encore les habitants de quelques provinces et ceux de tous les Etats étrangers qui entretiennent avec les Romains des relations amicales. Au-delà, ce sont des Barbares. Au-dessous se trouvent les **Latini Juniani** et les **Peregrini dedititii**, qui ne sont pas *ingenui*. Un besoin d'argent dans le trésor impérial fait faire un grand pas à la pensée d'homogénéité, qui se fait jour dans tout l'empire.

Auguste, pour subvenir aux besoins de la guerre, avait prélevé l'impôt du vingtième sur les successions. Caracalla doubla cet impôt : mais, comme les citoyens romains le payaient seuls, il voulut y soumettre le plus grand nombre possible de personnes; il donna le droit de cité à tous les ingénus, qui étaient *in orbe romano* (68), *specie quidem honorem eis tribuens*, dit Dion (69), *sed re verâ, ut fiscum suum augeret : quippe quum peregrini pleraque horum vectigalium impenderent*. Ainsi tous les habitants de l'empire sont citoyens, quand ils sont libres; il n'y a plus de distinction entre les *Cives*, les *Latini* et les *Peregrini*. Il n'y a plus de *Latins* que les affranchis *Latins Juniens*; il n'y a plus de *peregrini* que les affranchis déditices (70), et ceux-

---

22. Brisson, *de form.* IV, p. 354. — (66) Suet. *Aug.* C. 40. Gaius, 1, 13-15, 25-27. — (67) Ulp. XX, 14. M. de Savigny, *loc. cit.*, p. 35.

(68) L. 17 ff., *de statu homin.*— (69) Voy. *Excerpta Valesiana*, p. 745.— (70) Nov. 78, § 5. Sidoine Apollin. *Epit.* I, 6. Gaius, 1, 13-14 et Justin, *Inst.*, 1,

ci restent seuls, avec les Barbares, exclus du bénéfice de la constitution de Caracalla (71).

La mesure produisit peu d'émotion : les auteurs contemporains en disent peu de chose, et pourtant elle efface dans la loi les distinctions de race et d'origine; elle confond le Romain avec le Gaulois, l'Italien avec les enfants de la Syrie et de l'Espagne. Il n'y a plus que des Romains (72), et Rome est la commune patrie (73) ! Qu'y a-t-il donc d'étrange dans cette constitution pour qu'on s'étonne ainsi de l'indifférence qui l'accueille? Rien, que je sache : elle est prévue, avant de paraître, et elle ne fait que constater un fait accompli.

En effet, tout tendait à l'assimilation dans la longue période qui précède. L'antagonisme, qui se produit dans une société, entre des religions, des institutions, des principes et des races de nature diverse, ne peut être une lutte inutile. Il lui faut ses enseignements et ses résultats : les provinces avaient lutté avec Rome. Que devait-il arriver après cette lutte ? Ce qui était arrivé après les luttes des plébéiens et des patriciens, des Latins et de l'Italie avec la cité : l'assimilation. Il n'y a plus de citoyens romains, il n'y a que des hommes. Tout cesse d'être *civil* et devient humain.

Héliogabale (74) unit les trois symboles religieux de Rome, de Carthage et de l'Orient, pour complaire aux Romains, aux Africains et aux Orientaux, et consacre ainsi l'unité religieuse de l'Europe, de l'Afrique et de l'Asie. Le christianisme vient achever l'œuvre commencée par le stoïcisme ; la trinité païenne et civique d'Héliogabale est remplacée par la religion chrétienne, universelle comme l'humanité.

Ce n'est plus le respect des ancêtres, *majores*, qui préoc-

5, § 3.—(71) Dio. LXXVIII, 9. Cujas, *Observ.* IV, 3. Ulp. *Regul.* XVII, § 1. M. Ortolan, *Hist. de la Législ. rom.*, p. 270. M. Thierry, *loc. cit.*, p. 191.—(72) On n'est pas Romain à Athènes comme à Carthage, dit M. Thierry, et l'Espagnol, le Syrien, le Gaulois furent des frères qui se ressemblaient peu.—(73) L. 33. ff. *ad municip.* L. 6 ff. *de excusat. tutor.* —(74) Héliogabale maria le Dieu du Liban

cupe le pouvoir : Alexandre Sévère réunit dans son oratoire les images des grands hommes qui ont honoré l'humanité, sans distinction de pays et de nation (75), et le monde applaudit.

Le prince concentre en lui toutes les magistratures et les fait exercer par ses délégués. Il ne tient plus le pouvoir des Dieux protecteurs de l'État, mais des hommes qui se battent dans les camps (76). Les droits politiques sont de peu d'importance. Les institutions impériales portent plusieurs atteintes au vieux droit civil, le changement de capitale le dépayse, l'exile, l'enlève au peuple qui le connaissait le mieux et à l'idiôme qui le faisait mieux comprendre ; les institutions qui survivent sont chaque jour moins en harmonie avec les mœurs. Ce droit est appliqué, à côté du *jus gentium,* par le même magistrat, et cette seule circonstance est suffisante pour les faire se combiner tous deux ensemble, en donnant au produit de leur combinaison un caractère d'universalité qui se fixe de plus en plus dans l'édit annuel, puis dans l'édit perpétuel. Le vieux droit s'incline et s'efface devant sa rivale victorieuse, l'équité. L'unité prend partout la place de la variété et de l'irrégularité de législation.

Aussi la distinction du *dominium Quiritarium* et du *dominium bonitarium* s'évanouit et n'est plus qu'un jeu de mots ; le droit de propriété, ce *mancipium* de la conquête, ce *dominium Quiritarium* de la loi des douze tables, n'est plus que le *dominium* purement et simplement, le droit du maître sur sa chose, le droit de l'homme sur la nature et sur les biens (77). Caracalla a laissé subsister la distinction entre le sol italique et le sol provincial : Justinien l'efface. Le testament devient facile, la volonté de l'homme balance la vo-

---

avec Pallas et Vénus Astarté (Hérodian, v. 121). — (75) Lamprid. *Alex. Sev.,* 123. — (76) Les guerres de Galba, d'Othon et de Vitellius avaient montré que le prince pouvait être élu autre part qu'à Rome (Tacit. *hist.* I. 3). Bientôt il n'est plus Italien ; on le prend en Espagne ou même en Afrique. — (77) L. unic. C.

lonté du droit civil dans les codiciles et les fidéicommis ; le droit de transmettre ses biens, après sa mort, n'est plus une pure concession de la loi et de l'Etat. Le droit naturel se glisse du droit de propriété dans celui de la transmettre entre vifs et à cause de mort.

Des considérations d'équité dominent les obligations ; le nombre des pactes reconnus par la loi s'accroît, les paroles sacramentelles sont proscrites.

Les formules de procédure tombent aussi en désuétude, et l'action n'est plus qu'un droit.

Le droit de la famille s'est aussi modifié dans le même sens. L'homme jette au loin le masque civil pour reprendre sa valeur et sa place. La parenté naturelle a des droits dans les successions, on reconnaît des parts légitimaires ; la puissance paternelle s'adoucit ; la puissance maritale est moins dure ; la tutelle des femmes n'est plus qu'une formalité ; il n'y a plus de différence entre les agnats et les cognats.

Nous voilà bien loin du Dieu Terme, de Vesta, des Pénates ! Nous sommes au temps de Justinien, et Justinien achève l'œuvre de Caracalla : il abolit la condition des *Latini Juniani* et celle des *peregrini dedititii*, pour leur donner le droit de cité ou plutôt le droit d'*humanité* : il ne laisse de distinction qu'entre les sujets de l'Empereur et les esclaves, *cette seconde espèce d'hommes*, suivant l'expression de Florus (78).

Toutefois les divisions générales, *jus civile* et *jus gentium*, restent encore comme faits historiques dans la législation Justinienne, mais sans importance pratique. En principe, il est toujours vrai que les citoyens romains peuvent seuls contracter un mariage revêtu de tous les effets civils, exercer la puissance paternelle, etc. On refuse ces capacités aux *Perigrini* ; mais à cette époque les *perigrini* sont les *Bar-*

de nudo jure Quirit. tollend.—(78) *Hist.* III, 20. L. 1 C. *de annali except. toll.* L. un. C. *de dedititiâ lib. toll.* L. un. C *de Latin. lib. toll.* L. un. C. *de*

bares (79), et il n'y a pas de contact possible entre eux et les habitants de l'Empire.

Rome avait toujours de plus en plus aggloméré les peuples autour d'elle; elle tendait à la centralisation universelle : mais il paraît qu'il y avait une erreur de calcul dans la solution de notre problême. Quand les Barbares vinrent se jeter au milieu de cette organisation gigantesque, ils n'y trouvèrent pas de place faite pour eux. Le colosse se rompit ; les membres se détachèrent presque tous à la fois, après s'être réunis un à un, et la centralisation fut à refaire ; la civilisation fut à recommencer sur de nouvelles bases, avec quelques-uns des anciens éléments.

CHAPITRE V.

DES ÉTRANGERS CHEZ LES BARBARES.

Rome et le christianisme avaient centralisé le résultat des efforts partiels des peuples civilisés pour résoudre la question de la fraternité humaine. Les Barbares étaient seuls restés en dehors de ce travail de fusion ; le christianisme leur créa une place dans l'association. La civilisation romaine n'était pas allée les chercher : ils vinrent la trouver, et, s'ils ne lui apportèrent qu'un faible tribut pour résultat de leurs efforts personnels, ils lui donnèrent au moins des forces nouvelles pour féconder les nouvelles données du problême.

Quand le siége de l'Empire romain s'écroula, il y avait encore de la vie romaine dans les membres dispersés du co-

nudo jure Quirit. toll. L. un. C. *de usucap. transf.* Nov. 78, c. 1.—(79) Il était défendu à un Romain de vendre à un Barbare, L. 1, 2 C. *quæ res export. non debeant.* Valentinien et Valens prononcèrent la peine de mort contre celui ou celle qui s'unissait par mariage avec les Barbares. Justinien ne permit point ces mariages; mais il n'inséra pas cette loi dans son Code, parcequ'il en désapprouvait la dureté. Heinecc. *append. cité,* § 34, à la note. L. un. Cod. Theod. *de nupt. gentil.*, III, 14.

1

losse : ces restes de vie s'étaient retirés aux extrémités ; l'énergique application des mouvements barbares les fit renaître. L'Italie, la Gaule, l'Espagne étaient des terres romaines ; les habitants, les costumes, les soldats, la langue, les lois, tout était romain dans ces pays (1). L'antagonisme, qui va se produire dans la législation entre les anciens principes et les nouveaux, avant leur assimilation, se retrouve jusque dans les mots : il y a encore la *Romanie* en face de la *Barbarie* (2). Seulement le nom des Romains prend ici une acception toute nouvelle ; c'est celui des vaincus, et les vainqueurs portent comme un titre honorifique ce nom de Barbares, jadis si méprisé de Rome, *non jam, sicut antè, contumeliæ, sed honoris causá*, dit Valesius (3). Ce n'est donc plus à la civilisation romaine, mais à la constitution barbare qu'il faut demander la raison d'être des lois sur les étrangers, du 5ᵉ au 10ᵉ siècle. Ce sont les Barbares qui dominent et qui, pour ainsi dire, *donnent le ton* à cette époque.

Il me semble voir, au milieu d'une grande confusion des situations, des principes, des faits, des races, des langues, des propriétés, des institutions, des états, trois époques dans l'histoire générale des Barbares, et par conséquent dans leur législation sur les étrangers. Dans la première, ils marchent et combattent ; dans la seconde, ils s'arrêtent ou sont arrêtés, ils cherchent à se fixer ; dans la troisième, leur conquête est affermie, ils sont maîtres des villes et des terres, ils sont agriculteurs (4).

(1) En ce qui concerne la Gaule, voyez M. Guizot, *Hre de la civ. en Europe*, 7e leç. et M. H. Klimrath, *loc. cit.*, ch. 3, *rev. de lég.* VII, 114. — (2) On appelle *Romanie* tout ce qui chez les Gaulois, les Espagnols, etc., résiste d'abord au contact du droit et du pouvoir des Barbares, tout ce qui conserve le nom, la langue et le culte des Romains. (Voy. *Vers histor.* de Fortunat, év. de Poitiers, L. II et VI. *Rec. des histor. de Fr.* II, 477 et 505). — (3) Lib. VI *rer. franc.* p. 288. Voy. enc. Grég. de Tours, II, 18 ; III, 13 ; IV, 49. *Nolite, ó* Barbari, *nolite hùc transire*, disent les moines de Saint-Martin de Tours à des Barbares qui veulent piller leur monastère. — (4) Je ne veux pas faire ici de la

§ 1. **première période**. *Combats*. Pendant cette période, les Barbares fondent sur le monde romain et combattent. Les étrangers, pour eux, sont les membres des nations dont ils traversent le territoire. Dans les combats, ils les traitent d'après les lois de la guerre ; hors des combats, d'après les lois qu'ils apportent avec eux : or la constitution des Barbares est simple, comme celle de tout peuple nomade, chasseur et guerrier. Elle n'a à régler et ne règle que deux choses, la guerre, qui est le principe dominant, et la justice, qui se retrouve partout et partout est nécessaire. Tous les autres rapports de droit n'existent qu'à l'état de germes, ne sont pas définis et peuvent, vis-à-vis des étrangers, se résumer en seul mot : *hospitalité*.

1° *La Guerre*. La société est dans l'enfance, il n'y a pas de pouvoir public pour garantir les libertés individuelles, la liberté est l'apanage de la force, et le faible cherche l'appui du fort. C'est une époque héroïque. Aussi trouvons-nous ici un patronage militaire qui va jouer un grand rôle : le chef doit toute sa puissance à des *compagnons* de fortune qui l'ont choisi ; ces compagnons ne connaissent d'autres lois que le bien-être personnel et l'engagement du moment ; ils se contentent pour toute solde de chevaux, d'armes et de repas (5), et se délient de leur serment de fidélité en rendant au chef ce qu'ils ont reçu de lui (6). Aux yeux d'un peuple guerrier, l'homme qui se bat a toujours sa valeur ; on n'appauvrit guère la bande en donnant à l'étranger des armes et des chevaux dans un pays conquis, et, pourvu qu'il s'attache au chef en purgeant sur l'autel, par son serment de *fidélité*, le vice de pérégrinité, il est toujours reçu comme soldat (7).

chronologie synchronique ; partout, et au même moment, les Barbares ne se trouvent pas au même point ; les lois ne conservent pas le souvenir précis, explicite, numéroté de leurs métamorphoses, mais j'espère le retrouver dans le rapprochement de dispositions, qui ont pu s'inscrire le même jour dans un code, quand il y eut un code, mais qui pour cela n'en sont pas moins nées à des temps différents, malgré l'identité de leur acte de naissance.

(5) Tacit. *Germ.* c. 13, 14. — (6) Loi des Visigoths, V, 3, §. 1. — (7) Loi

2° *La Justice*. Le chef doit la justice à ses compagnons ; il est leur juge : l'étranger, *advena*, qui ne peut être *dux*, ne rendra pas la justice. On ne suit pas d'ailleurs les mouvements de la conscience du juge sur son siége aussi facilement que ceux du bras du guerrier dans les combats, et l'on repousse du tribunal les *alienæ gentis homines* (8) ; *quamvis enim eloquiis polleant, tamen difficultatibus hœrent*, dit un capitulaire (9).

3° *Hospitalité*. Trois causes successives doivent porter les Barbares à être hospitaliers. D'abord, avant l'invasion, ils sont pasteurs et chasseurs (10) ; ensuite ils errent par bandes ; moins sédentaires que les Romains, ils voyagent volontiers aux dépens de ceux-ci, et par conséquent ils ont plus besoin de recevoir l'hospitalité que de la donner (11). Enfin, quand ils se mêlent davantage au peuple romain, leurs coutumes nationales ne suffisent plus à régler leurs nouveaux besoins ; ils y ajoutent de nouvelles lois, et ces lois nouvelles sont en grande partie empruntées à la législation des Romains, si bienveillante alors pour les étrangers : elles sont, il est vrai, refaites à la taille des nouveaux législateurs, mais elles sont toujours d'étoffe romaine. Telles sont les causes principales qui me paraissent produire cette bienveillance

de Witred en 686, Houard, *Cout. Anglo-Norm.* 1, 53. — (8) L. Visig. I, 2, c. 9.—(9) Liv. VI, 343. Baluze, I, 981.—(10) Cesar, *de bell. gall.* VI, 22. Tacit. *Germ.* 16, 23, 26. La loi des Visigoths permet au voyageur d'allumer du feu, de faire paître son cheval et d'abattre des branches. Les usages de la marche allemande en permettent autant (Grimm, 400-401). M. Sapey, *mém. cité*, p. 17, semble reprocher au monde moderne d'avoir oublié cette vertu hospitalière des Germains. Je me suis déjà expliqué sur cette opinion (ch. I et II, *note* 1). La société naissante des Barbares était ce qu'elle devait être à cette époque ; il faut, pour la comparer à la nôtre, les prendre toutes deux dans leur ensemble et, si le XIXe siècle est, après cette épreuve, encore inférieur au IVe, tâcher de retourner en arrière. — (11) La loi des Burgundes, 33, §. 1, fait un devoir de l'hospitalité, sous peine d'une amende de trois *solidi*. M. Beugnot remarque que, sous les deux premières races, les peuples de la France étaient encore presque nomades, et portés plutôt à respecter un étranger qu'à le dépouiller (*Essais sur les établissem*^{ts} *de St-Louis*). Malgré une légère confusion (Voy. 3e pé-

pour l'étranger, dont on retrouve çà et là l'empreinte dans les lois barbares. Je ne parle point de la faveur du commerce, car, loin de favoriser le commerce, au temps de l'invasion, les Barbares ne le regardaient, dit Montesquieu (12), que comme un objet de leurs brigandages, et, quand ils venaient sur les côtes, ce n'était pas pour recevoir les produits d'une industrie lointaine, mais pour piller les malheureux échappés au naufrage.

§ II. SECONDE PÉRIODE. *Conquête.* Une halte se fait : les hordes barbares s'arrêtent ou sont arrêtées ; elles se débandent, et, au milieu de la confusion de pareils ébranlements, elles cherchent à se fixer. Ce sont à leurs yeux les indigènes qui vont être les étrangers (13).

Les Barbares hésitent d'abord : vagabonds par nature, ils ont peine à ne pas rompre le ban que leur assignent les nécessités de la victoire, car l'activité sans travail est la situation dont l'homme se résout le plus difficilement à sortir. Au milieu de ces hésitations, ils n'ont ni le temps ni le pouvoir de constituer d'une manière bien nette le droit général, qui va régir leur nouvelle condition, et ce vague se retrouve dans le droit des étrangers.

Les Barbares arrivent avec leur aristocratie militaire, avec leur hiérarchie du chef au compagnon. Deux éléments nouveaux s'offrent à eux, la propriété territoriale et le christianisme, ou plutôt le clergé. La lutte devient plus intime entre la Romanie et la Barbarie : les Barbares pénètrent plus pro-

---

riode), M. Beugnot signale ici d'un seul coup la cause et l'effet. — (12) Espr. des Lois, liv. 21, ch. 17.

(13) Avant d'être fixés, les Barbares n'ont guère à s'occuper des étrangers proprement dits, des gens du dehors, que sous le rapport de leur propre sûreté : ils en parlent rarement d'une manière expresse, et ce n'est que par induction, d'après la manière dont ils traitent les indigènes, qu'on peut voir comment ils traitent les gens du dehors. Au milieu de ces masses qui s'ébranlent, un voyageur paraît peu. Quand les Barbares, resserrés dans les villes des vaincus, s'inquiètent et sont défiants, les *peregrini*, les *advenœ*, rencontrés errants dans les campagnes, peuvent être tués, s'ils ne se font connaître (Lois de Witred, *loc. cit.*

fondément dans le monde juridique romain, ils lui laissent ses lois ou les ajoutent aux leurs avec quelques modifications, car ils n'en ont pas à lui donner. Ils entrent dans une organisation, où tout a été basé sur la propriété, et ils ne connaissent pas encore la propriété. C'est là une des causes qui fait que la législation de cette époque est surtout personnelle et non territoriale : partout où habitent les hommes de telle ou telle race, ils suivent la loi de leur race et non celle du territoire qu'ils habitent (14).

1° *La propriété territoriale*. Les Barbares s'approprient les terres des indigènes de deux manières ; par la conquête patiente et timide, ou par la conquête brutale qui prend tout et partage.

Placés en face de la propriété territoriale des indigènes, ils rencontrent l'ancienne théorie romaine sur la possession et la propriété et ils se font modestement les possesseurs *jure hospitalitatis* (15) ; les indigènes restent propriétaires, et, pour éviter toute querelle, qui peut bientôt devenir sanglante, le barbare *possesseur* doit, sous peine d'amende, se tenir à l'écart, dans toute contestation entre deux Romains sur la propriété. Quelques propriétaires s'enfuient, mais ou les rassure, et, pour ne pas effrayer les autres, on leur garantit la liberté de rester sur leurs terres, on défend de les réduire en servitude (16). On laisse à chaque peuple l'usage de sa propre loi (17), ou le choix de celle qu'il veut suivre (18), car les vaincus, dit Lindembrock dans sa préface de la collection de ces anciennes lois, supportent plus

L. des Burgundes, *de receptis advenis*).—(14) M. Guizot, *civil. franç.* I, p. 261. M. Fœlix, *traité de droit international privé*, p. 6. M. de Savigny, *hist. du dr. rom. au moyen-âge*, I, p. 89.—(15) L. des Burgund. *de remov. Barbaris.*—(16) Art. 5, additam. 2, L. des Burg.—(17) Loi des Ripuaires, XXXI, 3, 4. L. des Burg. LX, 1. La loi des Visigoths, XII, 3, § 2 accorde aux marchands étrangers, qui viennent du dehors, l'usage de leurs lois sous des juges spéciaux, *apud telonarios suos*, tant on craint les querelles, même avec les gens du dehors, et la contagion des insurrections.—(18) Loi des Lombards, II,

impatiemment les lois que la domination des vainqueurs.
Enfin les indigènes conservent parmi eux un ordre de citoyens et des droits politiques et civils (19).

Je rapporte encore à ce motif de réserve et de prudence,
vis-à-vis des indigènes, une disposition des lois barbares, relative aux gens du dehors, et à laquelle j'ai vu donner une
explication qui m'a paru singulière. La loi des Burgundes,
XXXVIII, 1, 2 s. punit d'une composition, ou Wehrgeld,
quiconque refuserait à un étranger *tectum et focum*. Celle
des Bavarois (20) punit les injures faites à un étranger, ou
le meurtre d'un étranger, d'une peine double de celle infligée
pour les mêmes crimes commis contre un indigène. Il en est de
même chez les Celtes (21), chez les Francs Saliens et chez les
Francs Ripuaires (22). Voilà, dit-on, les preuves évidentes
d'une ardente charité pour les étrangers, et cela chez des Barbares ! Il me semble trouver l'explication toute naturelle de
ce fait dans cet autre usage : On punissait, dit Aristote, ceux
sur le territoire desquels l'étranger avait été exposé à quelque injure ou à quelque dommage. Eh bien ! c'est pour éviter ces représailles, ce châtiment public, que l'on punit plus
sévèrement le coupable. Il a failli à un double titre, en se faisant meurtrier et en exposant le pays à des querelles et à des
guerres (23).

A force d'être possesseurs, les Barbares, acclimatés dans
le pays auquel ils ont eu le temps de s'attacher par mille
liens, se proclament bientôt propriétaires : *Barbarus ex in-*

57.—(19) Hervé, *Théorie des matières féodales et censuelles*, I, 151. M.
Guizot, *hist. de la civil, en Europe*, 7ᵉ Leç. L. des Ripuaires, LIX, 1.—
(20) III, ch. 14, § 1, 2, 3. Cette disposition est reproduite dans un capitulaire
de Dagobert de 630.— (21) Nicolas de Damas, *ap. Stob.* serm. 165.—(22) L.
Salic. XLIII, 7. L. Rip. XXXVI, 3.—(23) De même, quand la loi des Burgundes (XXXIII, 1) punit le Burgunde qui, au lieu de donner lui-même l'hospitalité à l'étranger, lui indique la maison d'un Romain, c'est que l'hôte de l'étranger était responsable des délits que celui-ci pouvait commettre, c'est qu'il lui
devait aide et protection et qu'imposer cette lourde responsabilité à un Romain,
quand on craignait d'irriter les Romains, c'eût été risquer des mécontentements

tegro mancipium percipit, dit la loi des Burgundes ; ils recueillent ainsi le fruit de leur patience et de leur réserve vis-à-vis des indigènes qui, dépossédés peu à peu, n'osent plus ou ne peuvent plus s'insurger.

D'autres fois, quand les Barbares sont assez forts pour n'avoir rien à craindre, ils s'emparent de prime abord des terres conquises, comme les anciens Romains, et ils se les partagent. Ils sont alors propriétaires *publicâ largitione*, dit la loi des Burgundes, ils ont leur copie du *dominium Quiritarium* et n'accordent aux vaincus que celle du *dominium in bonis*, une espèce de possession que les pères peuvent transmettre à leurs enfants légitimes, *heredes eorum in omnibus, sicut et filii legitimi Longobardorum existant* (24), mais qu'ils ne peuvent aliéner, à quelque titre que ce soit, s'ils n'ont pas d'enfants légitimes, pas plus qu'ils ne peuvent la léguer par testament. C'est là le premier germe de notre futur droit d'aubeine, disent Canciani (25) et Montesquieu (26). Quoi ! ce serait une conception originale d'un roi de Lombards, fixé en Italie sans se nourrir des sucs de ce vieux sol législateur ! Je ne le crois pas. C'est cette ancienne théorie romaine, qui donne tout au vainqueur, sauf les tempéraments indispensables et qui veille à ce que les vaincus soient dépouillés promptement par les lois s'ils ne l'ont pas été instantanément par les armes ; c'est ce vieux principe, qui fait venir la propriété de l'état et qui la fait retourner à l'état, quand elle devient vacante (27). Seulement je vois là du style Lombard ; le vaincu, l'étranger ne s'appelle plus *hostis*, il n'est pas un *peregrinus*, c'est un *Warengangus*, et ce mot, qui désigne l'homme du dehors, signifie aussi le banni, le proscrit, le vaincu (28) : celui-ci n'a

et des querelles.—(24) Loi des Lombards, Rotharis, CCCXC.—(25) Barbaror. leg. antiq. Vol. V, monitum, p. 7.—(26) Esprit des lois, XXI, c. 17.—(27) Chez les Barbares, le roi, le fisc s'enrichissait par les cas de déshérence (*L. sal*, tit. 65 et 73. *L. des Rip*. t. 57 et 61).—(28) *Wer*, vir, et *gangen*, migrare, dit

plus ses lois propres, et, une fois soumis *sub scuto potestatis nostræ*, dit Rotharis, *legibus nostris Longobardorum vivere debet, nisi legem aliam à pietate nostrâ meruerit.*

La substitution de la vie fixe à la vie errante, de la vie agricole à la vie guerrière, transforme la constitution des Barbares. Il n'y a pas encore de pouvoir public : il faut donc une aristocratie à ces propriétaires, comme ils en avaient une quand ils étaient guerriers. Le chef s'établit sur la propriété que lui donne la conquête, sur l'*alleu* qu'il ne tient que de Dieu et de son épée. Ses compagnons l'entourent encore, ils vivent à ses dépens et sur ses biens. On les appelle ses *leudes* ; les faibles n'ont pas d'autres ressources pour se faire respecter. Les chefs s'efforcent d'augmenter le nombre de leurs *leudes* ; les hommes libres deviennent les *leudes* de ces hommes puissants. Le lien se resserre, il est plus difficile à rompre ; il faut la permission du seigneur et des causes licites pour qu'un autre seigneur accepte l'homme, le *leude* de son voisin (29) : les terres, occupées et cultivées par les *leudes*, prennent le nom de *bénéfices* ; les bénéficiers en les recevant contractent certaines obligations envers le donateur ; ils lui doivent surtout *fidélité, service militaire* et *cens*. Dans le désordre de cette époque, les petits propriétaires *recommandent* leurs terres, comme les hommes libres s'étaient recommandés eux-mêmes, et de cette manière, les alleux diminuent, les grandes propriétés se concentrent dans les mains d'hommes puissants, car la propriéré territoriale va là où elle se trouve en sûreté (30). Ainsi, les bénéfices temporaires, à vie, héréditaires, sont sortis de l'aristocratie militaire des Barbares : la féodalité naîtra des bénéfices. Il y avait aussi les terres tributaires : c'étaient celles, dont les pro-

---

Wachter, en son gloss, V° *Warengangus*. On l'appelle encore Wareguangus, Gargangus, Wargengus, Wargus, Warganeus, Waringus, et Ducange, V° *Warengangus*, nous apprend que beaucoup donnent ce nom aux Celtes.— (29) Capit. de Pepin, an 793, § 5. Grég. de Tours, IX, 20.—(30) M. Guizot,

J

priétaires concédaient la jouissance, mais non la pleine et libre propriété, moyennant une redevance, un tribut, un cens (30 *bis*). Les indigènes (les Romains) furent presque toujours des *leudes* et parvinrent pourtant quelquefois aux charges publiques.

Quant à la justice, les chefs devenus propriétaires d'alleux, restés officiers puissants, continuent à la rendre sur leurs terres à leurs *leudes*, à leurs vassaux, à leurs colons, à leurs serfs. Un des émoluments les plus considérables étaient les profits judiciaires : la justice n'était autre chose que le pouvoir de faire payer les compositions, d'exiger les amendes de la loi et de faire taire la vengeance (31).

2° *Le clergé*. Les Barbares fondaient sur un monde chrétien ; le clergé ne pouvait pas rester seul spectateur tranquille de la lutte : c'eût été risquer de perdre les fruits d'une conquête qui n'avait pas été sans difficulté. Mais il arriva à la foi chrétienne, tombant sur toutes ces masses chancelantes de Barbares, ce qui arrive à la lumière passant à travers des corps différents ; ses effets ont varié suivant la nature des milieux. Attachons-nous à notre pays. Si le clergé avait besoin des conquérants ; les conquérants avaient besoin du clergé, qui formait seul une population bien liée dans cette dissolution générale. Les prêtres devinrent le lien des deux peuples, ils se posèrent comme médiateurs (32) ; ils enseignèrent surtout l'agriculture ; ils apprirent aux compagnons de Clovis que le Dieu de Clotilde n'avait pas seulement donné la terre aux hommes pour la teindre de sang, et les Barbares, devenus propriétaires et laboureurs, bénirent leurs maîtres ren-

---

Essais sur l'h^re de Fr., p. 124. Hervé, *loc. cit.*—(30 *bis*) Quand les Lombards envahirent l'Italie, ils se contentèrent d'abord d'exiger en denrées le tiers des revenus du pays, c'est à dire de faire passer toutes les propriétés territoriales dans la condition tributaire (Paul Warnefried, *de reb. gest. Longob.*, II, 31, 32. III, 16).—(31) M. Hullman, *hist. de l'orig. des ordres*, p. 16-18. Charte de 630, de Dagobert. Loi des Lomb., 52, § 14. Capit. de 793. Charte de Louis-le-Débonn. de 814.—(32) Grég. de Tours, IX, 20.

fermés dans les couvents : aristocrates par leurs terres , les prêtres étaient la seule classe du peuple ancien, qui eût crédit auprès du peuple nouveau , et la seule portion de l'aristocratie nouvelle qui fût étroitement liée au peuple ancien. Les rois barbares nommaient aux évêchés, ou du moins ratifiaient l'élection faite par le clergé : des Barbares aussi devinrent évêques (33).

— Les alleux de la conquête et les bénéfices créèrent une aristocratie de grands propriétaires, qui combattit bientôt contre les rois. Les maires du palais en devinrent par degrés les chefs, et la chute de la dynastie mérovingienne fut sa victoire définitive : Pepin, guerrier, propriétaire et chrétien, fut porté au trône par ses compagnons et par les grands propriétaires laïcs et ecclésiastiques. Ce fut le triomphe complet de la France Germaine sur la France Romaine. Voilà la conquête assise.

§ III. troisième période. *Fixité*. Quand la conquête est complète et que les Barbares sont fixés, le droit est plus stable : il y a des étrangers, dans l'acception moderne du mot ; ce sont les gens du dehors. Nous ne retrouvons plus le principe romain en présence du principe barbare, mais nous trouvons , dans une constitution barbare et chrétienne , le principe séculier à côté du principe chrétien.

1º *Principe séculier*. La féodalité territoriale a fait de rapides progrès ; les propriétés allodiales ont disparu sous les propriétés bénéficiaires ; la hiérarchie se fonde et s'organise. Plus on descend dans l'échelle des positions sociales, plus on trouve l'homme attaché à la terre, le serf rivé à la glèbe, bien que cet état n'ait pas encore acquis toute son énergie.

A cette époque, on s'occupe encore rarement de l'individu étranger : les documents juridiques du temps ne parlent que de grandes masses ou de certaines classes d'hommes ; ce sont des Ecossais, des Espagnols, des victimes

(33) Grég. de Tours , V, 37 ; VI , 7.

des Normands , des pélerins , des marchands ; ce n'est pas l'étranger, ni un étranger. En effet , les communications sont rares et difficiles ; s'il vient des étrangers , ce n'est que par une cause exceptionnelle : la condition de l'étranger en gé-néral est plutôt une coutume qu'une loi, mais on peut con-jecturer que la coutume est dure , car il semble que c'est presque toujours le servage (34) : nous allons en trouver la preuve dans plusieurs exceptions qui confirment la règle.

Quand les Normands viennent piller le Nord de la France, quand les Sarrasins en font autant en Espagne et dans nos provinces méridionales, une foule de malheureux se replient du nord et du midi dans l'intérieur : notre France déjà gé-néreuse ouvre un asyle à ces réfugiés. Charlemagne accorde aux Espagnols (35) les terres désertes, pour eux et pour leurs descendants , pourvu que chacun d'eux s'acquitte du service qu'il doit selon la nature de sa propriété, et il défend à huit comtes de la Gaule méridionale de leur imposer aucun cens, c'est-à-dire *de les réduire à la condition tributaire* (86).

On ne laisse pas les réfugiés du Nord pénétrer aussi loin dans l'organisation du pays ; il n'y a pas là de désert à peu-pler , de terre à défricher. Charles-le-Chauve (37) défend qu'on leur fasse violence, qu'on les opprime, qu'on les chasse ; il veut qu'on leur permette de chercher et de gagner leur vie, qu'on ne les présume pas en servitude par cela seul qu'ils seront restés quelque part comme salariés , et qu'on n'exige d'eux ni cens, ni tribut, ni corvée (38). L'édit de Pistes (39) ordonne une espèce de recensement de tous ces

---

(34) Montesquieu, *Espr. des Lois*, XXX, 15. Voy. encore Capitul de Ra-delchise, prince de Bénévent, cap. X (*Wareguangi*, Murator. t. 2, p. 261, Col. 1). — (35) Præcept. pro Hispan. an 813, Baluze 1, p. 500. — (36) Louis-le-Débonn. an 816, Baluze I, p. 549 et 569-572. Charles-le-Chauve, an 844. Ba_luze II, p. 25-30. — (37) Capitul. de 853, XIII, 9. *Recueil des histor. de Fr.* VII, p. 615. — (38) Voy. enc. Capitul. de 854 , XIV , 6 , *même rec.* VII , p. 617. — (39) En 864, XXXV, 31, *même rec.* VII, p. 663. Voy. enc. Capitul. de l'an 806, IV , V , VI et Capit. de 803, VI. *Même rec.* VII, p. 663 et 676.—

réfugiés et leur permet d'emporter , en changeant de résidence, ce qu'ils ont gagné par leur travail et les objets sur lesquels ils ont acquis un droit de propriété légitime. Ainsi c'est comme exception que ces étrangers ne sont pas soumis à la servitude et qu'ils peuvent emporter le fruit de leur travail.

Une autre exception existe en faveur des marchands : un capitulaire de Charlemagne, de 796, défend de leur faire aucun mal (40).

Enfin une quatrième exception , plus précise et plus circonstanciée, se trouve dans les partages testamentaires de Charlemagne et de Louis-le-Débonnaire entre leurs enfants (41). Les priviléges importants, réservés en faveur des sujets d'un des trois frères dans le royaume des deux autres, me paraissent autant d'exceptions au droit commun de l'époque, en matière d'étrangers. Ainsi, tout homme habitant l'un des trois royaumes a le droit de succession dans les deux autres (42) ; l'étranger n'avait donc pas le droit de succession. Ainsi, tout homme libre peut , après la mort de son seigneur ou quand il n'a pas de seigneur, en choisir un dans l'un des trois royaumes (art. 10) (43) ; il n'en était donc pas de même pour l'étranger. Ainsi, l'homme d'un des trois frères ne peut prendre de bénéfice chez les autres , *ne forte per hoc scandalum accidere possit* (44) ; à plus forte raison , l'étranger ne le pouvait pas (45). Ainsi, une femme d'un des trois royaumes peut accepter en mariage l'homme d'un autre royaume, sans pour cela perdre la propriété de ses biens dans celui qu'elle quitte (46) ; il n'en était donc pas de même

(40) « *Negotiatores volumus ut ex mandato nostro patrocinium habeant in regno nostro legitimè , et si aliquo loco injustâ affligantur oppressione , reclament se ad nos vel ad nostros judices et plenam jubebimus justitiam fieri.* » — (41) Part. de Charlemagne, an 806. Bal. I, 439. Part. de L. le Déb., an 817. Bal. p. 574. — (42) Part. de Charlem. n° 9. Brodeau sur Lonet, L. A, *somm.* 16 n° 10, voit l'origine du droit d'aubaine dans ces testaments.— (43) V. enc. partage de L. le Débonn. art. 9. — (44) Part. de Charlem. art. 9. — (45) Arg^t *à contrario* du traité d'Andely, en 587. Voy. Hervé, p. 46.—(46) Art.

de celle qui se mariait à un étranger et qui le suivait (47). Ainsi encore Louis-le-Pieux, dans son partage, accorde au sujet d'un des trois royaumes, le droit de propriété et de succession dans les deux autres, et il permet à chacun d'en jouir *cum honore et securitate, secundùm suam legem, absque injustâ inquietudine* (art. 9). Les étrangers n'avaient donc aucun de ces droits et on leur refusait l'usage de leur loi (48).

2° *Principe ecclésiastique.* Au point de vue chrétien, il n'y a point d'étrangers, tous les hommes sont frères, ou plutôt tous les chrétiens sont frères; la pratique de cette époque ne pousse pas plus loin l'application du principe. Ainsi, à ce point de vue, dans tous les pays de la chrétienté, il n'y avait ni étrangers ni nationaux, mais bien des hommes de la même foi, de la même cité, de la même loi (48 *bis*), tous reliés par un lien commun, la *communion ecclésiastique.* Mais, pour rester dans cette communion, il fallait se soumettre à toutes les rigueurs de la pénitence canonique, entreprendre de lointains pélerinages pour la rémission de ses péchés (49). Comment ces pélerins, qui n'ont pour se défendre que le bâton de voyage, et qui doivent tenter la cupidité des Barbares, restés rapaces, par les riches offrandes qu'ils portent aux saints, pourront-ils parvenir au but de leur pélerinage? Ils étaient porteurs de *cartæ tracturiæ*, espèce de passe-ports délivrés par les évêques de leur diocèse et adressés à tous les chrétiens (50). La puis-

---

12. Voy. enc. un Capitul. de Pepin, de 752, c. 9, qui parle de l'épouse qui, *amore rerum suarum*, refuse de suivre son mari dans une autre province. — (47) Voy. Hervé, *loc. cit.* p. 118. — (48) Les étrangers avaient le droit de propriété sur l'or, l'argent, les pierreries, les armes, les vêtements, les serfs non casés, ou non immobilisés, et en général sur toutes choses, *quæ ad negotiatores pertinere noscuntur.* Il n'en était pas de même des terres, des vignes, des bois, des serfs casés. — (48 *bis*) M. Rapetti, 1re *Disson.*

(49) Voy. les lettres de Sidoine Apollin. et les lettres diverses recueillies dans les *historiens de France*, IV, 44-99. — (50) Nous en retrouvons le modèle

sance séculière vient en aide aux efforts des évêques : Dagobert, dans un capitulaire de 630 (51), reproduisant la loi ba-
varoise déjà citée (52), défend d'*inquietare vel nocere pe-
regrinum*. Pepin (53) et Charlemagne (54) en font autant.
A ceux qui refuseraient de voir ici l'influence du principe
ecclésiastique sur le principe séculier, je montrerais ce vaste
recueil d'Anségise qui porte pour titre : *Capitulaires de la
loi divine*, promulgués par Charlemagne et Louis-le-Pieux,
et dans lequel je lis (55) ce précepte tiré de l'exode, ch. 22 :
Advenam non contristabis neque affliges eum.

Faut-il conclure de là, comme quelques-uns l'ont fait (56),
en faisant de l'exception la règle générale, que cette hospitalité toute chrétienne est une coutume universelle ayant sa
base dans les lois et dans les mœurs du pays ? Je ne le puis
croire. Dans ces louables et quelquefois stériles efforts (57),
je vois plutôt une précaution contre un usage constant et in-
vétéré de réduire les étrangers en servitude, de s'emparer
de leur fortune, de les vendre, et quelquefois de les tuer (58).
Les chrétiens implorent pour les chrétiens la protection de
leurs frères en J.-C. (59), comme aujourd'hui un franc-ma-
çon recommande un adepte de sa loge à tous les francs-ma-

dans l'appendice aux *formules de Marculfe*, cap. X. — (51) Capit. reg. franc.
V. 364. — (52) L. des Bavar. tit. 3, ch. 7, §. 1, 2, 3. — (53) Capit. de 793
nº 1, tiré de la loi des Lombards, lib. I, tit. 9, C. 28. — (54) Capitul. de 802.
—(55) Lib. VI, §. 28. La loi des Bavarois, celle des Allemands et la loi Salique
ont été rédigées avec le concours des évêques (Voy. préface de la loi Salique,
Rec. des histor. de Fr. IV, 123). — (56) M. Houard, *Cout. Anglo-Norm.* I,
53. M. Rapetti, I. *Disson*. — (57) Malgré les *cartæ tracturiæ*, on volait les
peregrini jusque dans les églises (Capit. de Charlem. an 802, §. 5).—(58) Ne
retenez pas le pélerin, disent les *cartæ tracturiæ*, et Dagobert défend de lui
nuire, de le dépouiller, de le blesser, de le lier, de le vendre, de le tuer. —
(59) Les *cartæ tracturiæ* veulent protéger *un voyageur qui a commis un pé-
ché à l'instigation de l'ennemi commun, qui veut en faire pénitence et qui
doit se mettre dans la condition de ceux qui errent pour la rédemption de
leur âme.* Dagobert protège ceux qui voyagent *propter Deum*; Pepin, ceux
qui, *in Dei servitio, Romam vel ad alia loca, ad sanctorum corpora ire
festinant*; Charlemagne, celui qui voyage *propter amorem Dei et propter sa-*

çons ses frères : certes personne ne s'avisera de chercher dans une pareille recommandation la base légale de la condition juridique des étrangers à notre époque.

En veut-on une dernière preuve ? Ce clergé, si hospitalier pour les siens, redevient intolérant, s'il s'agit des étrangers qui lui résistent. Qui ne sait toutes les douleurs, tous les supplices de l'excommunié des temps anciens ? Je n'en veux pas parler ici, mais je rappellerai seulement cette loi de Witred (60), qui rentre dans mon sujet : « *Que les étrangers qui ne veulent pas purifier leur couche doivent être chassés du pays avec leurs biens et avec leurs péchés, comme les étrangers qui sont hors de la communion ecclésiastique* (61). »

3° *Réunion des deux principes*. Un moment advint où les deux principes, séculier et ecclésiastique, se réunirent : ce fut quand l'église, cherchant à fonder sa puissance, plaça sur la tête de Charlemagne la couronne du Saint-Empire, pour essayer de renouer le fil rompu de l'union politique établie par Rome dans l'ancien monde. Il y eut alors, à l'aide des *missi dominici* (62), un principe de pouvoir public central ; l'homme fut peut-être moins attaché à l'homme, moins à la terre, plus à l'empereur. Ce grand empire s'écroula, à son tour, faute de cohésion. Il avait fixé les masses : dans ces masses un étranger paraît peu et le droit est un peu chancelant sous ce rapport : on ne sait pas encore nettement la condition de l'étranger, quand celle de l'indigène n'est pas stable elle-même. Pour unir ces masses, il n'y avait pas de commerce, pas d'industrie, pas ou presque pas de communications ma-

---

lulem animæ suæ. — (60) An 686. Houard, I, p. 53. — (61) Charles-le-Simple, dans un diplôme de 916, §. 61 (*Rec. des hist. de Fr.*, IX, p. 528) donne la ville de Lambres à un évêque, et, entr'autres bénéfices, il lui abandonne *advenas eô loci commorantes, pro nostræ animæ remedio*, dit-il, *quo nobis successoribusque nostris salubritas proveniat æterna.* Voy. enc. *Form. de Marculf.* II, 2, 3, 4, 5 s. — (62) Capit. an 779, §. 9 et 21, Bal. I, 197. Capit. an 793, §. 13, Bal. I, 545.

tériclles ni intellectuelles. L'hérédité des offices et des bénéfices devait faire prévaloir la tendance aristocratique : les
évêques ne sont plus que des seigneurs, et, si l'on aperçoit
encore la grande figure de la papauté, on la voit de trop
loin. Il n'y a plus d'unité politique, ni d'unité canonique. La
seule société possible est, à cette époque, une société étroite,
locale, comme l'esprit et la vie de ses membres. La féodalité
l'essaie, en fixant les individus, et elle s'occupe de l'étranger :
il fallut bien, comme dit Montaigne, que les choses et les
hommes en vinssent à s'adapter et s'appiler, d'après quelques principes, sous une forme un peu durable et déterminée : c'est une nouvelle face de notre problème à examiner.

CHAPITRE VI.

DES ÉTRANGERS DANS LA FÉODALITÉ ET DANS L'ANCIENNE MONARCHIE.

Nous entrons, avec l'histoire de la condition des étrangers en France, dans une époque dont l'importance juridique se perpétue jusqu'à notre législation moderne. Nous allons en effet nous trouver en présence de ce fameux droit
d'aubaine, si cher aux seigneurs féodaux et à nos rois, tant
maudit par les publicistes des derniers siècles, de ce droit
né sous le gantelet de fer du baron, au milieu des rudes
principes de la féodalité, et assez vivace pour durer, en suivant nos métamorphoses politiques, jusqu'à la Révolution
française, qui se croit obligée de lui faire, au milieu des
ruines de tant d'autres institutions du passé, l'honneur d'une
proscription spéciale. Nous n'avons plus d'aubaine aujourd'hui
dans nos lois. Pourtant le mot, sinon la chose, servait encore
de texte, il y a plus de vingt ans, aux discussions législatives
de nos Chambres françaises. Il est donc curieux et utile,
avant de voir comment notre législateur est parvenu à fuir

tout contact avec ces droits haineux des anciens jours, d'examiner avec attention l'origine, la nature, les progrès et les vicissitudes de cette législation surannée. Nous comprendrons mieux alors pourquoi et comment elle a été si longtemps la règle de nos aïeux, pourquoi et comment elle n'est plus la nôtre ; nous apprendrons peut-être aussi dans ce travail à bénir nos pères et le ciel de nous avoir faits ce que nous sommes, et à ne pas revenir à ce qu'ils étaient.

L'histoire de la législation des étrangers, dans notre moyen-âge et dans notre ancienne monarchie, est comme toujours intimement liée à l'histoire de la législation générale : les phases diverses de la condition des aubains sont celles de la condition des nationaux, comme la pérégrinité s'attachait à Rome à la fortune du droit de cité. Le problème de la fraternité humaine suit, dans ces deux branches d'une même question, une marche parallèle pour arriver à sa solution générale et complète.

Je diviserai en trois périodes cette nouvelle époque, qui s'étend du commencement du xe siècle à la fin du xviiie. La première période est celle de la féodalité pure ; dans la seconde, la royauté lutte avec les seigneurs ; la troisième voit le triomphe de la royauté accompli (1).

PREMIÈRE PÉRIODE. *Règne de la féodalité pure.* Avant le xe siècle, les races qui ont détruit l'empire romain sont fixées ; elles passent de la vie nomade à la vie agricole, et les individus cherchent sur le sol la place qu'ils occuperont. Le système féodal domine alors dans toute son énergie : la législation se fait territoriale de personnelle qu'elle était (2), elle renonce à la vie nomade et chancelante, elle se localise

(1) Ici, je crois devoir le répéter, je ne fais, pas plus que dans le chapitre précédent, de chronologie pure : je ne veux dire rien d'absolu ; ainsi, je ne prétends pas que la royauté soit partout et complètement absente pendant toute la durée de la première période ; je ne dis pas non plus que, dans la troisième, il ne reste plus rien de la féodalité. — (2) M. Guizot, *Hist. de la civil. en*

et se fixe, comme les peuples dont elle régit les besoins : la condition de l'individu étranger est nette et certaine.

Les étrangers sont les gens du dehors : mais quelle est la limite qui les sépare des nationaux? Est-ce la frontière du royaume, ou bien celle du fief? Chercher à résoudre cette question, n'est ce pas poser cette autre : qu'est-ce que la féodalité?

A cette époque la royauté est à peine un pouvoir : c'est plutôt une dignité nominale. La couronne semble posée sur la tête d'une ombre, suivant l'expression de M. Guizot (3) : dans toutes les provinces de l'ancien empire de Charlemagne « il n'y a plus de loi commune, parce que personne ne peut faire observer la loi commune (4). » A ce moment, la hiérarchie féodale est plus nécessaire que jamais, car plus que jamais la puissance publique est absente au sommet de l'échelle. La féodalité ne naît pas seulement alors, comme beaucoup l'ont dit : Il y a longtemps que son premier germe est sorti des forêts de la Germanie, mais il a grandi pendant cinq siècles; l'hérédité des fiefs est venue briser les faibles liens, qui rattachaient à l'autorité centrale les ducs, les comtes, les barons de l'empire, qui se font indépendants vis à-vis d'elle et despotes vis-à-vis de leurs inférieurs (5). La souveraineté, se mettant au niveau des intelligences, se rapetisse et se localise dans chacun des mille casiers de l'échiquier féodal (6). L'aristocratie domine partout, et je trouve cette situation nettement exprimée dans ce dialogue de Hugues Capet avec un comte de Foix : *Qui t'a fait comte?* — *Qui t'a fait roi ?*

Le régime féodal se compose donc d'une multitude de souverainetés presque indépendantes en théorie, encore plus

<hr>

Fr. I, p. 261. — (3) *Essais sur l'h^{re} de Fr.* p. 64. — (4) Montesquieu. — (5) M. Guizot, *Hist. de la civ. en Fr.* IV, p. 54, 55. Sismondi, *Hist. des Fr.* III, 218. Rapport de M. Boissy d'Anglas à la Ch. des Pairs sur la loi de 1819, *Monit.* p. 696. — (6) M. Troplong, *Revue de lég^{on}*, IX, p. 152.

indépendantes en fait, et je crois pouvoir, à l'aide de cette vérité, résoudre ma question principale. Les étrangers ne sont pas dans le royaume ceux qui viennent d'un royaume voisin : à peine y a-t-il un royaume de France ! ce sont, dans chaque souveraineté, les hommes venus d'une autre souveraineté, dans chaque diocèse ceux d'un autre diocèse. Le seigneur, le propriétaire d'un fief ne s'occupe pas de savoir si l'homme, qui vient sur ses terres, est né hors de toutes les provinces de France, ou dans l'une d'elles, mais s'il est né hors de son fief. Le reste lui importe peu (7).

Ces étrangers sont désignés sous divers noms, dont la différence trahit une diversité originelle plus apparente dans la forme que réelle au fond. On les appelle ici *extranei, alienigenæ* (8), *extraterii* (9), *advenæ* (10), *adventitii, peregrini*, là *albini* (11), *albani* ou *aubenæ* (12), *aubani* (13), *albanici* ou *albanii* (14), *albains, aulbains, aubains, oubins* (15). Plus tard, quand les races et les idiômes eurent fait un pas de plus vers l'uniformité, le nom d'*aubains* (16)

(7) Je ne crois donc pas avec M. Sapey, *mém. cité*, p. 26, qu'il y a, dès l'origine de la féodalité, deux espèces d'étrangers, les uns nés en France, mais *qui diocæsim mutant*, et les autres nés hors du royaume. Le seigneur, qui s'appelait le roi, aurait bien pu, pour la satisfaction de son amour-propre, faire cette distinction, mais on n'en trouve encore la trace nulle part. Il arrive bien déjà à la vérité qu'il recueille les profits du droit d'aubaine, comme en Vermandois, mais c'est comme seigneur de ce pays et non comme roi (Voy. Lefèvre de Laplanche, *Traité du domaine*, préface, I, p. 51.) — (8) Ducange, *Gloss.* I, 823. — (9) Carpentier, *Suppl^t à Ducange*, II, 338. — (10) Edit de Phil. IV, *ord^ces des rois de Fr.*, p. 338, 339.—(11) Dumoulin, sur l'art. 40 d'Anjou.—(12) Ducange, I, 276. — (13) *Idem*, I, 823. — (14) Tabular. S. Vinc. Cenom. et Charta Bartholemæi, episc. Loudun., an 1123. — (15) Voy. enc. Carpentier, IV, 457. *Ord^ces des rois de Fr.* I, 278. Notes de Laurière sur les *Etablissements de St-Louis*, I, ch. 85 et 96, et II, ch. 30. Note du même sur les *Instit. coutum.* de Loysel, I, 1, règle 49. *De l'état civil des personnes et de la condition des terres dans les Gaules*, I, 464.

(16) Presque tous les auteurs modernes s'accordent à faire dériver le mot *aubain* des deux mots latins *alibi* et *natus*. Cette étymologie me semble trop forcée, De Laurière, en son Gloss. V° *aubain*, trouve ce *jeu de mots* ridicule; M. le duc de Lévis y voyait en 1818 une *forte contraction (Monit.*, p. 567). Nos

prévalut presque partout : j'ai vu ce nom appliqué dans nos coutumes à l'homme né dans un autre diocèse que celui dans lequel il demeure et décède (17), aussi bien qu'à l'homme qui quitte la terre d'un comte ou d'un baron pour aller demeurer dans la terre d'un autre comte ou d'un autre baron (18): peu importe que la seigneurie soit aux mains d'un évêque ou à celles d'un laïque, on n'en est pas moins *aubain,* dans un cas comme dans l'autre : il y a toujours féodalité au même chef (19).

anciens auteurs avaient imaginé bien d'autres étymologies. Les uns, comme Cujas, ont fait dériver *aubain d'advena*; d'autres, comme Nicod, de l'ancien mot français *hober*, se transporter d'un lieu dans un autre. Quelques-uns le tirent du mot latin barbare *albanagium* , formé de *all* (étranger), *mann* (homme) et *agion* (bien) : *albanagium* est alors le bien d'un étranger et *jus albanagii* le droit d'aubaine. Ce qui est certain , c'est que le mot *albanus* , qui est déjà loin *d'alibi natus*, se trouve, avec le sens de notre mot *aubain*, dans une charte de l'an 820, donnée par Louis le Débonnaire à Inchad, évêque de Paris (Append. ad capit. C. 36). Or, à cette époque et plus tard, les étrangers venant en France étaient presque tous des Anglais, des Irlandais et des Ecossais, *quibus consuedo peregrinandi penè in naturam versa erat*, dit Walafrid. Strab. *de vita s. Galli*, II, c. 47 (Voy. enc. lois d'Edd le Conf^r , C. 35. Lois de Guill. le bât. c. 51. Buchanau , *hist. d'Ecosse*, I. *Chroniq. Scandal.* p. 306. Joinville, *hist. de St-Louis* (bibl. de Caen), p. 4, 34, etc.). L'Angleterre s'appelait *Albion*, l'Ecosse *Albanie* , leurs habitants s'appelaient *albins* ou *albains* et de là *aubains.* Le nom ainsi donné à ces voyageurs si nombreux s'étendit au petit nombre de ceux venus d'autres pays. De même les Anglais (Skinner, *in Etymol.* V° *Engleceric*) et les Orientaux appelaient français tous les étrangers, qui visitaient l'Angleterre, ou ceux qui en Orient faisaient profession de religion romaine (Voy. Willebrand d'Oldembourg dans son *Itinéraire de la Terre Sainte*; Guilbert, *Gest. Dei per Franc.* II, 1, Bracton, fol. 134 et 135). M. Sapey, *mém. cité*, p. 52 s. développe, sur cette étymologie du mot *aubain*, un système ingénieux et nouveau, qui le fait venir de *l'album*, sur lequel le collecteur des mortes-mains inscrivait le nom des étrangers. Mais rien n'indique l'existence de cet *album* , et j'avoue que la nouveauté de ce système, que les auteurs anciens ne paraissent pas avoir soupçonné, me met en défiance contre sa valeur réelle. —(17) De Laurière , *Gloss.*, v° *Aubain.* Voy. enc. Loudunois, II, 5 ; anc. cout. de Touraine, II , 3. Cout. de St-Cyran en Brenne, locale de Touraine. *Peregrini dicuntur omnes* , dit le *vocabularium utriusque juris, qui non sunt de episcopatu ordinantis , sive sint clerici, sive laïci.*— (18) Voy. enc. De Laur. *eod. verb.* Baronnie de Château-Neuf, II, 20. Issoudun, p. 369. — (19) L'évêque, seigneur d'un fief, usait de tous ses droits aussi bien qu'un seigneur laïc. M. Sapey, *mém. cit.* p. 45 , cite l'exemple d'Hildebert, transféré du

Pour savoir la condition de ces étrangers, de ces *aubains* dans les limites de la souveraineté où ils arrivent, il faut pénétrer un peu dans la constitution intime de chaque fief, sans oublier toutefois que notre faiblesse nous défend de nous égarer dans le dédale des mystérieuses et sombres profondeurs du système féodal.

La propriété territoriale absorbe tout, même la souveraineté et la puissance publique (20). Le propriétaire souverain est maître absolu sur son fief : *tout fuit in luy et vient de luy al commencement* (21), et, à son tour, il tient la terre de Dieu même ; il ne relève que de Dieu et de son épée. Aussi, dans la hiérarchie féodale, toute personne, tout vassal, qui meurt, est censé se dessaisir de ses biens entre les mains de son seigneur (22): l'héritier est obligé d'obtenir du suzerain l'investiture (23), qui nous rappelle par les coutu-

siège du Mans à l'archevêché de Tours (*Hildeberti episc. opera*, Epist. 30), qui fait abdiquer une partie du droit d'aubaine au comte du pays, entre les mains d'un concile tenu en 1127. Il semble insinuer de là que l'église était toujours plus désintéressée que les seigneurs laïcs dans le recouvrement de l'aubaine. C'est aller trop loin, et M. Sapey ne remarque pas qu'Hildebert agit ici comme évêque, non comme seigneur, et qu'il n'abdique rien lui-même. Voy. ord^ce de Phil. Aug. de 1222, art. 4 (*Histor. de Fr.*, t. 18, p. 739); Etablissem^ts de St-Louis, 1, c. 154. Obs^ons de De Laurière et de Ducange, sur ces *établ^ts*, c. 87. Charte de 1265 (Carpentier, v° *Extralerius*). Voy. enc. dans Carpentier, v° *Albanagium*, la querelle de Philippe III et des abbés du monastère de Villeloup, en 1255, par rapport à l'aubaine; *De l'état civil des personnes*, I, p. 464; Hervé, *des matières féodales*, I, p. 304. Un étranger, devenu évêque de la ville dans laquelle il se trouve, reste encore étranger (M. de l'Aubépine, *ad optatum*, p. 6, col. 1, *litter.* M. V.—(20) « Bref, dit Loyseau en parlant des seigneurs (*De l'abus des justices de village*, p. 14), ils avaient usurpé tous autres droits royaux et de souveraineté, et jusqu'à porter couronne. » Cette manière erronée de considérer les droits des seigneurs est très-répandue dans les écrivains de l'ancien droit. Ces prérogatives n'avaient point leur source dans une usurpation, puisque personne autre qu'eux n'était en état de les exercer et n'avait même le droit de le faire. Rien ne pouvait à ce moment balancer l'importance de la propriété foncière : le commerce, l'industrie, les professions libérales n'existaient pas, ou ne faisaient pas sentir leur influence au-delà des limites du fief, et se localisaient comme tout le reste. — (21) Blackstone, *trad^on fse*, II, p. 384. — (22) De Laurière sur Loysel, II, 5, règle 1. — (23) Coquille, *Ins-*

mes de la *saisine* et de la *dessaisine* , du *vest* et du *devest* , le sens exclusif et les cérémonies de la mancipation romaine (24). Au-dessous et en dehors de cette hiérarchie , se trouvent la population des campagnes , les artisans , presque tous les habitants des villés : leur condition n'est pas partout uniforme , mais nous pouvons en ramener les différentes modifications à trois classes distinctes et examiner en même temps la condition des étrangers dans chacune de ces trois catégories : 1° pays de servitude personnelle ; 2° pays de servitude réelle ; 3° pays de non servitude.

§. I. *Pays de servitude personnelle*. La condition la plus générale, dans les rangs inférieurs de la société , c'est le servage à différents degrés (25). On le rencontre surtout au nord , dans la France Germaine ; c'est là que règne, dans toute sa rigueur, la célèbre maxime *nulle terre sans seigneur*, qui proclame presque une religion de la terre (26). Le serf est rivé à la glèbe et ne peut s'en détacher. Dans l'effroyable désordre de ces temps (27), le malheureux ne savait comment s'assurer la conservation de sa vie et de sa petite propriété , et il s'est mis sous la protection d'un seigneur : en échange de cette protection, il a donné sa liberté (28) : il avait besoin de justice ; le seigneur a promis de la lui rendre, ou de la lui faire rendre (28 *bis*), et a pris en échange, pour me servir

---

lit. *au droit français, des fiefs*, p. 29. Loysel, *Instit. coutum.*, V , 3 , règle 13.—(24) M. Troplong, *de la vente*, I, p. 271. M. Michelet, *Orig. du dr. fr.*, p. 114 s. — (25) Form. de Marculf, 136. Beaumanoir, *Coutumes de Beauvoisis*, ch. 45. Montesquieu, *Espr des lois*, XXX, 2. Robertson, II, 80. Hervé, *loc. cit.* p. 165. Article de M. Dupuynade sur *la propriété territoriale en France* (*Rev. fse et étr. de législ*on, IX, p. 857). — (26) M. Michelet, *loc. cit.* p. 37.

(27) « La noblesse, toujours à cheval, courait les campagnes, poursuivait les voyageurs et les paysans désarmés et les taillait en pièces *(hist. abrég. du duché de Bourgogne*, p. 203).—(28) *Servitude de corps*, dit Beaumanoir, *si sont venues en mout de manières.*—(28 *bis*) « La justice, dit Jacquet *(traité des justices des seigneurs*, p. 16) a, dans son principe, été annexée à la terre féodale comme la forme à la matière. » L'art. 58 de l'anc. coutume de Cham-

de l'expression de Loyseau (29), *toutes les échoites qui arrivent en son territoire :* le propriétaire-justicier se persuade facilement, avec Beaumanoir (30), que *justice si couste mout souvent à garder et à maintenir plus que ele ne vaut*, et il y trouve un des chapitres les plus productifs de son budget des recettes, qui se contente encore du nom plus modeste de fisc.

La condition de l'*aubain* dans un pareil pays ne peut être que le servage. Je frémis de le dire, cela est logique. Le servage est le prix de la protection, le prix de la vie, et le premier besoin de l'homme, *aubain* ou indigène, c'est de vivre. Eh mon Dieu ! si ce n'était pas souiller le vocabulaire de notre jurisprudence moderne, je lui emprunterais la traduction de ce mot, heureusement si loin de nous ; je dirais que le servage était une loi de police et de sûreté ; cette loi protégeait l'*aubain* : il fallait que l'*aubain* s'y soumît. Comme à l'indigène, on lui donnait la vie ; il fallait, comme à l'indigène, lui prendre la liberté. De même pour la justice : en entrant sur le fief, l'*aubain* devenait justiciable de la justice du seigneur, et il le devenait aux conditions imposées par la constitution féodale ; il recevait justice, il devait respecter les droits du fisc. C'était la payer bien cher ! mais on en avait tant besoin !

Comment n'en aurait-il pas été ainsi ? Le seigneur appelait ses hommes et ses sujets tous ceux qui étaient *manans, levans* et *couchans* sur ses domaines (31). L'aubain était soumis à la loi commune. L'air rendait serf dans les fiefs (32),

pagne parle *d'aller demeurer en la justice d'un seigneur,* comme on dirait *en sa terre.* Voy. enc. Laplanche, préf. p. 74. Hervé, *loc. cit.* p. 278.— (29) *Des Seigneuries,* p. 7 ch. 12. Les amendes, les confiscations, le droit de fisc, la subrogation aux droits du premier occupant, les biens vacans, les épaves, l'aubaine sont des *échoites* de la justice.—(30) *Loc. cit.,* c. 27.—(31) Bracton, I, 10 § 3. Ducange, IV, 132. M. Michelet, *loc. cit.,* p. 276. Laplanche, I, *préf.* p. 48.—(32) M. Michelet, *loc. cit.,* p. 275. Comment le serf échapperait-il à la puissance du seigneur ? celui-ci a le droit de propriété le plus absolu, du ciel à la terre, il a juridiction sur et sous terre, *sur le feux, le cheche, le*

et cette terre de France, qui donne aujourd'hui la liberté à l'esclave qui la touche, imprimait alors le stigmate de la servitude au voyageur libre, à l'aubain, qui lui demandait un asile. *Il i a*, dit Beaumanoir (33), *de teles terres, quant un frans hons, qui n'est pas Gentiz-Hons de lignage, i va manoir…, il devient soit hons, soit fame, serf au seigneur dessous qui il vienlt estre residans* (34).

L'aubain ne devait même pas être toujours aussi favorable, aux yeux du baron féodal, que le *frans hons* de Beaumanoir. Ce n'était, la plupart du temps, qu'un serf fugitif, rompant la chaîne qui l'attachait à la glèbe, pour se soustraire aux dures obligations du servage (35) et souvent à celles du service militaire. C'était donc un serf du dehors soumis, à l'intérieur, à la condition des serfs indigènes (36).

On sait les rigueurs du servage : « *En moult pais, li seigneur pueent peure de leurs sors et à le mort et à le vie,*

---

sons de la klok, losiaux alle aer et le peschon sur graviet (Record de Malmedy).—(33) *Loc. cit.* ch. 45. Le passage de Beaumanoir contient un tempérament postérieur à l'origine de la féodalité et contemporain des affranchissements de communes ; il exige la résidence d'an et jour pour appliquer la servitude à l'homme libre.—(34) Voy. sur le servage des aubains, cout. d'Issondun, p. 369. Art. 58 de l'ancienne coutume de Champagne. Ancien extrait de la Chambre des comptes rapporté par Bacquet, *d'aubaine*, I, 4. Ord^{ces} concernant les nobles de Champagne, IV, 4. Ducange, V° *Albanius.* Carpentier, V° *Aubana*, chartes de 1266 et de 1270 ; V° *Albanius*, charte de 1123. Enquête du temps de Philippe Auguste, rappportée par De Laurière, V° *Aubaine*, et par Ducange, V° *Alienigenœ.* Etude histor. sur les coutumes de Berry, par M. L. Raynal (*Rev. de lég^{on}*, XII, 17). — (35) Les terres avaient souvent été données comme solde, à charge du service militaire. Les soldats devaient rester sous la main de leurs officiers, les seigneurs avaient droit de suite contre leurs serfs fugitifs et il n'y avait pas de prescription en faveur de la liberté. Voy. Capitul. de 801 et 856. Coutume de Franche-Comté, *de la main morte*, 1. Loi de Britton, au 13ᵉ siècle, dans Littleton, I, 275. Beaumanoir, *loc. cit.* c. 45. Assises de Jérusalem, c. 277. Ducange, I, p. 277. Brussel, *usage des fiefs*, II, p. 904. Recueil des *Olim*, I, p. 971. Etat civ. des pers. dans les Gaules, I, 525. Hervé, *loc. cit.*, p. 159. Laplanche, *loc. cit.*, I, préface, p. 81.—(36) Il y a presque toujours en effet une exception en faveur des nobles : Beaumanoir ne parle que *d'un hons, qui n'est pas gentiz hons de lignage.* Voy. enc. art.

toutes les fois que il leur plest (37). » « *Les hommes et femmes de corps* (38) *sont censés et réputés du pied et par-tie de la terre.* » C'étaient de véritables immeubles par des-tination. Si, par une faveur spéciale, le seigneur donnait un pécule à ses serfs, ceux-ci n'avaient pas même la propriété de ce qu'ils avaient épargné sur cet objet. Ils ne pouvaient pas non plus disposer par testament de ce qu'ils laissaient en mourant (39), et leurs enfants, pour recueillir en tout ou en partie les biens paternels, étaient obligés d'en payer la rançon au seigneur (40). Il en est de même de l'*aubain*, puisqu'il n'est qu'une espèce du genre *serf* : mais comme, la plupart du temps, il se trouvera sans parents pour racheter sa succession, le fisc du seigneur la prendra encore à titre de déshérence, comme bien vacant, comme échoîte pour sa justice. J'ai même vu le droit de propriété et le droit de suite du seigneur sur son serf poussés si loin, dans certaines coutumes, qu'une partie de la succession lui appartient déjà, si l'*aubain* tombe malade dans sa justice et va mourir dans une autre : *spes est debitum iri* ; le seigneur suit sa proie et va disputer à son voisin les dépouilles du malade, comme ces vautours, qui suivent les armées, en attendant que la mort leur partage leur affreux butin (41).

3 et 4 de la cout. de St-Genouph et 72 de celle de Vitry. — (37) Beaumanoir, *loc. cit.*, c. 45. — (38) Art. 145 de la coutume de Vitry. Voir ci-dessus note 27. — (39) De Laurière sur Loysel, 1, 1, règle 74. Cout. de Nivernais, VIII, 7. Hervé, *loc. cit.*, p. 156. — (40) *Si le serf meurt*, dit Beaumanoir, *il n'a nul hoir fors que son seigneur, ne li enfants du serf n'en ont riens, se ils ne se rachatent au seigneur.* C'est une chose digne de remarque que la base de toutes ces redevances féodales. En principe, le serf, l'aubain n'a aucune espèce de droit, il n'en acquiert que moyennant finance et souvent il paie fort cher. Ainsi, toutes les fois qu'on voit une redevance pécuniaire, on peut presque tou-jours affirmer qu'il y a adoucissement à une position plus dure. — (41) Coutu-mes générales de Hainaut, ch. 86 (*cout. gén.*, II, 28) : « *Si un aubain s'accou-che malade en justiche et il se face transporter, avant qu'il soit guary d'icelle maladie, et voise mourir en autre justiche, le seigneur soubz qui il avait mis la teste à chevet aura ses biens tant héritages d'acquest comme meubles.* »

A côté de la sévérité de la loi, les mœurs du pays, aggravent encore quelquefois la rigueur de la servitude pour l'*aubain*. Il était exposé à des insultes personnelles; on l'appelait *adventice* en signe d'opprobre (42) : quand il était malade, on le repoussait des *maladeries*, qui n'estaient pas faites *pour les trespassans estranges*, et Beaumanoir nous dit naïvement, en adoptant cette opinion, après l'avoir discutée, *ainchois s'en doit aler en le vile où il a sa propre meson* (43).

Tel est le servage des étrangers qui va donner naissance au droit d'*aubaine*, quand les serfs indigènes ne seront plus confondus avec les serfs aubains et quand ces deux classes se sépareront pour marcher dans des voies distinctes, mais parallèles. L'aubaine est féodale, elle naît et se développe dans la féodalité, comme elle et avec elle (44). Elle ne sort pas d'un seul jet au x⁰ siècle, comme le prétend Hervé (45), de l'asservissement instantané des étrangers.

Droit de chevage. Quand le servage des aubains fut un peu moins rigoureux, les seigneurs surent encore les exploiter avantageusement, même pendant leur vie, avant d'avoir à toucher à leur succession. Ils leur imposèrent deux rede-

(42) Ducange , *loc. cit.* v° *adventitii.*—(43) *Loc. cit.* ch. 56, *des maladeries.* D'un autre côté, Saint Innocent , évêque du Mans, construisit trois *receptacula peregrinorum.* L'opinion de Beaumanoir paraîtra peut-être moins choquante pour son siècle, si nous ajoutons, d'après Boullenois, qu'un arrêt du parlement de Paris, du 16 avril 1737, a établi que les deniers de charité ne pouvaient pas être appliqués aux détenus pour dettes étrangers —(44) Les auteurs de l'ancien droit sont loin d'être d'accord sur l'origine de l'aubaine. Bodin, *Traité de la République*, 1, 6, en voit la source dans les rigueurs d'Athènes et de Rome, à l'égard des étrangers. D'autres, comme Brodeau sur Louet, la font venir des testaments de Charlemagne et de Louis-le-Débonnaire , où elle n'est pourtant qu'en germe et non à l'état d'institution régulière. Servin, en son 56⁰ *plaidoyer*, liv. 12, en voit la cause dans la défense, renouvelée depuis par Henri II, de transporter l'argent hors du royaume, ou dans la crainte de quelque intelligence avec l'étranger. Lebret, *de la Souveraineté*, prétend qu'elle a été établie en haine d'une loi d'Edouard III, roi d'Angleterre, qui défendit d'admettre l'étranger à la succession des immeubles en Angleterre, et d'une autre qui défendit aux Français d'y habiter. sous peine de la vie.—(45) *Loc. cit.*, 1, 176.

vances, que M. Sapey me semble considérer avec raison comme une espèce de rançon de l'ombre de liberté qui leur était accordée : c'étaient les droits de *chevage* et de *fermoriage*.

Le *chevage*, ou *cheuvage*, avait reçu ce nom, parce que chaque chef marié ou veuf, appelé *chevagier*, était tenu de le payer. Il était ordinairement de douze deniers parisis et se payait chaque année au premier octobre, jour de la saint Rémi. Une amende de dix sols six deniers parisis dans quelques endroits, et de sept sols six deniers dans quelques autres, punissait les retards ou les refus de paiement (46). Suivant l'extrait de la chambre des comptes, publié par Bacquet, le motif de cet impôt fut l'intérêt qu'avaient les seigneurs de savoir *quelles gens et de quelles conditions viendraient demeurer en leurs terres*. Les aubains étaient obligés de venir se faire inscrire par les collecteurs, en arrivant sur le fief.

Le droit de *formariage* paraît avoir une autre origine. Le seigneur suzerain était seigneur et suzerain de l'enfant, qui pouvait naître de son vassal ou de son serf, comme il était propriétaire du croît de ses troupeaux : il avait intérêt à ne pas voir intervertir sur son fief, sans sa permission, l'ordre des successions ni celui des servitudes personnelles par un mariage qu'il n'aurait pas connu et qui aurait pu opérer un changement dans la condition d'un de ses sujets (47) : il avait intérêt également à ce qu'un de ses hommes n'allât pas se créer d'autres devoirs dans une autre seigneurie en s'y mariant sans son consentement (48). Il était donc interdit aux serfs de se marier à d'autres qu'à leurs *semblables* (49), ou de se marier avec les serfs d'un autre seigneur (50).

—(46) Denisart, V^{is} *Chevage, Etranger* et *Juif* Arrêtés de Lamoignon. Bacquet, *loc. cit.*—(47) Laplanche, *loc. cit.*, I, p. 80.—(48) Hervé, *loc. cit.*, p. 164.—(49) Laplanche, *loc. cit.*, II, liv. 6, ch. 2. L'abbé Fleury, *Hist. du dr. fr.* Voy. l'extr. des comptes cité. — (50) Voy. Glossaire sur Beaumanoir, p. 481,

L'homme qui sort de sa sphère et celui qui sort de son fief, pour se marier, sont coupables au même chef. Ces deux infractions sont punies d'une amende considérable, qui paraît fixée d'une manière assez uniforme à 60 sols parisis (51). Mais les seigneurs accordèrent bientôt des dispenses dans les deux cas, et l'on appela *formariage* le droit très-élevé qu'ils imposèrent aux aubains pour les obtenir (52). Ceux qui ne se pourvurent pas de l'autorisation furent toujours soumis à l'amende. Ces droits de chevage et de formariage s'éteignirent peu à peu, à mesure que le souvenir du servage s'effaça (53).

L'exploitation de l'aubain était ainsi devenue une source de droits fructueux dans les mains des seigneurs : il y avait dans les justices un préposé des aubains, une *albanorum justitia et præpositura* (54). On en vint à faire le verbe *albanare*, pour exprimer l'idée de recueillir les produits de l'aubaine ; ou *albanait* les aubains (55). Mais la collecte de ces redevances et le droit de poursuite des serfs entraînaient souvent des querelles entre les seigneurs ; des querelles... c'est-à-dire des guerres plutôt que des procès. Les suzerains prenaient parti pour leurs vassaux ou pour leurs sujets ou bien s'inter-

V° *Formariage.* Assises de Jérusalem, ch. 264, 278 et 279 : « *Si un vilain se marie avec la vilaine d'un autre seigneur, le seigneur du mari rendra à celui de la femme une autre vilaine du même âge, à dire d'expert, et s'il n'en trouve, il lui donnera la meilleure en âge de mariage.* »

(51) Sous la seconde race, le formariage rendait nulle l'union matrimoniale (Capit. de 854).—(52) Cette confiscation emportait quelquefois la moitié ou le tiers des biens (Laplanche, *loc. cit.*); Buridan, art. 339, Cout. de Reims.—Plus tard, quand les serfs obtiennent la permission *de manoir hors de la juridicion à leurs seigneurs*, Beaumanoir a grand soin d'ajouter *mes que il ne se desavouent pas de formariage que leur sire a seur aus.*—(53) L'art. 16 de la Cout. de Châlons décide que l'étranger peut se marier en France sans encourir de formariage.—(54) Charte de Gautier, archev. de Sens, an 1232. Ducange, *loc. cit.*, V° *Albani.*—(55) Charte de Ph. Aug. de 1222, rapportée dans Ducange, V° *Albanare.* Une charte de Louis VII, de 1168, que j'ai trouvée dans une ancienne édition de Beaumanoir, p. 464, nous apprend qu'avant cette époque, l'on rançonnait *home estrange venant à Orliens, sigant ou requérant sa debte.*

posaient pour les concilier. De là des jugements ou des alliances, qui amenèrent le *parcours* et *l'entrecours*, par lesquels les seigneurs ouvraient réciproquement aux sujets les uns des autres, les portes de leur territoire, sans que cela produisît aucun changement dans leur état (56). Il y avait *parcours* pour les hommes de corps comme pour les troupeaux. C'était l'œuvre de la diplomatie féodale, le germe presqu'imperceptible de tous les progrès successifs qui firent, de tant de souverainetés si profondément séparées, le royaume de France. Mais nous ne sommes encore qu'à la féodalité.

§ II. *Pays de servitude réelle.* La servitude personnelle ne couvrait pas toute la France : dans certains pays il n'y a que la servitude réelle ; l'homme n'est pas irrévocablement attaché à l'homme, le serf, ou le *tenancier main-mortable* (57), peut recouvrer sa liberté, sans le concours de son seigneur, en lui abandonnant toutes les terres qu'il tient de lui, et, de plus, la totalité ou une partie de son mobilier (58).

Dans ces pays-là, les aubains ne pouvaient être serfs de corps, puisque le servage personnel y était inconnu : en effet, que dit Beaumanoir ? *Il i a de teles terres.....* (où l'aubain est serf), puis il ajoute : « *Mes cheste coustume si ne queurt pas par nule part en la contée de Clermont, ainchois se un hons frans i vient estre, soit que il fache residence entre les sers ou ailleurs, il ne pert pas pour che l'estat de franchise.* » Mais l'aubain, qui venait établir

—(56) De Laurière, *loc. cit.*, Vᵒ *Parcours* ; art. 78, Cout. de Vitry ; *Etat civil des personnes dans les Gaules*, 1, p. 525. Hervé, *loc. cit.*, p. 174. Brussel, *loc. cit.*, p. 1007.

(57) Comme il n'a pas la libre disposition de ses biens, ou plutôt des biens qu'il tient de son seigneur, on regarde sa main comme sans vie pour transférer la propriété. La main était l'instrument de la tradition, on appela cette espèce de serf *homme* de main-morte (Voy. Bacquet, *loc. cit.* I, 3. Ord. de Phil. le Hardi, de 1277, dans le recueil des ordonnances de nos rois, IV, p. 670, art. 3. *Etat civil des personnes*, I, p. 399. Voy. enc. De Laurière, *loc. cit.*)—

(58) *Etat civil, loc. cit.*, p. 292.

son domicile dans ces pays, était cependant obligé d'en reconnaître le seigneur, s'il en recevait des terres, et de lui
faire aveu, c'est-à-dire de lui faire serment de fidélité en ces
termes, suivant le Grand-Coutumier (II, 31) : « *Tu me
jures que d'ici en avant tu me porteras foy et loyauté
comme à ton seigneur, et que tu te maintiendras comme
homme de telle condition que tu es, que tu me payeras
mes debtes et devoirs bien et loyaument, toutes fois que
payer les devras; ni ne pourchasseras choses pourquoi je
perde l'obéissance de toy, ne de tes hoirs, ne te partiras
de ma cour ce n'est par deffaut de droit ou de mauvais jugement, en tous cas tu advoues ma cour pour toi et pour
tes hoirs.* »

Les seigneurs de ces pays, qui repoussaient la servitude
personnelle, s'appropriaient les successions des aubains à
un autre titre, quand ceux-ci mouraient intestats et sans enfants légitimes nés dans le pays : c'était à titre de déshérence (59). *Habebunt jus occupandi bona quocumque va-
cantia, etiam albinorum et spuriorum*, dit Dumoulin sur
l'art. 40 de la Coutume d'Anjou (60). Puis, invoquant les lois
romaines, ils prétendirent aussi quelquefois que le droit de

(59) Les main-mortables des pays de servitude réelle formaient souvent des
communautés et se succédaient entre eux *jure non decrescendi* (Laplanche,
loc. cit., préf. p. 80). Le seigneur ne recueillait la main-morte qu'après le
décès du dernier d'entre eux : d'un autre côté, il y avait nécessité pour les main-
mortables de conserver entre eux la communion native, sans interruption, pour
être capables de succéder les uns aux autres. Les enfants seuls et les frères et
sœurs du décédé étaient d'abord exempts de cette nécessité (*État civil*, *loc.
cit.* p. 302). L'Aubain ne faisant point partie d'une communion de main-mortables, sa succession retournait toujours au seigneur, à défaut d'enfants. Il ne
pouvait non plus tester. Plus tard, les héritiers seront obligés, pour recueillir sa
succession, de payer une redevance au seigneur, et on permettra à l'Aubain
de faire un legs pieux pour la rédemption de son âme. Voy. enc. Hervé, *loc.
cit.*, p. 176. Robertson, II, p. 283. — (60) Les auteurs, qui suivent le droit
écrit, prétendent qu'il faut assimiler le seigneur au patron et à la curie,
qui n'avaient droit à la succession de l'affranchi ou du décurion que si
celui-ci ne laissait pas d'enfants (*Instit. de success. libert.* L. 1, 2, 3 C.

tester n'appartenait qu'aux citoyens et ils refusaient de reconnaître les testaments des aubains (61). De sorte que les pays qui admettent le servage, comme ceux qui ne le connaissent point, arrivent aux mêmes conséquences, en ce qui concerne les successions et les testaments des aubains , tout en partant de principes opposés.

§. III. *Pays de non servitude*. Il se rencontre aussi quelques pays qui ne connaissent pas plus la servitude réelle que la servitude personnelle. En effet , des cités du midi étaient restées plus romaines et plus libres que les bourgs du nord , de la France Germaine (62). Au nord même, quelques alleux , quelques recoins oubliés, avaient conservé, grâce à leur isolement, leur indépendance primitive , et , au milieu même de ces terres désolées par le servage, quelques libres oasis reposent l'esprit et le cœur de l'historien, en lui montrant que la liberté est impérissable dans notre France (63). Ces pays ne connaissent point l'aubaine ; l'étranger, qui vient y demeurer, reste libre et peut en toute liberté transmettre à ses enfants sa succession *ab intestat* ou la léguer par testament. Ainsi, au midi, « *tout étranger*, dit plus tard le parlement de Toulouse (64), *vivant chrétiennement et catholiquement dans la ville de Toulouse ou dans le pays de Languedoc , peut, sans lettre de naturalité , disposer librement de ses biens, à la vie et à la mort, en faveur de qui il lui plaira.* » J'ai trouvé pour les alleux du nord un

---

Quando et quibus quarta pars debetur ex bonis decurionum... — (61) De Laurière, vᵒ *Aubaine*, prétend que ce fut à l'exemple des hôtes d'Ecosse et d'Italie, qui s'appropriaient alors les successions des étrangers morts chez eux , malgré les testaments de ceux-ci ; ce qui fut aboli en Ecosse par le chap. 30 des *Statuts des Assises* de Guillaume , et en Italie par la constit. *Omnes peregrini* rendue par Frédéric II, en 1223. — (62) Cazeneuve, *Traité du franc-alleu*, I , 16 ; II , 4 nᵒ 15. Larochestavin, VI , 9, art. 1. Cambolas, III , 27. Basnage, *Cout. de Bourgogne.* — (63) Point de servitude à St-Dizier (aujourd'hui dans l'arrondⁱ de Vassy). Note de M. Beugnot sur *le tout-lieu de St-Dizier.* 2ᵉ vol. des Olim, p. 913. Voy. enc. M. Guizot, *Essais sur l'Hist. de Fr.* —(64) May-nard, *Arrêts notables.* Voy. enc. Rapp. de M. Boissy d'Anglas à la Chambre

monument analogue. Quand l'aubaine devient royale et que les collecteurs du roi se présentent à St-Dizier, pour y recueillir les redevances de leur souverain, les échevins d'Ypres s'étonnent et s'indignent : il me semble entendre leur réponse : Allez dire à votre maître que « *oncques navons oï de gens de serve condicion ne de morte-main ne de quel condicion qu'ils soient* (65). » Je reviendrai sur ces prétentions, dans la période suivante, quand le pouvoir royal va venir lutter, sur le terrain de l'aubaine, avec les seigneurs de ces pays libres.

DEUXIÈME PÉRIODE. *Lutte des seigneurs et du roi.* Le régime féodal portait avec lui, dans l'excès même de son inflexibilité, le remède des maux qu'il engendrait. Les indigènes et les aubains confondus ensemble, comme les *hostes* et les plébéiens des premiers temps de Rome, dans la même servitude et dans la même exclusion, devaient aussi secouer ensemble le joug, qui les attachait à la glèbe, et partager les joies du triomphe et de la liberté, comme ils avaient partagé les douleurs de la misère et de l'asservissement. En suivant les progrès de cette double émancipation sur la terre de France, on serait quelquefois tenté de croire (tant la ressemblance est frappante !) que c'est encore là de l'histoire romaine : mais ce n'est que l'histoire de l'humanité, brisant partout et toujours, chez nous comme à Rome, dans le monde moderne comme dans l'antiquité, les liens dont on veut l'enchaîner.

En effet, il n'est pas dans la nature humaine de se résigner facilement à l'esclavage. On y reste soumis, quand on ne peut l'éviter ; mais la résistance est toujours prête, au fond du cœur de l'homme ; il ne lui faut qu'une issue pour se faire jour et pour triompher. C'est ce qui arriva au régime féodal. Le souverain était à la porte de ses sujets ; il pesait sur eux de tout son poids ; son château dominait et effrayait

des Pairs sur la loi de 1819, *Monit.* p. 133. Disc. de M. de Monville, *Monit.* p. 141. — (65) Voy. note 65.

leurs chaumières ; sa tyrannie, individuelle et toujours présente, provoquait les révoltes de ses victimes et ne pouvait pas toujours les vaincre : quand la pression portait sur une partie, l'autre partie se soulevait. Un autre intérêt devait encore combattre la prépondérance des seigneurs ; c'était celui du pouvoir royal, qui n'avait pas oublié tout-à-fait son éclat traditionnel et qui voulait revenir à la tête de la nation ; ce fut pour le peuple un appui de plus en plus puissant. La féodalité ne présentait à cette double attaque que des individus pour lui résister, des aristocrates, mais pas de corps, pas d'aristocratie (1). Etouffée entre ces deux étreintes, elle devait succomber, mais non se rendre, et la lutte, qui commence à ce moment, ne finira pas avant le xvi° siecle.

Le cadre de ce travail ne me permet pas de suivre, dans tous ses détails, l'histoire de cette longue série de guerres, qui donne au peuple la liberté et à la royauté un royaume : j'en indiquerai seulement les phases principales, et surtout celles qui ont le plus d'influence sur notre matière.

Quand la féodalité eut fixé les individus, le commerce commença à naître ; les croisades lui donnèrent un essor plus rapide. Il fallait de l'argent pour aller combattre en Palestine (2) ; les serfs des villes et des gros bourgs demandaient la liberté ; on la leur vendit. Le roi donna l'exemple dans ses domaines (3) : c'était au moment où la lutte de la pensée contre le pouvoir absolu jetait ses premières lueurs dans les leçons d'Abeylard (4). Louis-le-Gros fonda dans ses fiefs les premières communes (5) ; les nobles suivirent son exemple (6). La liberté ne gagnait pas encore les campagnes : les serfs des campagnes vinrent la chercher dans les villes ;

---

(1) Voy. M. Guizot, *Essais sur l'hist. de Fr.*, p. 263-272.— (2) Hervé, *loc. cit.*, p. 157. M. Guizot, *Hist. de la civil. en Eur.*, p. 252. — (3) Brussel, p. 968 ; Hervé, *loc. cit.* p. 157. — (4) M. Guizot, *Hist. de la civil. en France*, I, 17. — (5) La défense commune était un article fondamental et jurée par serment. Hervé, *loc cit.* p. 166. Brussel, p. 707. — (6) Brussel, p. 143 s. —

les bourgeois arrachèrent à leurs seigneurs dans ces chartes, qui ne sont que des traités de paix (7), le droit pour les serfs de corps, qui viendraient habiter les communes nouvelles, d'acquérir franchise immédiatement, ou après un séjour d'an et jour, suivant les lieux (8). *Les sers peuroient,* nous dit Beaumanoir, ch. 45, *acquerre franchise pour demourer en aucunes viles esqueles tuit li habitant sont frans par Previleges ou par Coustume, et par chete voie ont pluriex sers acquis franchises qui concelement s'en aloient de desous leurs seigneurs manoir en tiex liex,* » et plus loin il ajoute, *selon le droit naturel chascun est frans.* C'est toujours le même système territorial, le même principe de localisation. Seulement le but a changé avec le point de départ et la conséquence est bien différente, tout en partant du même principe. La terre donnait ici la liberté, ailleurs la servitude, par le seul fait de l'habitation (9). Quand les seigneurs voulaient ravir aux communes la liberté qu'ils leur avaient donnée, les rois prenaient sous leur protection la cause de la liberté ; ils se posaient en médiateurs, et, de pro-

(7) M. Guizot, *loc. cit.*, 7e leç. — (8) Hervé, p. 172. Delaurière, *Gloss.*, V° *Bourgeois de parcours.* A l'établissement des communes est immédiatement lié le droit de bourgeoisie, c'est-à-dire la participation à tous les priviléges accordés aux habitants d'une ville. Voy. enc. M. Michelet, *loc. cit.*, p. 281 et 285 ; Grimm, 337 ; Ch. Ottonis, IV, an 1209 ; Charte de la commune d'Orbestier, de l'an 1007. Les immunités de la commune s'étendent jusqu'à une lieue autour de ses limites ; de là le mot *banlieue* (Brussel, p. 707). C'est une espèce *d'ager romanus.* — (9) Le droit d'asile des églises avait commencé à peupler les villes au milieu des insurrections du x⁰ siècle. Une fois réunis, agglomérés et pouvant se coaliser, les serfs ont une chance de recouvrer leur indépendance ; ils peuvent organiser leur résistance : dispersés dans les campagnes, ils ne pouvaient le faire. Toutefois, ces droits de la commune n'étaient pas sans limites ; les rois arrêtèrent souvent par des ordonnances la population qui s'y serait réfugiée tout entière (M. Michelet, *loc. cit.* p. 285). Il y avait aussi des restrictions spéciales et positives dans l'intérêt des pouvoirs existants : ainsi, il était défendu à la commune de Bray de recevoir des hommes de corps du roi et de ses domaines : si l'un d'eux y était admis, il était forcé d'en sortir. (Article de M. Foucard, intitulé *Droit municipal, Rev. de législ.* V,

grès en progrès, la royauté, au temps de Louis VIII, se regardait comme maîtresse, dans toutes les villes où la communauté était établie (10).

Pendant qu'on conférait la liberté aux serfs, on s'occupait de la conserver aux *homes frans*. Dans les lieux où la servitude personnelle avait encore toute sa force, on introduisit le *droit d'aveu*, en faveur des personnes franches qui venaient s'y fixer. On pouvait faire aveu au roi, sans demeurer sur ses terres ; il suffisait, pour écarter l'impression de la servitude, de se déclarer homme du roi. C'est le *civis sum Romanus* des Romains (11).

La double lutte, soutenue par l'aristocratie, travaillait ainsi à changer la suzeraineté du roi en souveraineté : il était le premier des seigneurs féodaux, il voulut se faire le maître de tous. Or, de la souveraineté dépendait la justice, et le droit de la rendre appartenait aux seigneurs. Nous savons avec quelle dureté et à quel prix ils s'acquittaient de ce devoir. Entre le seigneur et le vilain il n'y avait pas de juge (12). Quelques-uns s'adressèrent au roi, pour avoir raison de l'iniquité des cours des barons ; d'autres imitèrent leur exemple, et, peu à peu, la royauté, escortée de ses légistes et de ses cours de justice, parvint à tout ramener à elle : les envoyés royaux, les baillis et les prévots agirent sans ménagement vis-à-vis des seigneurs (13) ; les lettres de sauve-

p. 415). — (10) Ducange, *Gloss.*, v° *commune*. — (11) Cela dépeupla tellement les justices des seigneurs que Philippe-le-Bel, à la prière des seigneurs de Champagne, fit en 1302 (*Rec. des anc. cout. de Berry*, par Lathaumassière, I, 116, p. 249) une ordonnance, par laquelle il statua qu'à l'avenir les bourgeois du roi seraient obligés, dans l'année de leur réception, d'acheter une maison dans la ville, où ils auraient fait aveu, ou d'y demeurer tous les ans six mois. Voy. enc. ord^{ce} de Louis-le-Hutin en 1315, et art. 2, Troyes. Les bourgeois du roi justifiaient de leur qualité par des *lettres de jurée*, délivrées par les officiers de la ville à laquelle ils appartenaient. — (12) On ne connaissait que les appels au ciel, qui se traduisaient par les duels judiciaires, et les appels de faux jugements qui permettaient d'appeler tous les juges au combat (Hervé, *loc. cit.* p. 278). — (13) Lettres-patentes de Louis-le-Hutin en faveur des sei-

garde et de protection (14), et l'usage des appels énervèrent
les justices seigneuriales au profit du roi (15), et, de victoire en victoire, la royauté triomphante posa trois grands
principes (16) : Le premier, que si chaque baron était souverain dans sa baronie, le roi était souverain des barons et
qu'il pouvait faire, dans un intérêt général, des réglements
obligatoires pour tous ses vassaux (17); le second, que le
roi, comme chef du gouvernement féodal, pouvait évoquer
à son tribunal toutes les affaires qui touchaient à son autorité
royale; le troisième, que l'on pouvait appeler de toutes les
cours de justice à la Cour du roi. Le roi était l'arbitre souverain entre les seigneurs et les bourgeois des communes;
il le devint entre les seigneurs et les serfs. Il remplissait
ainsi, comme on l'a si bien dit, *l'office de grand juge de
paix du pays* (18), et ce nouveau pouvoir central s'élevait,
entouré des bénédictions des bourgeois et des vilains, à
l'ombre du chêne de Vincennes.

Ainsi placé au sommet de la confédération aristocratique,
où dominait le principe de l'isolement et de l'inégalité, le
Roi devient le centre de toutes les obligations féodales, l'objet le plus élevé de la fidélité et du dévouement : l'horizon
s'agrandit autour du pouvoir; le Roi est placé au-dessus des
seigneurs et il voit plus loin qu'eux. Sa vue s'étend, comme
sa puissance, au-delà des limites de ses fiefs : seigneur dans
ses propres domaines, il s'arrête sur leur frontière, quand il
s'agit d'affaires privées, mais roi en France, il monte sur son
trône et découvre tout son royaume pour ne s'arrêter qu'aux
frontières qui le séparent des royaumes voisins.

gueurs de Normandie.Ordonn. de mai 1315, déjà citée, rendue à la prière des
nobles de Champagne. Les légistes sont encore ici, comme à Rome, après la
loi des douze tables, les organes et les instruments du progrès. —(14) Eta-
bl^ts de Saint Louis, ch. 31. — (15) Etud. historiq. sur les cout. de Berry, par
M. Louis Raynal (*Rev. de législ.* XII, 257. Laplanche, *loc. cit.*, préf. p. 75).
—(16) *Influence de la magistr. franç.* par M. H. Diard, Revue de législ.XIII,
81.—(17) Beaumanoir, ch. 34.—(18) M. Guizot, *hist. de la civil. en Eur.* 7ᵉ

Cette révolution était surtout importante pour les étrangers. Ce n'était pas seulement la limite d'un fief ou d'un diocèse qui les séparait des indigènes, c'était la frontière du royaume de France, car il y avait non-seulement des fiefs et des diocèses, mais on voyait, au-dessus d'eux, un lien pour les unir et former de cette réunion un royaume qui s'augmentait chaque jour. Les hommes, qui ne faisaient que changer de seigneurie ou de diocèse, étaient encore des aubains pour les seigneurs ou pour les évêques chez qui ils venaient demeurer ; le roi devait encore les considérer comme tels, quand il réglait leur condition vis-à-vis des seigneurs, mais pour lui c'étaient des Français et il ne devait pas les confondre avec ceux qui n'étaient pas nés dans le royaume.

Ainsi, nous ne trouvons plus dans cette période une seule classe d'étrangers ; il y en a deux (19) et c'est aux *établissements*, attribués généralement à St-Louis, que j'emprunte cette distinction. Le saint roi reconnaît 1° les *estranges* ou *aubains*, qui ne sont pas *nez dans le diocèse*, où ils se sont

---

et 9ᵉ leç.—(19) Nous croyons donc devoir adopter une opinion opposée en tout point à celle que M. Sapey exprime dans son mémoire, p. 29. M. Sapey voit nos deux espèces d'aubains, dès l'origine et à l'origine seulement, quand il n'y a pas encore de royaume de France. Arrivé à Saint-Louis, il voit disparaître tout d'un coup une des deux espèces, au moment même où *les Établisse-ments* consacrent une distinction entre la condition juridique des *aubains* et celle des *mescrus*. Il n'y a plus pour lui que les *mescrus*. Le saint Roi, suivant son expression, a détruit *d'un trait de plume* toute l'autre classe, *omnes qui diocœsim mutaverant.* C'est, à mon avis, faire d'un acte de naissance un acte de décès, car c'est à cette époque seulement que les *mescrus* se distinguent des autres *aubains*. La lutte des seigneurs et du Roi ne fait que commencer, loin d'être terminée. Tant qu'elle durera, elle s'agitera pour les *aubains* comme pour les *mescrus*, car les seigneurs demandent encore et obtiennent souvent les redevances à prélever sur les premiers. Quand la royauté sera complètement victorieuse et que le royaume sera constitué, alors seulement il n'y aura plus, parmi les étrangers, que ceux qui seront nés dans un autre royaume. La déclaration du ch. 87 des *Établissements* pouvait et même devait, quoiqu'en dise M. Sapey, p. 41, être exigée de l'aubain qui *diocœsim mutaverat*. C'était le seul moyen pour lui d'échapper au servage ou de conserver la franchise dans une commune.

venus établir (20), 2° les *mescrus* ou *mesconnus* (21), que d'autres appellent *espaves* (22), c'est-à-dire ceux qui étaient nés hors du royaume et qu'on ne pouvait croire sur leur origine.

Cette distinction des étrangers en deux classes n'était pas dépourvue d'intérêt dans la pratique, et elle devait se refléter dans leur condition juridique, qui ne pouvait rester immuable dans la lutte des seigneurs et du roi. En effet, en cherchant à arracher la souveraineté aux mains des seigneurs, le roi était devenu dans l'Etat le protecteur par excellence (23). En voulant leur arracher la justice, il devait vouloir leur enlever les *échoites* qui la faisaient vivre, et l'aubaine était parmi ces *échoites*. La lutte s'établit donc entre ces deux puissances sur le droit d'aubaine, à propos du droit de fisc. D'ailleurs, le roi cherchait toujours à se faire des partisans parmi les serfs contre les barons; les croisades, en donnant naissance au commerce maritime, avaient créé les grandes communes et avaient augmenté le nombre des aubains, qui étaient ainsi devenus une classe importante dans l'Etat : il était utile pour la royauté de se les attacher.

—(20) Etablissem. de St-Louis, II, c. 30, 87. Notes de De Laurière sur ces chapitres. Art. 58 du coutumier de Champagne. Voy. enc. Statuta Davidis regis Scotiæ, II, 3.—(21) Mêmes établissem. I, c. 96. Notes de De Laurière sur ce chapitre. Extrait déjà cité de la Chambre des Comptes. V. Potgieserum, *de condit. servor.* I, 3. Bacquet, *d'aube.*—(22) Ces mots s'appliquent, dans l'énergique langage de l'époque, aux animaux errans sans maître (*expave facta*), aux choses mobilières sans maître et aux hommes même nés hors du royaume, *de si loingtains lieux*, dit Carpentier, V° *Espavus, que l'on ne peut ou royaume avoir congnoissance de leurs nativitez :* Voy. Ducange, *Gloss.* V° *Espava*, chartes de 1315, 1347 et 1378, dans Carpentier, *loc. cit.*, charte de 1317, V° *Expaveyus*. Procès-verbal de la cout. de Laon, au titre *de justice*. Laplanche, *loc. cit.* préface, p. 57. Cout. de Vitry, 72. De Laurière, *Gloss.* V° *Déshérence.*

Les biens de cette espèce d'aubains s'appellent Estraeria, Estrajeriæ, Estraheria. Voy. Ducange et Carpentier sur ces mots.

(23) Déjà, à la fin du 10° siècle, un concile de Paris (VI, 2, c. 1, an 996), s'occupant de tracer les devoirs de la royauté, disait à ce propos : *Justitia regis*

§ I. *Pays de servitude* (23 *bis*). Les communes n'avaient pas été octroyées gratuitement par les seigneurs ; les bourgeois payaient à ceux-ci certaines redevances ; on y recevait l'aubain, la faveur du commerce le voulait, mais il ne pouvait profiter long-temps des priviléges du lieu, sans consentir à en partager les charges. Il devait donc, dans l'an et jour, faire aveu de bourgeoisie au seigneur, c'est-à-dire payer la même redevance que les bourgeois, ou bien devenir serf, comme par le passé (24), dans les pays de servitude personnelle, et rester dans les autres dans une position plus que précaire.

Placé sur ce terrain, St-Louis jette le gant aux seigneurs : *Se aucuns aubains*, dit-il, dans ses *Établissements*, II, 30, *ou bastard muert sans hoir, ou sans lignage, li roy est hoirs, ou li sires sous qui il est, si il muert el cuer du Chastel, mès aubains ne puet fere autre seigneur que le roy, en son obeissance, ne en autre segnorie, ne en son ressort, qui vaille, ne qui soit estable.* Ainsi, c'est le roi qui hérite de l'aubain, ce n'est plus le seigneur. Un seul cas est excepté, c'est quand le décès a lieu *el cuer du chastel* ; on n'ose pas encore aller jusque-là revendiquer le nouveau droit royal. Mais l'exception même s'évanouit, quand il s'agit d'aveu. L'aubain se place sous la *protection et l'avouerie* du roi et cela suffit pour le tirer de la propriété et par conséquent de la justice des seigneurs. Remarquons en passant l'adoucissement apporté à la condition de celui qui est aubain pour le seigneur et Français pour le roi. Le roi n'hérite qu'au cas de déshérence (25). Dans les pays, où les seigneurs

est advenis defensorem esse (*Rec. des hist. de Fr. X*, 627).—(23 *bis*) Je réunis ici ce que j'ai à dire des pays de servitude personnelle et des pays de servitude réelle, le roi ramenant dans tous les deux l'aubaine à l'uniformité.—(24) *Si aucun aubain, autrement appelé un avenu*, dit la Coutume de la baronnie de Château-Neuf, tit. 2, art. 20, *est demeurant par an et jour dedans ladite châtellenie, sans faire adveu de bourgeoisie, il est acquis serf audit seigneur.* Voy. encore cout. de Resay, art. 2. *Établissements de Saint-Louis*, c. 87, avec notes de De Laurière. Art. 58, cout. de Champagne.—(25) M. Beugnot, *note sur les*

conservent le droit de *prendre le service* de l'aubain , les rois ordonnent à leurs officiers de le faire , à défaut des seigneurs.

Mais s'agit-il *d'hons mescreu et mesconnu en terre de gentilhons* (I, 96), *se il servoit le gentilhons et il morust , le gentilhons auroit la moitié de ses muebles* (s'il laisse des enfants) (26) : *et se il muert sans hoir et sans lignage, toutes ses choses seront au gentilhons. Mes il rendra sa dette et s'aumosne* (27). Le *mescru* est donc moins bien traité que l'aubain : pourtant le seigneur est obligé de payer les dettes du défunt et ses legs pieux.

La révolution, essayée par St-Louis, n'empêcha pas que, pendant longues années encore , le droit d'aubaine ne fût exercé par les seigneurs. Une ordonnance de Philippe-le-Bel , à la date de 1301, montre qu'ils en jouissaient encore à cette époque : elle porte que les collecteurs du roi n'exploiteront pas les biens des aubains, avant qu'il n'ait été constaté par une enquête que ce droit appartient au roi (28). Il y a

établissem. Etat civil, loc. cit. I, 480. Y avait-il donc plus de pitié dans l'âme de ces seigneurs-rois que dans celle des autres seigneurs? Je ne sais , mais l'aubaine était plus difficile à recouvrer, dans des terres plus éloignées, et le roi voulait avoir des partisans partout. Dans son chap. 87 , St-Louis abandonnait au baron tous les meubles de l'aubain, qui n'avait pas *commandé à rendre quatre deniers au baron.* L'art. 43 Touraine, et l'art. 5, ch. 2, ont renouvelé cette disposition, qui réduit en apparence le droit d'aubaine à assez peu de chose, mais j'ai vu dans Jacquet *(Comment. de la cout. de Tour.,* p. 166-168) que cette redevance avait pour but d'avertir le seigneur de la mort du *forain* « et celui-ci, dit l'auteur, a d'autant plus intérêt que la succession ne passe pas en des mains étrangères, qu'il peut arriver qu'elle lui appartienne par déshérence dans le cas où le défunt n'aurait laissé aucun héritier. » Voy. enc. *Registre des foires de Champagne,* qui donne au roi la succession du marchand mort pendant la foire. — (26) II, c. 30 , 31 , 127. — (27) Ce n'est pas ici une reconnaissance du droit de tester, bien qu'en ait dit M. de Pastoret à la chambre des Pairs , en 1819 *(Monit.* p. 134). Il ne s'agit que des legs pieux, et ces legs étaient ordinairement permis. Une charte de Louis VII avait permis aux étrangers de venir et de s'en aller avec leurs biens, sans être inquiétés. — (28) Voy. cette ordonnance dans le tome II, p. 456, du *Registre des Olim ,* édité par M. Beugnot. Le roi s'y plaint des réclamations qui lui parviennent sur ses collecteurs : ils reçoivent

N

une espèce de partage et comme un procès ouvert sur la question de l'aubaine entre le roi et les seigneurs ; chaque partie est invitée à produire ses titres, et l'on reconnaît, dans les ménagements de Philippe-le-Bel, le monarque qui avait besoin de ses vassaux dans ses querelles avec le St-Siège.

Après cette époque, on voit encore des seigneurs obtenir du roi, contre lui-même, l'exercice de l'aubaine. Ainsi, par des lettres-patentes de 1355, le roi Jean I cède au comte de Brienne tous les droits qu'il pouvait avoir sur les aubains, qui s'étaient avoués bourgeois du roi, dans le comté de Brienne. Le comte s'était plaint que les étrangers, venus dans le comté, se désavouaient de lui et s'avouaient hommes et femmes du roi (29).

En 1386, la royauté évoquait à une commission du conseil toutes les contestations relatives au droit d'aubaine, les décidant ainsi par avance en fait et en droit (30).

Partout où les seigneurs pouvaient se retrancher pour résister au pouvoir royal, ils ne manquaient jamais de le faire. Le débat était encore incertain au xvie siècle, lors de la rédaction officielle des coutumes. La lutte recommença sur ce terrain (31), et la question ne fut pas encore vidée : quelques coutumes réservèrent encore le droit d'aubaine aux sei-

beaucoup et rendent peu. Un arrêt de 1306, rapporté par Louet, adjuge par provision une aubaine à un seigneur justicier, mais en ajoutant : *salvâ nobis super hoc quæstione proprietatis.* Voy. enc. Chopin, *de dom.* II, n° 1, Loysel, *Opusc.*, p. 72 s. — (29) Ordonn. des rois de Fr. IV, p. 721. Voy. enc. même vol. p. 519, des lettres-patentes de Louis X, de février 1315. Brussel rapporte un accord, de l'an 1206, entre le roi et Thibaut, comte de Champagne, par lequel il était convenu que les Juifs de l'un ne prêteraient pas dans les terres de l'autre. — (30) « *Sont et doivent estre à nous, de nostre droict, touz biens, meubles et immeubles des personnes, gens aubains et espaves qui trespassent sans convenables héritiers, en quelque haulte justice que yceulx espaves ou aubains soient demourants.* » G^{de} confér. II, 945. — (31) En 1508, lors de la rédaction des coutumes d'Anjou et du Maine, le procureur du roi demanda le droit d'aubaine pour le roi, mais il fut décidé, à la pluralité des voix, « *qu'il n'en serait aucune chose pour lors immuée.* » La même demande fut repoussée par un ajournement, en 1555 et en 1560, à propos de la rédaction

gneuries (32); d'autres plus nombreuses l'attribuaient à la royauté (33). Quelques unes, par leur silence, donnaient carrière aux discussions animées de la doctrine. Ce fut là que se livrèrent les derniers combats, et ce ne fut pas sans aigreur de part et d'autre. La doctrine était en général très favorable aux progrès de la royauté; elle cherchait par tous les moyens possibles à lui ramener les institutions qui pouvaient tenir à la souveraineté. Bacquet avait proclamé que l'aubaine appartenait au roi, *comme faite pour l'augmentation du royaume et non pour celle des seigneurs particuliers*, et, quand il la trouve en la possession des seigneurs, ce n'est à ses yeux qu'une usurpation odieuse qu'il faut réprimer : ce domaniste prend pour une innovation ce qui n'était qu'un reste de l'état primitif (34), et, pour donner aux prétentions royales le respect qui s'attache toujours aux institutions anciennes, il affirme que le droit du roi a toujours existé, qu'il est *domanial, souverain et honorifique, incorporé, radiqué et annexé* à la couronne, qu'il ne peut être ni donné ni vendu, et que les concessions toutes personnelles, qui en seraient faites, ne lieraient pas les successeurs du prince qui les aurait consenties (35). Dans la jurisprudence du xviᵉ siècle, qui

---

des cout. de Sens et d'Aux. *Traité des Justices*, par Jacquet, ch. 9.—(32) Touraine, Anjou, Maine, Dunois, Hainaut, Montargis, Chablis, Senlis, Sens, Auxerre. Les coutumes du Bourbonnais et de la Marche donnent le droit d'aubaine à Madame (Jacquet, *loc. cit.*). — (33) Poitou, Melun, Valois, Vitry, Vermandois, Châlons, Chauny, Ponthieu, Reims, Amiens, Péronne, Normandie, Perche, Berry, Laon, Orléans.—(34) « Le roi, dit Bacquet, s'est réservé le droit d'aubaine comme souverain, régal et honorifique, sur tous pairs, ducs, marquis, comtes, barons et justiciers de son royaume, privativement à tous, et ce, dès-lors de la création des pairs, ducs, etc., comme ce droit étant un des fleurons de la couronne. »*Traité de l'aubaine*, IV, 27 n° 2 Voy. enc. De Laurière, *Gloss.* v° *Droit d'aubenage*, qui appelle le droit des seigneurs *une odieuse usurpation.*—(35) V. aussi Loyseau, *des seigneuries*, c. 12. M. Sapey, *loc. cit.* p. 96, indique, comme étant de Loyseau, un passage cité par celui-ci comme étant l'opinion de Bacquet. Les fiscaux, dit Loyseau dans ce même chapitre, ont attribué au roi les successions de bâtards, *sous prétexte de quelques vieilles pan-*

adopte cet avis , l'autorité même des coutumes (36) ne prévaut pas sur ces principes désormais incontestables : on pose comme règle que , si elles obligent les habitants des pays où elles sont suivies, *in vim pacti* et non *in vim statuti* , elles n'enchaînent pas le roi. Mais les seigneurs étaient défendus par deux jurisconsultes, dont l'autorité tenait en échec celle de tous les autres : c'étaient Coquile et Dumoulin. « Ce sont les droits anciens des nobles, dit ce dernier, d'avoir généralement tous droits de confiscations en leurs terres où ils ont haute justice... ; combien que depuis, aucuns fiscaux royaux , restreignant, contrairement aux anciennes coutumes , les droits des seigneurs , se sont emparés des successions des pérégrins *et ont trouvé appui devant beaucoup de juges vendus* ; ils vont partout touchant aux droits anciens de la noblesse , soutien de la monarchie. »

Il y avait erreur dans les deux camps, et , comme il arrive souvent dans les discussions, on était allé trop loin de part et d'autre ; les seigneurs n'avaient point usurpé l'aubaine sur la royauté ; celle-ci ne l'usurpa pas sur les seigneurs. L'aubaine était au pouvoir souverain et suivait les vicissitudes de ce pouvoir. Quand toutes ses prérogatives passent des seigneurs au roi et confirment, en le complétant, l'affranchissement des serfs et des aubains, l'aubaine doit être royale , et quand Bacquet la regarde *comme un des plus beaux fleurons de la couronne de France*, il constate le triomphe définitif de la royauté (37).

§ II. *Pays de non-servitude*. En enlevant le pouvoir aux seigneurs , le roi avait bien senti que le moyen le plus efficace de se constituer un royaume était d'établir partout une règle fixe et invariable. C'était peut-être la partie la plus difficile de sa tâche, et la Révolution française pouvait seule

cartes *trouvées en la Chambre des Comptes.*—(36) Loyseau, *loc. cit.*, L. 1 C. *quæ res pig. obl. non poss.; Alber., in l. fin., C. de Jurisd. omnium judic.* Voy. enc. Laplanche, préf. p. 86.—(37) Apostilles sur les art. 48 de la Cout. du

en faciliter l'accomplissement. La royauté y tendit sans cesse et nous retrouvons, jusque dans l'histoire du droit d'aubaine, la trace de ses efforts constants à atteindre ce but. C'était sous la question d'argent, qui a bien toujours son importance, le reflet d'une grave question de souveraineté ; il s'agissait de savoir si *un fleuron de la couronne de France* pouvait être tronqué.

Quand les officiers royaux se présentèrent, dans les cités du midi ou dans les alleux du nord, où la servitude n'avait point pénétré, pour y percevoir le droit d'aubaine sur les successions des étrangers défunts, ces pays résistèrent. Là on invoqua une coutume et des maximes constantes contraires au droit d'aubaine (37 *bis*), ici. les textes du droit romain (38), et, parmi ces textes, l'authentique *omnes peregrini* (39), rendue seulement à la vérité par l'Empereur Frédéric II en 1223, mais insérée dans toutes les éditions du Code et promulguée par toute la France par une ordonnance de Louis X, du 15 décembre 1315 (40). Il fallait pourtant que la souveraineté du roi fût reconnue, en principe au moins; elle le fut (41). Le droit d'aubaine fut exercé, mais il y eut de telles plaintes, dans le commerce de ces pays, qu'il fallut apporter remède à l'avidité trop fidèle des agents royaux. Des lettres-patentes du 20 avril 1472 accordèrent l'exemption du droit d'aubaine à tous étrangers habitant

Maine, 41 d'Anjou et 88 du Bourbonnais. — (37 *bis*) Laplanche prétend, dans son enthousiasme pour le fisc, que ces coutumes n'ont trait qu'au droit d'aubaine *postiche et adultérin,* dont les seigneurs se dépouillaient par les alliances de parcours et par les affranchissements. Mais le droit d'aubaine par déshérence, ce qu'il appelle le vrai droit d'aubaine, s'applique partout et partout est au roi. — (38) Ces textes étaient la Constitution de Caracalla, et la loi 28 § 3, C. de *episcop. de cleric.* — (39) Omnes peregrini et advenæ de rebus suis ordinandi liberam habeant facultatem et si intestati decesserint, bona ipsorum per manus episcopi loci, hæredibus tradantur, vel in pias causas erogentur. — (40) Cette authentique ne fut suivie que fort peu de temps en France (Disc. de M. de Lévis, *Monit.* de 1818, p. 567, et de M. de Clermont-Tonnerre, *Monit.* de 1819, p. 96). — (41) Un édit de François 1, semble avoir établi le droit d'aubaine,

Toulouse. D'autres lettres-patentes, de juin de la même année, accordèrent la même exemption à ceux habitant Bordeaux. Un édit de juillet 1475 (42), rendu par Louis XI et confirmé par Charles VIII, en mars 1483 (43), sur les plaintes des Etats de la province, étendit l'exemption du droit d'aubaine à tout le pays de Languedoc.

Nous voilà donc arrivés à l'unité dans la législation des aubains : une fois le servage aboli, il n'y avait plus, sous l'autorité royale, qu'une seule espèce d'aubaine, dans les anciens pays de servitude personnelle et dans ceux de servitude réelle, et le principe en était également reconnu dans les pays de droit écrit : ce n'est plus alors en face des seigneurs féodaux que nous avons à considérer la condition des étrangers, pour suivre avec ses transformations les vicissitudes du problème de la fraternité humaine. La question s'est agrandie avec la royauté ; elle s'agite maintenant entre le royaume de France et le monde ; la diplomatie vient de naître en Europe (44) et avec elle apparaissent ces grandes combinaisons d'alliances, soit pour la paix, soit pour la guerre, qui produiront le système de l'équilibre. L'aubaine a sa place dans ces grands mouvements de la civilisation ; elle est née des alliances de l'homme avec l'homme dans les forêts de la Germanie ; elle s'est développée avec les alliances des bourgs et des campagnes, du peuple et de la royauté, dans la féodalité ; elle veut sa place encore, à côté du roi, dans ses relations avec les royaumes étrangers.

pour la première fois, dans toute la Provence, en 1539.—(42) Le roi déclare dans cet édit « que les marchands étrangers ayant été troublés dans la libre disposition de leurs biens, *contrairement à d'anciens usages établis*, se sont retirés, de peur d'être encore inquiétés à l'avenir, et que leur absence, interrompant tout commerce entre eux et les sujets du roi, cause à ceux-ci un véritable dommage, puisque lors ils tombent en pauvreté. »— (43) Les députés de Languedoc dans les États-généraux, tenus à Tours, en 1483, avaient demandé l'abolition du droit d'aubaine, « suivant la disposition du droit écrit ; car par ce moyen se donnera cause de plus amplement repeupler le pays. » — (44) M. Guizot, *hist. de la civilisation en Eur.*, 11ᵉ leçon.

TROISIÈME PÉRIODE. *Triomphe de la royauté.* Trois questions principales doivent nous préoccuper en abordant cette période :—quels sont les étrangers?—En quoi consiste l'aubaine?—Quelles sont les exceptions qu'elle admet, ou plutôt comment l'applique-t-on dans la pratique, aux gens des royaumes étrangers?

§ I. *Quels sont les étrangers.* La première conséquence du triomphe définitif du roi sur les seigneurs, c'est la disparition de toute une classe d'étrangers du théâtre de la vie juridique : les aubains, ceux *qui diocœsim mutabant,* n'existent plus; ils sont Français. Il ne nous reste que les anciens *mescrus* ou *espaves,* ceux qui sont nés dans un autre royaume. Ceux-là même changent de nom, sinon de condition : on leur donne celui qui rappelle si bien le droit rigoureux dont ils sont l'objet ; on les appelle *aubains,* et, si le mot *espaves* s'applique encore à quelques-uns, c'est seulement à ceux qui viennent des pays les plus éloignés.

Mais, pendant qu'une classe d'aubains disparaît, une autre naît et vient, pour ainsi dire, prendre sa place sur la scène. Ce sont ceux qui, selon l'expression de Loysel dans ses *Institutes coutumières, étant natifs du royaume, s'en sont volontairement étrangés.* Il n'en était pas question à l'origine de la féodalité ; les voyages et les exils volontaires étaient trop rares (1) ; le servage et le droit de suite s'y opposaient, mais ils devinrent bientôt plus fréquents avec l'accroissement du commerce et l'on distingua entre ceux qui abandonnaient la patrie sans esprit de retour et ceux qui avaient l'espoir d'y revenir. Les premiers furent seuls considérés comme étrangers et assimilés en tout aux autres aubains. Quelquefois même les rois défendirent à leurs sujets de quitter le

---

(1) La condition de ceux qui abandonnaient ainsi leur pays ne nécessitait aucune mesure spéciale. S'ils quittaient un pays de servitude personnelle, on n'avait pas à s'occuper du sort de leurs biens ; ils n'en avaient pas : s'ils quittaient un pays de servitude réelle, leurs biens revenaient de droit au seigneur.

royaume sans leur permission, et on les vit se donner mutuellement, dans les traités, des garanties à cet égard (2).

D'autres fois aussi, dans certaines circonstances politiques, on a traité ces émigrés plus sévèrement que les aubains eux-mêmes (3). Les enfants de ces Français dénationalisés, nés depuis le changement de nationalité du père, sont étrangers comme lui : c'est le principe territorial qui détermine la nationalité et ces enfants naissent en pays étranger. Mais cette rigueur s'affaiblit insensiblement avec l'affaiblissement des principes féodaux et l'on accorde, vers la fin de cette période un tempérament à la faveur de l'origine paternelle (4).

§ II. *En quoi consiste l'aubaine*. Sous l'influence des principes féodaux, le droit d'aubaine exprimait à peu près toute la condition juridique de l'étranger. Le servage auquel il était soumis réglait toute sa capacité pendant sa vie et au moment de sa mort : mais après l'abolition du servage et la ruine des prétentions féodales des seigneurs, les aubains furent libres et il fallut s'occuper de régler la position légale que devaient leur faire chaque jour, en droit public et en droit privé, les communications de toute sorte qui s'établissaient à cette époque entre les divers pays. J'en dirai quelques mots avant de parler du droit d'aubaine proprement dit.

N° I. *Droit public*. Suivant Loysel, *Aubains ne peuvent tenir offices, bénéfices, fermes du roi ni de l'église* (5). Ces charges, dit Domat (6), demandent une fidélité et une

—(2) Voy. Bouteiller, *Somme rurale*, 90, *des expatriations*. Merlin, *Rép.* V° *Émigrés*.—(3) Cela arriva notamment lors de la révocation de l'édit de Nantes. On porta contre les protestants fugitifs les confiscations de corps et de biens, Voy. les édits et déclarations de 1669, 1682 et 1685. Voy. enc. édit de juillet 1705. (Merlin, *répert.* V° *Emigration*, § 1). Nous retrouverons ces rigueurs, même à notre époque, dans les décrets de 1811 (Voy. ci-après, p. 9).—(4) Voy. ci-apr. p. 1.—(5) *Instit. coutumières*.—(6) Lois civiles, 2e partie, *des success.* préf. n° 13. Voy. aussi Pothier, des pers. I, 2, sect. 2. Ordonn. de Philippe de Valois, du 28 janvier 1347. Ordonn. de Charles VII, du 2 mars 1431. Styl. parlia-

affection au prince, qu'on ne présume pas dans un étranger. Des lettres dites *de capacité* (7), ou même celles de naturalité, ne rendent pas les étrangers capables de tenir archevêchés, évêchés, abbayes chef-d'ordre; il faut une clause particulière, prohibée par l'ordonnance de Blois, mais usitée et efficace en pratique, pour les relever de cette incapacité. Ils ne peuvent exercer aucune fonction publique, de quelque nature qu'elle soit; ils ne peuvent même être principaux ni régents dans les Universités.

N° II. *Droit privé*. La propriété du sol donnait la souveraineté, dans la période précédente; elle constituait le titre essentiel de la participation au droit politique. Ce motif n'était pas le seul, nous le savons, qui empêchât les aubains d'avoir un droit de propriété sur une chose immobilière (8), mais il a pu contribuer à maintenir la prohibition, qui n'existe plus dans notre nouvelle période. Dans le quatorzième siècle, il était à peu près reconnu en principe, et conformément au droit romain, qui commençait à être plus connu, que les étrangers étaient capables des actes du droit des gens : les rapports d'intérêt privé se développaient entre les aubains et les indigènes, et l'on reconnaissait aux premiers le droit d'acheter, celui de vendre, de louer, etc. Voyons à quelles conditions et dans quelles limites ces droits leur étaient concédés (8 *bis*).

1° L'étranger demandeur doit donner la caution *judicatum solvi* (9).

menti, III; Glose de la pragmat. ff. *nam ecclesiar*. Ordonn. de Charles VIII, en 1493. Ce Roi prodigua des lettres de naturalité, qui relevèrent les étrangers des incapacités de son ordonnance. Louis XII, procédant par mesure générale, les révoqua en masse en 1499. Voy. enc. édit de Henri II, du 8 octobre 1554; Ordonn. de Charles IX, de 1556, Ordonn. de Blois, de mai 1575. Edit de 1563. Arrêt du parlem^t de Paris de 1651, excluant du Conseil-d'État, en haine de Mazarin, les cardinaux et les étrangers, même naturalisés. Déclarat. de 1681 et 1683. Bacquet, *loc. cit.*, 15, n° 8.—(7) Pothier, *loc. cit.*, n° 1.—(8) Edit du 11 août 1558.—(8 *bis*) Voy. nouveau dictionn. civ. et canoniq. de droit, 1717, V° *aubaine*.—(9) Bacquet, *d'aube*, n° 5. Pothier, *loc. cit.*, n° 2. Voy. ci-après,

2° L'étranger n'est pas admis au bénéfice de cession de biens comme le régnicole (10).

3° Il est soumis à la contrainte par corps (11).

4° Il y a certains actes solennels, où l'on ne peut prendre pour témoins que des régnicoles, et dans lesquels les étrangers ne peuvent en servir (12).

5° Les étrangers peuvent faire toutes sortes de contrats entre-vifs : ils peuvent disposer, par cette voie, des biens qu'ils ont en France, soit à titre onéreux, soit à titre gratuit. C'est là un acte du droit des gens (12 *bis*).

Droit d'aubaine. Le droit d'aubaine, ramené à l'unité dans ses dispositions et étendu à tout le royaume, comme la souveraineté du roi, se constitua d'une manière fixe dans cette période (12 *ter*). Il consistait surtout dans l'incapacité forcée des aubains, en matière de successions testamentaires ou *ab intestat.*

Ainsi, ceux-ci ne peuvent donner ni recevoir par testament. Cette incapacité était naguère, nous l'avons vu, une suite ou un reste du servage dans les pays de servitude personnelle (13),

p. 77.—(10) Voy. ci après, p. 95.—(11) Voy. ci-après, p. 88.—(12) Voy. ci-après, p. 29. L'ordonnance des testaments exige que les témoins, qui assistent à ces sortes d'acte, soient régnicoles. Il faut en excepter les testaments militaires faits en pays étranger, où les étrangers peuvent être admis pour témoins, pourvu qu'ils jouissent d'une réputation sans atteinte (Pothier, *loc. cit.*, n° 5). —(12 *bis*) Il est important, pour la théorie qui sera développée plus tard sur l'art. 11 Code civ., de remarquer l'énumération faite ici, d'après Pothier, des droits accordés ou refusés à l'étranger, suivant cette ancienne division, empruntée au droit romain, *d'actes de droit civil* et *d'actes de droit des gens.* On a soutenu que le Code n'y avait pas fait allusion et avait rompu avec elle, mais l'ancien droit et le Code civil s'expliquent et se taisent toujours ensemble ; le législateur moderne a suivi Pothier.—(12 *ter*) Quelques coutumes, comme celle de Champagne, ou celle de Vitry en Partois, exceptaient de l'aubaine les étrangers gentils-hommes ; les officiers du domaine les y soumirent (M. Rapetti, 1re dissert., p. 38).—(13) « *Aujourd'hui les aubains ne sont plus serfs*, dit Laurière, *mais quoiqu'ils conservent leur franchise, ils ont néanmoins cela de commun avec les serfs, que, comme eux, ils ne peuvent disposer de leurs biens par testament. Serfs et main-mortables ne peuvent tester*». «*Aubains ne peuvent tester que jusqu'à cinq sols et pour le remède de leurs*

et une conséquence des principes du droit romain dans les autres. C'est ce qui a fait dire de l'aubain *qu'il vit libre et*
meurt serf, ce qui signifie, pour nous rappeler la langue juridique des Romains, que la propriété féodale ne jouit pas du
commercium ; les seigneurs ont laissé échapper le droit de
propriété qu'ils avaient sur l'homme, ils n'ont pas émancipé la
propriété. A mesure que le souvenir du servage s'effaçait dans
la mémoire des barons et dans celle des légistes, les principes féodaux du droit romain venaient redonner une nouvelle
vie, une nouvelle âme au droit féodal français ; bientôt la
doctrine fut unanime pour proclamer cette maxime *testa-*
menti factio est juris civilis (14). On soutint d'abord que
l'incapacité était toute dans la personne, dans l'extranéité du
testateur, et l'on ne reconnut pas à l'étranger le droit de
faire un testament même pour les biens situés hors de
France. Mais, en s'éloignant de plus en plus du servage des
vilains et des aubains, l'homme s'émancipa complètement,
la propriété seule resta serve et l'étranger put disposer par
testament des biens qu'il avait hors du royaume (15).

L'étranger aurait pu échapper à cette prohibition de l'ancien droit, si on lui eût permis l'usage de la donation à cause
de mort. Mais, il n'en était pas ainsi et l'art. 267 de la cout. de
Paris, portait : « Toutes donations, encore qu'elles soient
« conçues entre-vifs, faites par personnes gisant au lit, ma-
« lades de maladie dont elles décèdent, sont réputées faites
« à cause de mort *et testamentaires, et non entre-vifs* (16) »

âmes, dit Loysel, *Instit. coutum.* J'ai déjà dit, page cv, que ce legs de cinq
sols parisis ne confère pas à l'aubain un droit de tester.

(14) Dans les pays de droit coutumier, la prescription féodale survécut au servage, et, quand il y eut besoin de la justifier, ce fut le droit romain qu'on invoqua. C'est une espèce de métempsycose juridique. — (15) Il faut plutôt dire,
suivant Pothier, *loc. cit.*, n° 6, que l'étranger ne peut pas tester des biens qu'il
a en France, que d'assurer indéfiniment qu'il ne peut pas faire de testament. —
(16) Sur la question de savoir si deux conjoints peuvent faire un don mutuel,
dans les coutumes qui le permettent, lorsqu'ils sont tous deux étrangers, on

Il en fut de l'incapacité active et passive des aubains en matière de succession , comme de leur incapacité en matière de testament : le servage en était la première source dans certains pays , le droit romain dans les autres. Le droit de succéder se trouvait ainsi, dans les deux cas, une création de la loi, toute en faveur du régnicole, *juri civili data ac permissa* (17).

« *Toute personne*, dit Bacquet (18), native du royaume, « y demeurant, ou bien passant par le royaume et décédant en « icelui, ou demeurant en France, décédant hors du royaume « et ayant biens en icelui , n'ayant obtenu lettres de natura- « lité du roi ,n'a et ne peut avoir autre successeur et héritier » que le roi de France (19). »

A côté de ce droit, en vertu duquel le roi s'empare des biens que l'étranger laisse à sa mort dans ses ses États, il

---

même lorsqu'il n'y en a qu'un d'eux qui le soit, Bacquet adopte l'affirmative , conf à un arrêt du 26 novembre 1551, et suivant la maxime, *verba dispositiva non sunt collata in tempus mortis , sed executiva tantùm*. Pothier, *loc. cit.* n° 6, adopte l'opinion contraire. — De même encore, Pothier regarde comme nulle, contrairement à l'avis du même auteur, une institution d'héritier, ou une donation de tous biens présents et à venir, faite dans un contrat de mariage par un étranger.—Pothier accorde à la femme étrangère le douaire coutumier sur les biens de son mari situés dans le royaume. Il est plus indécis pour le douaire préfix et avoue que la question est très controversée.

(17) On a cherché quelquefois à justifier le droit d'aubaine en dehors des principes du droit féodal. Les uns ont dit que les biens appartiennent au roi pour contravention aux lois du royaume, qui défendaient à l'étranger d'acquérir des biens en France ; d'autres ont prétendu qu'il y avait danger à attirer les étrangers en France, *cùm extraneorum allectio , attractio vel inductio in civitatem plerùmque perniciosa sit , cùm sit extraneorum suspecta fides* (Bacquet, *loc. cit.* , c. 2 et 27). Quelques-uns ont invoqué la loi du talion, et ont voulu traiter les étrangers comme ceux ci traitaient les français. D'autres enfin, comme Domat (*loc. cit.* , n° 13), font venir l'aubaine du droit naturel lui-même , « car, dit-il, l'ordre naturel distingue la société des hommes en divers états, royaumes ou républiques, et c'est une suite naturelle de cette distinction que chaque nation , chaque état règle, par ses lois propres, ce qu'il peut y avoir, dans les successions, qui dépende des lois arbitraires, et qu'on distingue la condition des étrangers de celle des originaires. » — (18) *Loc. cit.*, IV, 27 n° 4. — (19) Voy. enc. l'extrait des comptes cité et Loysel, en ses *Ins-*

en est un autre bien distinct, mais pourtant confondu très souvent avec celui-ci, c'est l'incapacité des étrangers de recueillir la succession du régnicole (20).

Le droit d'aubaine s'appliquait au voyageur, à l'ôtage, à l'étranger même, qui possédait des biens en France et qui n'y demeurait pas (21). Dans les deux premiers cas, il y a incapacité personnelle ; le voyageur et l'ôtage n'ont pas la jouissance du droit civil. Dans tous les cas, il y a incapacité réelle, si je puis ainsi parler ; l'aubaine est un statut réel au suprême degré, en ce qui concerne les biens de France possédés par des étrangers. Ils ne sont pas encore complètement à l'abri de l'impression féodale ; le roi est propriétaire souverain de son royaume (22) et lui seul peut donner l'investiture de la terre : il la donne au français dans la loi, à l'étranger dans les lettres de naturalité. Hors de là, il n'y a pas transmission possible, les biens retombent sous la main du souverain, à la mort du propriétaire ; le régnicole les en retire en payant les droits de mutation ou de main-morte ; l'étranger est soumis à une condition plus rigoureuse (23).

Les aubains transmettent leurs successions à leurs enfants légitimes, nés dans le royaume et qui y font leur demeure (24).

titutes coutumières. — (20) Cette confusion, faite par Bodin, Vattel et plusieurs autres, évitée par la Constituante et par le Code civil, s'est reproduite dans la loi du 14 juillet 1819. Voy. ci-apr. chap. VII, 3e pér. *in fine*. — (21) Chassanée, cout. de Bourgogne, tit *des confiscations*. — (22) *Mon fils*, disait Louis XIV, *tout vous appartient en ce royaume*. — (23) Bacquet, c. 12. Mais Papon, VI, chap. *des lettres de naturalité*, reproduit par M. Sapey, *mém. cit.* p. 106, est d'un avis contraire. Celui de Papon n'a point prévalu dans l'ancienne doctrine, et ne pouvait pas prévaloir. On n'en était pas encore aux principes modernes. — (24) Pothier, *loc. cit.*, n° 7-1°. *L'étranger mort en France*, dit l'extrait des comptes, *ne peut avoir héritiers que de son corps, procréés en loyal mariage en France.* Voy. enc. Loysel, *Institut. coutum.* et Bacquet, IV, 30 s. Papon et de Cambolas. Préface de Laplanche, p. 74 ; cette succession parait, dit l'éditeur, réglée par le droit naturel, ou du moins appuyée par un vœu de la nature si formel qu'il y aurait quelque inhumanité à y résister. Pourtant certaines coutumes n'avaient point adopté ce tempéramment, presque universellement admis, à l'ancienne rigueur du servage.

Ces enfants communiquent même ce bénéfice à leurs frères et sœurs, nés hors du royaume, lorsque ceux-ci ont leur domicile à l'étranger (25).

Les aubains transmettent même leurs successions à ceux de leurs enfants demeurant dans le royaume, qui ont obtenu des lettres de naturalité, lorsqu'ils ont fait insérer dans leurs lettres qu'ils pourront succéder à leurs père et mère étrangers (26). En effet, l'étranger ne peut, en principe, recueillir de succession en France. *Peregrini sive alienigenæ in regno Franciæ non succedunt*, dit Alciat.

Cette règle, dit Laplanche (27), est si exactement observée, qu'elle ferme la bouche au mari ou à la femme survivant, dans le cas du prédécès de l'un sans héritiers, lorsque l'un ou l'autre est étranger ; en sorte que le titre *undè vir et uxor*, que notre jurisprudence a adopté dans la succession des citoyens, cesse en ce cas.

Quand un étranger mourait en France et que sa succession devait revenir au roi par droit d'aubaine, le procureur du roi faisait faire une saisie sur ses biens : on procédait à une enquête sommaire pour constater la naissance de l'étranger, et, sur les réquisitions du ministère public, on adjugeait au prince tous les biens qu'il avait laissés. Le prix du mobilier inventorié et tous les deniers de la succession étaient versés entre les mains du receveur ordinaire des lieux et l'administration lui en était confiée (28).

L'art. 14 de la cout. de Châlons disait : « *Les successions des aubains, décédés ès-justice des hauts-justiciers, soit qu'ils aient hoirs de leur corps, en légitime mariage, ou non, appartiennent au roi.* » Voy. enc., dans le même sens, cout. de Melun, art. 6. Ces dispositions sont un souvenir du temps où les enfants eux-mêmes des aubains et des autres serfs n'étaient pas admis à la succession paternelle (Voy. ci-dess. p. xc , note 40).

(25) Lefèvre de Laplanche, *loc. cit.*, VI, 9 n° 2. Le fisc est désintéressé, et, bien qu'incapables, en principe, de succéder à leur père, les enfants nés à l'étranger sont redevables de ce privilège aux enfants français. Mais ils ne peuvent recueillir la succession sans partage; ils ne pourraient exclure les enfants français. —(26) Voy. Pothier, *loc. cit.*, n° 7-2°. Je m'occuperai plus loin des lettres de naturalité. — (27) *Loc. cit.*, VI, 9. — (28) Voy. Bacquet, ch. 35, reproduit par

Le roi faisait le plus souvent don à quelques-uns de ses officiers des profits de l'aubaine (29). Le brevet portait qu'*il donnait tous les biens meubles et immeubles ayant appartenu à......., échus et avenus à Sa Majesté par droit d'aubaine, bâtardise, déshérence ou autrement, pour en jouir conformément à l'édit du mois d'août 1669, concernant les domaines* (30). Les aubaines, qui n'excédaient pas 2,000 livres, appartenaient aux fermiers du domaine, conformément à leur bail ; le tiers de celles qui étaient au-dessus leur appartenait pareillement, pour leur parfaire au moins 2,000 livres. Pour porter remède aux prodigalités souvent excessives des rois, messieurs des Comptes pouvaient restreindre le don à une certaine somme.

Le roi, souverain dans son royaume, pouvait effacer, par sa seule volonté, le vice de pérégrinité, en donnant des lettres de naturalité. Celui qui disait, *l'Etat, c'est moi*, trouvait dans sa toute puissance le droit de ranger l'étranger au nombre de ses sujets. Mais les lettres de naturalité dépouillaient le roi de l'éventualité de l'aubaine, et, comme compensation, on ne les concédait que moyennant finance. Elles devaient être vérifiées par messieurs de la Chambre des Comptes qui taxent, dit Bacquet, *quelques petites sommes telles que bon leur semble, lesquelles* (30 *bis*) *doivent être employées et converties en aumônes.* Cela nous explique l'abus souvent renouvelé de les faire payer plusieurs fois (31). Le roi les

M. Sapey, *mém. cité*, p. 115. — (29) Nouv. dict. civ. et canon. de droit, v° *aubaine.*—(30) Suivant une ordonnance de Charles VIII, du 24 juin 1492, ces lettres devaient être vérifiées en la Chambre des Comptes, si ce don excédait 100 livres parisis, et, dans le cas contraire, par MM. les trésoriers de France. L'ord. de Blois, art. 304, exigea pour les dons excédant mille écus, le double contrôle de la Chambre des Comptes et de la trésorerie.

(30 *bis*) De Laurière, *Gloss.* v° *lettres de naturalité.* Merlin, art. 6. Poitou, art. 297, Amiens, art. 253.—(31) La déclaration de 1697 obligea les étrangers, qui étaient porteurs de lettres de naturalité, à en acheter la confirmation.—

octroyait *en forme de chartres sous lacs de soie et cire verte de sa certaine science* (32).

Les lettres de naturalité donnent au naturalisé la capacité de transmettre par testament et *ab intestat, provisò quòd hæredes impetrantis sint regnicolæ* ; c'est-à-dire qu'il fallait que les héritiers de l'impétrant fussent Français, par droit de naissance ou par naturalisation (33).

Les lettres *de déclaration de naturalité* ne confèrent pas la qualité de Français à un étranger comme celles de naturalité ; elles la reconnaissent seulement au Français a qui l'on pourrait la contester ; elles constatent un droit préexistant qu'elles font revivre : aussi ont-elles un effet rétroactif.

Les aubains ont, dans cette période, le droit de se marier, sans encourir l'ancienne amende de formariage (34). Pourtant, on trouve encore, du xve au xviie siècle, un grand nombre d'ordonnances (35), qui ne permettent ces mariages que *moyennant finance*. Mais le fait n'était pas aussi rigoureux que la lettre de l'édit : les rois faisaient remise de l'amende, tout en tenant à faire leurs réserves : c'était, d'ailleurs, pour eux l'occasion de soumettre les étrangers à des taxes, qui ne furent, dans le principe, nous l'avons déjà dit, que la rançon de leur liberté jadis enchaînée par le servage (36).

§ III. *De l'application pratique du droit d'aubaine.* La condition des aubains s'était donc fort adoucie pendant cette période ; le droit d'aubaine se restreignit encore par de très nombreuses exceptions, dans la pratique, en dehors même

---

(32) De Laurière , *loc. et* V^o *cit.*—(33) La clause *provisò...* exige seulement qu'ils soient *regnicolæ* ; c'est une suite du régime territorial de l'époque, qui fait Français l'enfant né dans le royaume.—(34) Voy. art. 16 la de cout. de Châlons; Laplanche, *loc. cit.* préf. p. 8.—(35) Ordonn. de 1423, 1439, 1449, 1535, 1554, 1565, 1579, 1616, 1627 et 1629.—(36) Voy. ci-dess. p.xcm, Laplanche, *loc. cit.*, préf. p. 8. Ordonn. de Phil. Aug^{te} en 1184 ; édit de Henri III, de l'an 1587 ; édit de Louis XIII, d'avril 1612, déclar. du 29 janvier 1639; édits de janvier 1646 , mai 1656, juillet 1697, février 1709. Arrêt du 27 janvier 1711, ordonnant que ceux, qui ne satisferaient pas au paiement, demeureraient déchus de lettres des naturalité par eux obtenues.

des lettres de naturalité, et l'on sent, à chacune d'elles, la puissance du pays grandir et s'accroître.

Le commerce et les communications de chaque jour abaissent les barrières qui séparent les peuples : « le commerce est l'âme et l'aliment de l'Etat, dit Laplanche, ch. 4 : l'âme parce qu'il en fait mouvoir les différentes parties ; l'aliment, parce que c'est la source dont il tire sa force, sa subsistance et son accroissement. » D'abord les étrangers, qui viennent dans nos foires (37), sont exemptés de l'aubaine, en ce qui concerne leurs meubles, par les ordonnances de nos rois et par la jurisprudence de la chambre du trésor (38). Puis, ce privilége s'étend à quelques places de commerce (39) et enfin à tout marchand étranger, *lequel est venu en France et y est décédé* (39 *bis*). Il en est de même des soldats étrangers, servant la France (40), et des marins qui montent ses flottes pendant un certain temps (41). L'Université, notre bonne et sainte mère à tous, ouvre ses cours, et les écoliers, qui viennent s'y presser, jouissent de priviléges assez étendus (42), mais pendant leur vie seulement (43).

Certains priviléges comprennent, dans leurs exemptions,

(37) Priviléges très-anciens, et de date inconnue, pour les foires de Champagne, de Brie, de Lendy, de Saint-Denys (Bouteiller, *Somme rurale*, I, 25). Priviléges pour les foires de Lyon, en date de fév. 1443, 8 mars 1462, nov. 1550, 12 oct. 1552, août 1569, 4 fév. 1572, oct. 1574, 18 fév. 1578, mars 1583. — (38) Bacquet, I, 14. — (39) Des lettres de 1480 accordent à la ville de Tours un privilége, suivant lequel les marchands de soie, qui s'y établissent, sont naturalisés sans lettres particulières. — (39 *bis*) Laplanche, *loc. cit.*, ch. 4. Les ouvriers, travaillant dans les manufactures royales, sont plus ou moins exempts de l'aubaine (*Code Henri*, VI, 4, n° 7). Edit de janv. 1607, 8 avr. 1625, déc. 1643, août 1664, 25 juillet 1722. — (40) Lettres-patentes de François I, du 13 fév. 1534. Edit de 1687. — (41) Lettres-patentes de Charles V, en faveur des marins Castillans, an 1364, confirmées par Louis XI et Charles VIII. — (42) Priviléges de 1315. — (43) Plusieurs auteurs essayèrent, mais en vain, de les faire considérer à leur mort comme naturalisés. Rebuffe (*Tractatus de scholasticor. privil.*), voulait les faire considérer comme des soldats pacifiques, *milites togati*, ou comme des marchands de science, *tanquàm ad mercaturam et emptorium disciplinarum omnium et artium.*

des provinces (44), des villes (45), des peuples (46), certains services agricoles (47) ou financiers (48).

L'aubaine s'affaiblit donc graduellement, à mesure que le
pouvoir royal se consolide et réunit à la couronne de nouvelles provinces, ou enrichit la France de nouvelles industries.
Mais elle s'efface plus encore dans l'accroissement rapide
des relations internationales. Au commencement du XVIIIᵉ
siècle, de nombreux traités diplomatiques, provoqués par
l'initiative de la France, toujours la première, quand il s'agit
de civilisation, rendirent très rare l'application pratique de
l'aubaine dans notre pays (49), ou l'affaiblirent sensiblement
en la remplaçant par le *droit de détraction*. Ce droit nouveau
sert d'intermédiaire entre la rigueur, si vive d'abord, mais
sans cesse décroissante, de l'ancienne condition des étrangers

(44) Edit de mars 1483 pour le Languedoc. — (45) Calais, Metz, Longwy
(Laplanche, *loc. cit.*), Dunkerque, édit de mars 1669. Marseille, déclaration de
novembre 1662, arrêt du conseil du 10 octobre 1716, etc. — (46) Les Franc.
Comtois, septembre 1482. Les Suisses, 8 octobre 1498, 12 mars 1514. Les
Écossais, naturalisés en masse après la mort du jeune époux de Marie Stuart,
juin 1558, *sous condition de réciprocité, et tant que le royaume d'Ecosse
serait en l'obéissance, considération et amitié du roi* Les Génois, juin 1608;
les Hollandais, octobre 1632. Les habitants de Cambray, Tournay, Avignon,
les Flamands, les Milanais, les Savoisiens, etc. (Bacquet, ch. 7, 8, 9). —
(47) Ouvriers travaillant au desséchement des marais et à l'exploitation des
mines, édits de 1552, de 1589 et de 1607. — (48) Les étrangers, acquéreurs de
rentes sur l'hôtel-de-ville de Paris, sur les aides, sur l'état, sont exemptés du
droit d'aubaine sur ces biens; édit de mars 1674, déclarat. du 7 décembre 1715,
19 juin 1720, mai 1586. — (49) Le droit d'aubaine fut suspendu absolument
avec successibilité des étrangers aux nationaux, et réciproquement, entre quelques états et la France; sans successibilité réciproque, avec le plus grand nombre d'entre eux; sous la réserve d'un droit de détraction, qui est le plus ordinairement de dix pour cent des successions, avec quelques-uns; enfin avec
quelques-autres encore, pour les meubles seulement. Voy. dans Denizart, *l'énumération et la division par classes des traités avec les nations étrangères.*
(M. Rapetti, I, Disson; M. Guichard, *droits civils;* M. Gaschou, *Code diplom.
des aubains.* Un édit de juin 1783, enregé au conseil de la Martinique et au conseil de Cayenne, le 10 janvier 1784, étendit l'abolition du droit d'aubaine par voie
diplomatique, à la Guyane française, aux iles de Sainte-Lucié et de Tabago,
etc. (M. Rapetti I, 30).

et les dispositions, de plus en plus humaines, qui vont venir s'inscrire dans la loi. Ainsi, à la fin du siècle dernier, l'aubaine existe encore en principe, mais en fait, elle n'a plus qu'un souffle de vie et j'entends gronder déjà la tempête révolutionnaire, qui va venir emporter le droit avec le fait et jeter pêle-mêle sur les champs de bataille les hommes et les idées de tous les pays. Arrêtons-nous ici et voyons la venir ; restons sur le bord de l'abîme et regardons passer avec elle la justice de Dieu.

CHAPITRE VII.

DROIT RÉVOLUTIONNAIRE. — CODE CIVIL. — LOI DU 14 JUILLET 1819.

PREMIÈRE PÉRIODE. *Droit révolutionnaire.* La question de la condition des étrangers prend, comme toutes les autres, une face toute nouvelle avec la Révolution française : le problème de la fraternité humaine vient se poser hardiment sur les larges données de la philosophie du dix-huitième siècle : « En s'éclairant, disait Prost-de-Royer dès 1781 (1),
« les peuples brisent les barrières qui les séparent et com-
« mencent enfin à se considérer comme une grande famille
« qui, avec diverses branches, a un seul droit public. Les
« arts, les sciences, les voyages, le commerce ouvrent et
« assurent les communications que la guerre n'interrompt
« plus. *L'aubaine presque anéantie*, la raison éclairée, les
« mœurs adoucies, tout prépare à l'Europe une meilleure
« existence et de nouveaux principes. »

L'émancipation de l'étranger devait, ici comme toujours, suivre les mêmes phases que celle des Français, et cette analogie, cette identité se retrouve jusque dans la forme. En effet, les premières tendances de l'esprit révolutionnaire se font jour, à propos d'une crise financière : l'abolition de l'au-

(1) Diction. de Jurisp. et des arrêts, v° *abdication*, 1781.

baine, avant de devenir un problème philosophique et politique, est aussi d'abord agitée par les économistes. Deux systèmes sont en présence : l'un veut l'abolition pure et simple, sans condition ; l'autre n'y consent qu'avec la condition de réciprocité : le premier, exagéré par la Constituante, triomphe, dans de sages proportions, avec la loi du 14 juillet 1819 ; le second a été adopté par le Code civil (1 *bis*).

Les partisans du premier système, et parmi eux M. Letrône, dans son livre de l'*administration provinciale*, M. Necker, qui a porté tant de lumière dans la morale de l'administration (2), et M. de Vergennes (3), s'appliquent à faire ressortir les inconvénients du droit d'aubaine pour le pays qui l'exerce et prétendent que, dans un Etat, « la réci-« procité n'est jamais raisonnable, quand elle ne s'exerce « qu'à son propre dommage (4). » M. Necker, et M. de Vergennes, devenus ministres, firent prévaloir leur opinion dans le conseil, quand il s'agit d'abolir l'aubaine vis-à-vis de l'Angleterre. La réciprocité n'était pas possible avec ce pays, où la règle des lois fondamentales (5) paraît être de toujours recevoir des peuples étrangers plus qu'on ne leur donne.

(1 *bis*) L'aubaine avait eu aussi sa part des malédictions accumulées contre le régime féodal. Bouteiller dit, en sa *Somme rurale*, que c'était un *droit hayneux*, Montesquieu qu'il était *insensé*, M. Necker l'avait proclamé *impolitique et sauvage*. Plus tard, Barrère l'appela *odieux et barbare* (Monit. de 1791, p 51). De nos jours encore, M. Portalis (*obs^{ons} sur le Code sarde*) le regarde comme *antique et sauvage*, et M. Rapetti (1re Diss^{on}) le proclame *absurde en logique, impie en droit, insensé en économie.*—(2) Dans son ouvrage *de l'administration des finances*, 1783.—(3) Dans le rapport qui précède les lettres-patentes de 1787. —(4) M. Necker. Il affirme, dans son ouvrage, t. 3, ch. 25, que l'aubaine ne rapportait au trésor que quarante mille livres par an.—(5) La loi fondamentale des Anglais défend à l'étranger d'acquérir et de posséder des biens fonds en Angleterre et par conséquent d'en laisser (*Rapport de M. Clermont-Tonnerre, à la chambre des Pairs, Monit. de 1819, p. 96*), parce qu'en acquérant un bien-fonds, on acquiert un droit politique (*Disc. de M. le duc de Lévis, à la ch. des Pairs, Mon. de 1818, p. 627*). Une convention faite avec la reine Elisabeth, confirmée par l'art. 13 du Traité d'Utrecht et remise en vigueur par celui de

Toutefois , si j'en crois Favard de Langlade (6), ce ne fut pas, sans un certain étonnement, que l'on vit paraître, le 18 janvier 1787 , ces fameuses lettres-patentes en forme d'édit , par lesquelles les Anglais furent non seulement affranchis du droit d'aubaine pour les biens meubles et immeubles , mais encore rendus capables de succéder aux Français, sans réciprocité et moyennant un simple droit de détraction de dix pour cent (7).

Les idées faisaient à cette époque beaucoup de chemin en pen de temps, et bientôt, au lieu de s'étonner de la mesure adoptée par les lettres-patentes , les États-généraux demandèrent l'abolition complète du droit d'aubaine pour tous les étrangers. Le régime féodal allait rendre le dernier soupir ; il n'en restait plus que des justices seigneuriales, quelques servitudes personnelles et des contrats d'inféodation (8) , toutes causes qui] avaient contribué à produire, contre l'étranger, les règles rigoureuses de l'ancien droit. La nuit du 4 août, qui emporta ces priviléges avec tant d'autres , désarçonna l'aubaine et *la déclaration des droits de l'homme et du citoyen* lui porta les derniers coups en déclarant *la féodalité abolie en France*. La propriété devenait ainsi, et de la manière la plus absolue, libre et privée ; l'homme pouvait, sans entraves, la transmettre à l'homme, sans s'occuper de savoir si l'Etat ou un seigneur n'en avait pas eu jadis le domaine éminent et souverain (8 *bis*). Aussi Barrère en fit-il la remar-

1814 , assure aux Français l'héritage des biens meubles. — (6) Répert. de la législat. univers. du notar., v° *Droit d'aubaine.*—(7) Il existait alors pour abolir l'aubaine, des traités conclus avec presque tous les peuples , mais la plupart de ces traités réservaient le droit de détraction, soit positivement, soit hypothétiquement, et très-peu avaient stipulé le droit de succession mutuelle. L'État Romain , la République de Gênes et la Porte-Ottomane étaient les seuls États peut-être avec lesquels il n'existât pas de traités. — (8) Article de M. Mignet sur M. Merlin, *Rev. de législat.*, t. 13, p. 460.—(8 *bis*) Cette époque me semble consacrer un grand progrès dans notre droit français: c'est la ruine de *presque* toutes ces distinctions de droit civil et de droit des gens, reproduites dans notre

que quand, au nom du comité des domaines, il vint proposer la suppression du droit d'aubaine à l'Assemblée nationale (9), qui adopta, à l'unanimité et sans discussion, le décret suivant (9 *bis*) : « L'Assemblée nationale, considérant que le droit « d'aubaine est contraire aux principes de fraternité qui doi- « vent lier tous les hommes, quels que soient leur pays et « leur gouvernement ; que ce droit, établi dans des temps « barbares, doit être proscrit chez un peuple, qui a fondé sa « constitution sur les droits de l'homme et du citoyen, et que « la France libre, doit ouvrir son sein à tous les peuples de « la terre en les invitant à jouir, sous un gouvernement libre, « des droits sacrés et inaliénables de l'humanité, a décrété « et décrète ce qui suit : le droit d'aubaine et celui de dé- « traction sont abolis pour toujours. » Nous voilà en pleine philosophie et dans le domaine exclusif de la politique (10).

Deux questions s'élevèrent sur ce décret : en abolissant les droits du fisc sur la succession de l'aubain, avait-il donné aux étrangers le droit de succéder à leurs parents français, décédés en France, sans les assujettir à y demeurer pour y exercer leurs droits héréditaires (11) ? Le décret était-il applicable aux colonies françaises, même dans les deux Indes ? Les deux questions furent tranchées par l'affirmative : la première, par le décret du 8 août 1791, malgré l'avis de quelques orateurs, qui défendaient encore le principe de réci-

législation, d'après les bases de la féodalité romaine, et raffermies sur les bases de la féodalité française.—(9) Séance du 6 août 1790, *Mon.* p. 905.—(9 *bis*) M. Portalis *(Mém. cité)* a dit, et M. Sapey, *loc. cit.*, p. 149, a répété après lui, que ce décret avait été rendu, malgré l'opposition des comités de constitution et d'aliénation. J'ai recherché, sans la trouver, la trace de cette opposition. — La barre de l'assemblée était assiégée des députés en costume de toutes les nations du monde, et l'on écoutait les harangues du prussien Anacharsis Chlootz, orateur du genre humain (M. Portalis, *Mém. cité*).—(10) M. Boissy-d'Anglas avança à la chambre des pairs, en 1818 *(Monit.* de 1818, p. 627), que ce décret avait eu pour but de faire acheter les biens nationaux par les étrangers. Rien ne le fait supposer. Toujours est-il que peu d'étrangers répondirent sérieusement à cet appel ; les orages politiques de l'époque les éloignèrent de notre pays.—(11) Rap-

procité (12) ; la seconde, par le décret du 13 avril 1791 (13).
Le premier de ces deux derniers décrets fut réellement celui
qui mit fin à toute espèce d'aubaine en France (14), car le
Code civil ne l'a pas rétablie. Il y a plus ; avec ce décret
l'extranéité s'efface : il n'y a plus de différence entre la condition de l'étranger et celle des Français eux-mêmes : à l'o-
rigine de la féodalité, les aubains n'étaient pas distingués
des gens *de serve condition* : le même mouvement, le même
progrès a amené l'affranchissement de l'indigène et de l'é-
tranger. Il n'y a plus qu'une différence, c'est à propos des
droits politiques, et encore trouverons-nous bientôt, sur
ce terrain, de grandes facilités offertes, pendant toute cette
période, aux naturalisations.

SECONDE PÉRIODE. *Code civil.* La question de l'extranéité
se représente de nouveau, lors de la rédaction du Code civil,
devant une assemblée moins brillante peut-être que la
Constituante, moins nombreuse aussi, mais plus réfléchie (15),
devant le Conseil-d'Etat de la République française, présidé
par le Premier Consul. Les circonstances étaient bien chan-
gées : en 1790, on sortait du gouvernement absolu, et la
France luttant contre les rois voulait s'appuyer sur les peuples ;
dans un élan d'enthousiasme, elle naturalisait tous les peuples
de la terre. A la venue du Code, l'Europe vaincue faisait silence ;
la Providence nous donnait un moment de paix universelle
pour permettre à celui qui avait fondé, au dehors, sur les

port de Barrère du 12 janvier 1791. *Monit.* p. 51.—(12) L'assemblée nationale n'a pas voulu, dit Barrère, faire une simple remise du droit fiscal.
C'eût été aller moins loin que les *froids diplomatistes* de l'ancien régime :
M. Martineau enleva le vote en disant que, *si l'on voulait établir la fraternité parmi tous les peuples, on devait commencer par en donner l'exemple
le plus désintéressé.*—(13) Monit., p. 429. — (14) Les principes des décrets
de la Constituante furent inscrits dans la Constitution du 3 septembre 1791,
tit. 6, à la suite de cette déclaration honorable, qui proscrit les guerres offen-
sives, ainsi que les conquêtes, et on les retrouve encore dans l'art. 335 de la
Constitution du 5 fructidor an III.
(15) Disc. de M. de Malleville à la Ch. des pairs, *monit.* de 1819, p. 133.—

champs de bataille, l'indépendance de la patrie, de jeter, au dedans, dans les discussions du Code, les fondements de l'égalité civile et de la stabilité de la société. Le législateur porta ses regards derrière lui et autour de lui. Quelques années d'expérience avaient jeté la lumière sur les idées enthousiastes de l'Assemblée Constituante : les évènements avaient fait voir que l'état de guerre rompt les liens de la fraternité universelle entre les sujets des puissances belligérantes ; nos discordes civiles avaient, aussi bien que la guerre, inspiré la défiance contre les étrangers ; l'on avait vu, suivant les expressions de M. Treilhard , qu'on perd quelquefois plus qu'on ne gagne à une communication facile avec ses voisins, et qu'un ennemi peut faire quelquefois des présents bien funestes ; enfin l'on avait reconnu que les avances de la Constituante n'avaient pas été payées de retour , et que par conséquent la France se trouvait dans une position désavantageuse vis-à-vis des autres Etats , elle qui en face de leurs armées, n'était pas habituée à l'infériorité ! L'amour de la patrie, exalté par ses dangers et par sa gloire, avait réveillé dans tous les cœurs cet instinct national qui porte les conquérants à confondre l'étranger avec l'ennemi. Ce dernier motif nous explique l'abrogation , votée à l'unanimité du décret de la Constituante (16) ; les autres aident à comprendre les dispositions qui l'ont remplacé dans le Code.

Le projet du Code, publié le 15 mars 1801 , consacrait de nouveau le principe de la Constituante, en distinguant toutefois les droits de cité des droits privés, le droit politique du droit civil : *« Les étrangers, disait-il, jouissent en France « de tous les avantages du droit naturel, du droit des gens « et du droit civil proprement dit, sauf les modifications « établies par les lois politiques qui les concernent. »* Les étrangers avaient ainsi la plénitude du droit privé, sans con-

(16) Voy. M. de Malleville, sur l'art. 11.

dition de réciprocité et indépendamment de toute convention diplomatique. Les Cours d'appel de Paris et de Rouen critiquèrent cet article. La section de législation du Conseil-d'Etat y substitua la rédaction suivante : « *L'étranger jouit en France des mêmes droits civils que ceux accordés aux Français par la nation à laquelle cet étranger appartient.* » C'était le principe de la réciprocité pure et simple ; les deux systèmes étaient en présence et la lutte s'engagea au Conseil-d'État (17) sur ces deux rédactions. Rœderer, Tronchet et le Premier Consul surtout, qui ne devait pa svouloir accorder aux étrangers ce que les nations étrangères refusaient aux Français, défendirent le système de la réciprocité fondée sur les traités ; on en admit le principe et diverses rédactions proposées furent renvoyées à la section de législation (18). La nouvelle rédaction, que je n'ai pas retrouvée, mais qui proclamait le principe de la réciprocité (19), fut communiquée au Tribunat : sur le rapport conforme de M. Siméon, ce corps se prononça pour le système de la Constituante, ou plutôt pour celui du projet, et rejeta la rédaction du Conseil-d'État (20). Ce fut donc la disposition du projet qui revint au Conseil-d'État, avec l'apostille de l'assemblée Constituante et avec celle du Tribunat (21). Le

(17) Séance du 6 thermidor an IX, 1801. — (18) Conférence, p. 18. — (19) Disc. de MM. Boissy d'Anglas et de Richebourg à la Chambre des Pairs, *Mon.* de 1819, p. 133. — (20) Frimaire an X. Rapport de M. Siméon à la Chambre des députés, en 1819, *Monit.* p. 309. — (21) Cette opposition du Tribunat n'a été officiellement dévoilée que dans la discussion de la loi de 1819 (*Monit.* de 1819 p. 133). Elle est rendue très vraisemblable par les dates ; le rejet du Tribunat est de novembre 1801 et ce titre n'a été promulgué, après sept rédactions différentes, que le 18 mars 1803. Dans cet intervalle de 18 mois, l'opposition se calma sous les regards fascinateurs de Bonaparte; le Tribunat amenda même, sans protestation, la nouvelle rédaction du Conseil-d'État ; tous ses membres gardèrent le silence sur cet épisode et M. Siméon ne parla qu'en 1819 de la suppression par ordre infligée à son rapport et du refus du Premier Consul de le laisser insérer au Moniteur (*Monit.* de 1819, p. 309). Le silence pour les assemblees publiques est du reste dans les mœurs de la constitution de cette époque, sortie du 18 brumaire. Le Corps-Législatif vote les lois et ne parle pas; le Sé-

Q

Premier Consul craignit un échec pour son système ; il ne voulut pas rompre en visière avec l'opposition du Tribunat, ni trancher la question de sa propre autorité ; il nomma une commission de trois membres (22) ; le rapporteur, M. Rœderer, transforma en pures questions de fait, de convenance et d'utilité, en une simple question de *théorie politique*, comme il le dit lui-même, les termes d'un problême de droit (23). Il proposa de ne point statuer sur les droits civils des étrangers, par un article de loi, qui aurait toujours le caractère d'une disposition unilatérale, mais d'y pourvoir par des conventions diplomatiques et mutuelles selon les occasions et le besoin des circonstances (23 *bis*). Le Conseil-d'Etat adopta donc cette rédaction : *L'étranger jouira en France des mêmes droits civils que ceux accordés aux Français, par les lois ou les traités de la nation à laquelle cet étranger appartiendra.* Le Tribunat demanda qu'on ne prît en considération que les traités pour accorder à la loi française seule, et non à la loi étrangère, le droit de déterminer la mesure des droits civils que l'étranger doit exercer en France. Il proposa donc de dire : *L'étranger jouira en France des droits civils déterminés par les traités avec la nation à laquelle il appartient ou par les lois françaises* (24). On

nat-Conservateur les promulgue par la seule force de son silence ; les assemblées délibérantes, comme le Conseil d'État et le Tribunat, n'ont pas de publicité.— (22) MM. Rœderer, Tronchet et Portalis. Les deux premiers avaient déjà exprimé une opinion conforme à celle de Bonaparte.—(23) Voy. rapp. de Rœderer, *Espr. du Code Napoléon*, par Locré. Il en résulte qu'avant la révolution, seize états avaient stipulé par des traités l'abolition du droit d'aubaine, sans restriction ni réserve ; que le décret de la Constituante avait aboli, sans compensation pour la France, et réservait gratuitement, au profit de 80 états étrangers, des droits de détraction plus ou moins considérables. De plus, les sujets de toutes les puissances étrangères succédaient en France sans condition de réciprocité aux Français, dont ils étaient héritiers, soit légitimes et naturels, soit testamentaires.— (23 *bis*) Treilhard, se plaçant au point de vue philosophique, montra que l'ancien droit s'acheminait dans ses progrès non interrompus vers l'abolition de l'aubaine en Europe, au moment où, par une philanthropie inconsidérée, la Constituante l'a arrêté sur cette pente.—(24) Conférences, p. 18.—

bondait encore le Tribunat, on rejeta les termes de sa rédaction, on ne parla pas des lois françaises, pour ne pas se
lier envers les étrangers, qui n'auraient pas été liés envers
les Français ; on se contenta au Conseil-d'Etat de remplacer,
dans la rédaction primitive, *les lois ou les traités de la nation*
par *les traités de la nation ;* on fit ainsi, d'une phrase peu
correcte, une phrase plus incorrecte encore, et l'art. 11 fut dé-
finitivement fixé comme il suit : « *L'étranger jouira en France
des mêmes droits civils que ceux qui sont ou seront accordés aux Français par les traités de la nation* (lisez *faits
avec la nation*) *à laquelle cet étranger appartiendra.* »
Remarquons qu'à cette époque les traités de paix, d'alliance
et de commerce étaient encore discutés, proposés, décrétés
et promulgués comme des lois (25).

Il avait été bien convenu, lors de la discussion de l'art. 11,
qu'il ne s'agissait de rien préjuger sur l'aubaine ; mais, quand
on arriva à la matière des successions, l'art. 726, rédigé
dans le projet dans le sens primitif de l'art. 11, fut mis sans
discussion, en rapport avec les nouveaux principes du Code.
Il est ainsi conçu : « Un étranger n'est admis à succéder aux
biens, que son parent étranger ou Français possède dans le
territoire du royaume, que dans les cas et de la manière
dont un Français succède à son parent possédant des biens
dans le pays de cet étranger, conformément aux dispositions
de l'art. 11. »

Il ne s'agit plus là de l'ancien droit du fisc, qui s'emparait
des biens de l'étranger décédé en France, même quand il
laissait des héritiers *régnicoles*, si ceux-ci n'étaient pas français. Le Code ne fait pas revivre cette incapacité de trans-

(25) Art. 50, Constit. de l'an VIII. Le système du Code devenait donc, comme
le fit observer Defermont (confér. p. 18) plus rigoureux que l'ancien droit.
Le Roi pouvait jadis modifier à son gré l'usage du droit d'aubaine, quelquefois même il en faisait remise. Lors de la rédaction du Code, le pouvoir exécutif n'aurait pu le faire, puisque cette matière était dans le domaine exclusif des

mettre : le décret de 1790 subsiste toujours ; l'on ne revient que sur celui de 1791 , qui avait reconnu , sans condition, à l'étranger la capacité de succéder.

Est-ce donc là rétablir le droit d'aubaine ? On l'a dit bien souvent, mais c'est une erreur, et une erreur grave, qui a jeté plus tard, comme nous le verrons, le législateur de 1819 hors des voies qu'il s'était proposé de suivre. Le Code civil rend à l'étranger la capacité de succéder, comme l'avait fait le décret de 1791, et par là cette autre partie du droit d'aubaine, qui refusait à l'étranger la capacité de succéder en France, reste encore abolie : seulement le Code civil met une restriction toute politique à cette faveur, à cette mesure de justice, si l'on veut ; c'est la condition de réciprocité. Il ne s'agit plus de confiscation totale, comme au temps de l'aubaine, ni de confiscation partielle, comme avec le droit de détraction ; ce n'est plus qu'une dévolution au profit du plus proche parent français. La pensée des rédacteurs du Code n'est pas de spolier des Français pour enrichir le fisc, mais uniquement d'empêcher la fortune des nationaux de passer dans des mains étrangères (26), quand les nationaux ne peuvent pas recueillir à l'étranger la succession de leurs parents étrangers ou français qui y décèdent (26 *bis*).

L'art. 912 est ainsi conçu : « On ne pourra disposer au profit d'un étranger que dans le cas où cet étranger pourrait

traités et que les traités se faisaient comme des lois. —(26) Voy. M. Valette, sur Proudhon, I, 169. M. Duranton (I, 149), a dit et M. Sapey (*loc. cit.* p. 163), a dit comme lui, que le Code civil avait été plus sévère que l'ancien droit, en défendant à l'enfant, né en France d'un étranger, de succéder à son père, tandis que l'ancien droit le permettait. La raison en est simple : dans l'ancien droit, cet enfant était Français ; maintenant il est étranger. L'ancien droit admettait, il est vrai, les enfants nés à l'étranger à succéder conjointement avec les enfants nés en France. Dans ce cas, l'aubaine n'existait que vis à vis du fisc et le fisc était désintéressé par l'existence d'héritiers français. —(26 *bis*) Dans le système du Code, les Français peuvent succéder à leurs parents étrangers sur les biens situés dans le royaume. Le contraire existait dans l'ancien droit d'aubaine ; mais l'ancien droit d'aubaine était féodal et regardait le droit de succession

disposer au profit d'un Français. » Le législateur n'avait pas à distinguer entre la donation entre-vifs et le testament ; il n'a pas considéré l'un de ces droits comme naturel et l'autre comme civil, il les a mis avec raison tous deux sur la même ligne (26 *ter*) et les a concédés à l'étranger, mais il l'a fait avec la même restriction que dans l'art. 726 ; il faut la réciprocité, et, malgré le silence de l'art. 912, c'est la réciprocité diplomatique des art. 11 et 726 (27).

J'ai minutieusement indiqué les différentes phases de l'histoire de l'art. 11, « car l'histoire de la formation d'une telle « loi, dit M. Portalis (28), dans de telles circonstances, est « une étude du plus haut intérêt : On y voit l'élément philo-« sophique, d'abord prépondérant, profondément modifié « plus tard par l'élément historique et politique ; ils se pé-« nètrent et se modifient l'un l'autre, et de leur combinai-« son naît une disposition législative, qui devient l'expression « du droit, des intérêts et des relations politiques des so-« ciétés française et européenne, au moment de sa promul-« gation. »

Le principe des intérêts matériels, le principe économique, débordé d'abord par le torrent révolutionnaire, devait

active et pasive comme un droit civil.—(26 *ter*) Voy. art. 912 C. c. et les rubriques du titre 2 du livre III du Code et aussi du chap. 2 de ce même titre. C'est la ruine de cette ancienne théorie romaine, qui déclarait la donation entre-vifs de droit naturel et le testament de droit civil.—(27) Le décret de la Constituante avait interrompu les négociations entamées depuis Louis XV pour l'abolition générale de l'aubaine ; le Code civil les fit reprendre et ce fut avec tant de succès qu'en 1819 le droit d'aubaine se trouve aboli, à charge de réciprocité, non seulement dans la presque totalité de l'Europe, mais avec quelques peuples de l'Asie, avec plusieurs nations de l'Afrique et avec l'Amérique septentrionale *(Disc. de M. Boissy-d'Anglais à la Ch. des pairs, Monit.* de 1819, p. 133. M. Gaschon, p. 30, note 2. M. Portalis, *revue de Législ,* t. XVI, p. 136). L'art. 30 du traité de Paris, du 30 mai 1814, confirmé par celui du 20 nov. 1815, était ainsi conçu : « L'abolition des droits d'aubaine, de détraction et autres de même nature, dans les pays qui l'ont réciproquement stipulé avec la France ou qui lui avaient été précédemment réunis, est expressément maintenue. »— (28) Revue de législon t. 16, p. 135.

reparaître, à son tour, pour se combiner avec l'élément philosophique et l'élément historique : ce fut la loi de 1819 qui
opéra cette fusion.

TROISIÈME PÉRIODE. *Loi du 14 juillet 1819.*—A cette époque,
la Restauration a eu le temps de regarder autour d'elle et de
reconnaître le terrain sur lequel est née et cherche à se développer la société nouvelle. La France, riche de ses souve-
nirs de gloire, est épuisée d'argent ; l'on recourt aux em-
prunts publics : les rentes sur l'état sont mobilisées par le Code
et les capitaux étrangers peuvent venir sans crainte alimenter
les sources de notre crédit public et réaliser d'énormes bénéfices. Mais, une fois les bénéfices réalisés, les capitalistes
remportent chez eux leurs capitaux augmentés de leurs profits, c'est-à-dire de nos pertes (28 *bis*). Cependant nos
grandes propriétés ne trouvent pas d'acquéreurs ; la noblesse
n'a pas d'argent pour les garder ou les racheter ; la classe
moyenne n'en a pas assez ; la bande noire les dépèce ; les
châteaux, épargnés par le niveau, révolutionnaire tombent
sous le marteau des démolisseurs (29) ; les émigrés jettent
des cris de détresse et les économistes réclament la grande
propriété pour la grande culture. L'adjudication des forêts
de l'état est ordonnée et la disette des capitaux fait craindre
qu'on ne soit obligé de les vendre à vil prix (30). On veut
dessécher les marais, exploiter les mines, et l'argent, ce
nerf des grandes entreprises, manque toujours (31). On appelle les étrangers ; ils se présentent avec de l'or (32) ; mais
une crainte resserre les capitaux dans leurs mains ; les art.
726 et 912 C. c. menacent ceux dont les gouvernements n'ont

(28 *bis*) Disc. de M. le duc de Lévis à la Ch. des Pairs. *Monit.* de 1819, p.
567. Rapport de M. Siméon à la Ch. des Dép. *Monit.* de 1819, p. 309. —
(29) Disc. de M. de Lévis. *Monit.* de 1818, p. 567 et 627. Voy. encore la lettre VI de Paul-Louis Courier, au rédacteur du *Censeur*, en date de Véretz, 12
novembre 1819. — (30) Disc. de M. Boissy d'Anglas à la Ch. des Pairs, *Monit.*
de 1818, p. 627. — (31) Disc. de M. de Monville à la Ch. des Pairs, *Monit.* de
1819, p. 141. — (32) M. de Lévis, *Monit.* de 1818, p. 627. — (33) Propos de

pas conclu de traités avec la France : ceux, dont les pays sont avec nous sur le pied de la réciprocité diplomatique, savent que les traités sont rompus par la guerre, et ils n'ont pas eu le temps d'oublier que la nation française est une nation guerrière.

A ces considérations particulières se joignent des considérations générales : l'on dit, comme en 1787, que toute disposition législative, qui peut détourner les étrangers de venir dépenser leur revenu dans le royaume, n'est ni plus raisonnable ni moins nuisible que ne le serait une loi prohibitive de l'exportation des produits de notre industrie : l'on dit que la douceur de notre climat, la fertilité de notre sol, et la politesse de nos mœurs invitent les hommes riches de tous les pays à venir se fixer dans notre heureuse patrie et qu'il faut s'empresser d'abolir tout ce qui peut combattre cette tendance. L'on s'aperçoit alors que ce qui subsiste dans nos Codes de l'ancienne rigueur contre les étrangers est préjudiciable à nos intérêts financiers et politiques (33). Le système de la réciprocité n'est pas, dit-on, raisonnable en politique, car il n'y a jamais parité complète dans la situation des peuples civilisés (34), et, si le Code civil satisfait la justice, il ne satisfait pas la politique (35). Son système ne peut être qu'inutile ou nuisible pour nous; il est inutile pour les Français riches, qui n'iront pas ailleurs ; il est nuisible pour les Français pauvres qui, enrichis à l'étranger, rapporteront en France la fortune qu'ils laisseraient au-dehors, s'ils pouvaient la conserver et en disposer à leur mort, sans revenir chez eux (36). Ce n'est donc pas aux gouvernements qu'il faut s'adresser par des traités, car les gouvernements peuvent avoir un intérêt contraire ; il

M. de Lévis, *Monit.* de 1818, p. 551. Rapp. de M. Siméon à la Ch. des Dép. *Monit.* de 1819, p. 309. — (34) M. le duc de Lévis, *Monit.* de 1818, p. 567. —(35) Rapp. de M. Boissy d'Anglas à la Ch. des Pairs, *Monit.* de 1819, p. 696. — (36) Rapp. de M. Clermont-Tonnerre à la Ch. des Pairs, *Monit.* de 1819, p.

faut s'adresser aux particuliers par des lois (37) et ne pas forcer l'application du système de la réciprocité, en pressant les autres états de faire vers leur prospérité particulière les mêmes pas que nous ferions vers la nôtre (38). Enfin c'est une loi fixe et invariable, qui doit *proscrire l'aubaine* (39), et il ne faut pas exiger des étrangers, pour les en affranchir, qu'ils nous demandent la naturalisation ; ils peuvent avoir intérêt à ne pas renier leur patrie et nous pouvons être intéressés à ne pas les faire Français (40).

Tous ces motifs furent ceux de la loi du 14 juillet 1819 (41), dont l'art. 1er, abrogeant les art. 726 et 912 C. c., rend aux étrangers l'exercice *du droit de succéder, de disposer et de recevoir, de la même manière que les Français, dans toute l'étendue du royaume.* Le législateur de 1819 se propose le même but que les rédacteurs du Code ; seulement il rectifie ce qu'il croit être une erreur dans leur calcul, en ce qui concerne les art. 726 et 912 C. c. Mais il n'abroge pas l'art. 11 (42), dont la réciprocité peut nous être utile et tient à notre dignité, car l'on n'oublie pas, et avec raison, ces paroles du tribun Gary au Corps-Législatif : *«Il ne nous faut pas seulement de la richesse et des capitaux, il nous faut encore des cœurs français.* En effet, quand une nation s'oc-

96. — (37) Rapp. de M. Siméon, *Monit.* de 1819, p. 309. — (38) Disc. de M. Boissy d'Anglas à la Ch. des Pairs.—(39) Même disc., *Monit.* de 1819, p. 133. Il n'y avait plus d'aubaine en France depuis 1791.—(40) Rapp. de M. Clermont-Tonnerre, *Monit.* de 1819, p. 96. — (41) L'élaboration de cette loi dans les Chambres fut assez longue, et son adoption fut précédée d'une discussion animée, approfondie et savante. La proposition de M. le duc de Lévis fut faite, d'abord le 4 avril 1818, puis renouvelée le 30 déc. de la même année, à la session suivante. Le projet de loi fut présenté le 4 mai 1819 et la loi votée le 14 juillet. En réunissant les divers votes des deux Chambres, j'ai trouvé que cette loi avait eu 476 voix contre 163, réparties dans cinq votes différents. — (42) Cela résulte explicitement de l'exposé des motifs du projet de loi par M. le Garde-des-sceaux (*séance du 4 mai 1819, à la Ch. des Pairs, Monit.* p. 605). « Les « autres droits civils n'ont rien de commun, dit-il, avec *celui qu'il nous est* « *avantageux de restituer aux étrangers. Ce n'est pas par un mouvement* « *de générosité que nous voulons effacer des différences relatives aux suc-*

cupe de ses propres citoyens, elle travaille sur elle-même, elle peut sans péril s'abandonner aux vues les plus libérales. Mais, quand elle règle ses rapports avec les autres peuples, sa générosité avec eux serait souvent un danger pour elle-même, une injustice pour les habitants de son territoire.

Une limite devait être imposée à la faveur de l'art. 1 de la loi du 14 juillet, dans le cas de partage, entre des cohéritiers étrangers et français, d'une même succession composée de biens situés en France et de biens situés en pays étranger. Les art. 726 et 912 C. c. auraient exclu complètement les héritiers étrangers du partage des biens français. L'art. 1 de la loi nouvelle les admet. Mais supposons que les héritiers français se présentent au partage des biens, situés en pays étranger, et qu'ils en soient exclus, à quelque titre que ce soit, en vertu des lois et coutumes locales : ils auront perdu une partie des biens français au profit des héritiers étrangers sans compensation sur les biens étrangers. Pour rémédier à cette injustice flagrante, l'art. 2 de la loi de 1819 permet aux Français de prélever, dans ce cas, sur les biens de France une portion égale à la valeur des biens dont ils seraient exclus en pays étranger. Ainsi l'art. 1 était une exception au droit commun de l'Europe, au principe de la réciprocité proclamé par le Code ; l'art. 2 l'en rapproche (43), et, par une de ces bizarreries qu'il faut méditer quelquefois et signaler toujours, nous retrouvons, dans la loi de 1819, les mêmes dispositions que dans le décret de 1791, mais avec des principes opposés, tandis que le législateur de 1819, parti des mêmes principes que les rédacteurs du Code, arrive à des dispositions diamétralement contraires.

« *cessions et aux transmissions de biens, c'est par calcul.* » — (43) Exposé des motifs par M. le G. des Sc. à la Ch. des Pairs. *Monit.* de 1819, p. 605. Disc. de M. de Malleville, p. 728. Rapp. de M. Boissy d'Anglas, p. 696. —

R

La loi du 14 juillet 1819 a été étendue aux colonies par une ordonnance royale du 21 novembre 1821 (44).

Remarquons, en terminant, que cette loi est allée plus loin que ses auteurs n'ont semblé le vouloir. Il n'était pas nécessaire, pour attirer les étrangers en France, de leur permettre de recueillir la succession de leur parent français, ni les dons ou legs à eux faits par un Français; ils peuvent profiter de cette faveur de la loi nouvelle, sans abandonner leur patrie. C'est un préjudice porté à la fortune de notre pays, aux intérêts des régnicoles, sans compensation aucune, puisque les lois étrangères ne nous admettent pas à jouir du même privilége. D'où vient cette confusion? J'ai déjà fait pressentir qu'il y avait eu ici une erreur. En voici la cause : les mots ont quelquefois dans notre pays une grande influence sur les choses : en 1790 , on avait cru que le mot *aubaine* comprenait tout ce qui avait rapport à la condition des étrangers, et, en abolissant l'aubaine, l'on avait assimilé les étrangers aux Français. A l'apparition du Code civil, l'on dit vulgairement que le droit d'aubaine était rétabli par les art. 726 et 912. Le législateur de 1819 se laissa prendre à partager cette erreur générale. Il n'y avait plus d'aubaine dans notre législation, et pourtant beaucoup de Députés et de Pairs de France ne demandèrent que l'abolition du droit d'aubaine : comme ce droit n'était nulle part dans le Code , mais aussi, comme les art. 726 et 912 contenaient une disposition , qui avait une nuance d'analogie avec lui , on les abrogea , sans regarder de trop près à leurs termes , et l'abrogation produisit ce que je viens de dire. En effet, l'art. 726 admettait bien l'étranger à succéder en France à son parent, *étranger* ou *français,* mais il y mettait la condition de réciprocité, et, par ce moyen, le Français pouvait succéder en pays étranger à son parent français , ou régnicole , c'est-à-

(44) Légat, nº 227.

dire étranger. Il en était de même de l'art. 912, dont le bénéfice n'était aussi applicable qu'au cas de réciprocité. L'abrogation de ces deux articles a donc été trop complète ; l'on a confondu l'aubaine avec la capacité conditionnelle reconnue à l'étranger pour lui permettre de transmettre et de recevoir, même d'un Français, par succession, donation et testament. L'ancienne jurisprudence avait mieux distingué : quand on abolissait le droit d'aubaine en faveur d'un étranger, celui-ci excluait seulement le fisc et pouvait succéder à l'étranger (45) ; mais, pour succéder au Français, il lui fallait une concession expresse (46). On faisait encore la même distinction au temps de la Constituante, puisqu'un second décret fut nécessaire pour trancher la question, et pourtant la Constituante décrétait d'enthousiasme. Tout ce qu'on peut dire, pour la justification du législateur de 1819, c'est qu'il a affranchi la propriété française de toute entrave en la faisant transmissible à tous et par tous, en la faisant européenne et même universelle ; mais on ne saurait lui en savoir beaucoup de gré, puisqu'il n'avait plus les intentions magnifiques et un peu prodigues de la Constituante et l'on pourra toujours lui faire le reproche que M. de Malleville adressait (47), en reproduisant M. Treilhard (48), aux partisans de l'abolition complète ; il a fait comme ces philosophes qui, trouvant que les douanes gênent la circulation et que les armées sont un fardeau, suppriment les douanes et les armées, sans s'occuper si leurs voisins en feront autant.

Telles sont les oscillations à travers lesquelles s'établit le système actuel de notre législation sur la condition juridique

(45) Repre de la législ. univers. du notariat, v° *Droit d'aube*, par Favard de Langlade. — (46) Si acquérir est du droit des gens, tester n'est pas du droit civil, disait M. de Pastoret à la Chambre des Pairs (*Monit.* de 1819, p. 133), et il rappelle cette parole de Solon : *ne pouvoir tester, c'est n'être pas maître de ses biens.* — (47) Ch. des Pairs, 26 janvier 1819, *Monit.* p. 133. — (48) *Exposé des motifs* de l'art. 11.

des étrangers : je crois y voir ces tâtonnements dont j'ai parlé, en abordant cette matière et qui doivent amener tôt ou tard les institutions humaines dans le plan de la providence. Avons-nous donc trouvé le dernier mot de la sagesse suprême? Le cercle, dans lequel doit se mouvoir l'humanité pour résoudre, selon les desseins de Dieu, le problème de la fraternité des hommes, est-il fermé pour toujours par le législateur moderne? Sommes-nous arrivés à la solution vraie du problème? Le monde est-il en état de la recevoir? Nous était-il donné de la lui imposer? A toutes ces questions, n'opposons que des doutes : l'avenir y répondra. Constatons seulement que les Codes de tous les peuples n'ont pas encore donné tous la même solution. Voyons maintenant plus en détail en quel état la postérité trouve chaque partie des données du problème, et n'oublions jamais, en commentant la loi, que nous n'avons pas à la faire, mais que notre devoir et notre seul droit, c'est de l'appliquer avec respect.

DROIT ACTUEL.

Je divise en quatre chapitres cette partie de mon travail.
Dans le premier, je recherche quels sont les étrangers ;
j'expose, dans le second, de quels droits ils jouissent et quels
devoirs leur sont imposés ; le troisième contient les règles
de compétence à suivre devant la justice pour faire respecter leurs droits et pour les forcer à accomplir leurs obligations ; le quatrième traite de l'autorité et de l'exécution des
actes et des jugements étrangers.

CHAPITRE I.

QUELS INDIVIDUS SONT ÉTRANGERS.

On naît étranger, on le devient, on cesse de l'être : telle
est la base de la division de ce chapitre en trois articles.

ARTICLE I.—COMMENT ON NAÎT ÉTRANGER.

Sous l'ancien droit, c'était le principe territorial qui dé-
terminait la nationalité. On ne considérait que le lieu de la
naissance de l'enfant, et non l'origine ou le domicile des
parents (1). Cela devait être dans ce système où la terre
était tout. Mais, dans les derniers temps, quand la féodalité
s'ébranlait sur sa base, quelques auteurs, par une faveur
qu'on ne pouvait s'empêcher de reconnaître au sang français,
au principe personnel, considéraient aussi comme nationaux
« les enfants nés dans un pays étranger, d'un père français
qui n'avait pas établi son domicile dans ce pays ni perdu
l'esprit de retour (2). » C'est encore le système de la loi
des 30 avril-2 mai 1790, de l'art. 8, tit. 2 de la Constitution

(1) Pothier, *Traité des Personnes*, tit. 2. sect. 1. et *Traité des Succ.* ch. 1.
sect. 1.—V. encore *Intr. génér. aux Cout.*, n° 34, et Domat.—(2) Pothier, *Trai-*

1

du 5 fructidor an III, de l'art. 2, tit. 1 de celle du 22 frimaire an VIII, de la législation de plusieurs nations de l'Europe et entre autres de celle de la féodale Angleterre (3).

Le Code civil seul a brisé complètement, chez nous, le lien qui attachait l'homme à la terre, et, grâces à lui, ce n'est plus *jure loci*, mais *jure sanguinis* que se détermine la nationalité de l'enfant. L'homme a repris la valeur que lui avait donnée le droit romain, le principe personnel a vaincu le principe territorial. Le Code a tranché la question soulevée dans les derniers temps de l'ancienne jurisprudence, et il l'a fait, quoiqu'on en dise partout, sans inexactitude de rédaction. Il n'avait point à s'expliquer sur la nationalité de l'enfant né en France d'un Français ; celui-là avait incontestablement la qualité de Français, et quand l'art. 10-1° a dit : « Tout enfant né d'un Français, en pays étranger, est français, » il ne songeait évidemment qu'à la question de l'ancien droit (4).

Dans l'application de notre nouveau principe, on rencontre quatre hypothèses à chacune desquelles on peut se demander si l'enfant suit la condition de son père ou celle de sa mère :

1° L'enfant est né d'un mariage légitime : il a la nationalité du mari (art. 312 C. c.), car il porte son nom et il appartient à sa famille. *Connubio interveniente, liberi semper patrem sequuntur* (5);

2° L'enfant né hors du mariage n'a été reconnu ni par

té des Pers., tit. 2, sect. 1.—(3) Voy. Ducange, Gloss. V° Alienes, Prynnée, Lib. Angl., t. 2, p. 1003, et Blackstone.—(4) Le vieux principe n'avait pas encore perdu toute sa force lors de la rédaction du Code; l'article du projet était d'abord rédigé dans le sens féodal, et il ne fut changé que sur l'observation faite par le Tribunat, que l'enfant né fortuitement en France de parents étrangers « ne tient à la France ni par la féodalité, puisqu'il n'en existe plus sur le territoire français, ni par l'intention, puisque cet enfant ne peut en avoir aucune, ni par le fait, puisqu'il ne reste point en France et que ses parents n'y ont eu qu'une existence éphémère. »—(5) Ulp. _Reg._ V, 8. Caius I. 80, 89. L. 19. ff. de stat. homin.—

son père ni par sa mère : toute détermination étant impossible *jure sanguinis*, la nationalité se détermine forcément *jure loci* et d'ailleurs l'origine selon le lieu est dans ce cas une présomption de l'origine selon le sang. L'art. 5 du C. c. de Hollande s'exprime formellement dans ce sens (6);

3o L'enfant est né hors mariage et n'a été reconnu que par sa mère : il aura la nationalité de sa mère; *partus naturalis ventrem sequitur*, suivant l'énergique expression du droit romain;

4° L'enfant naturel est reconnu à la fois par son père et par sa mère qui n'ont pas la même nationalité : il suit, dans ce cas, la condition de son père; notre loi le soumet à la puissance paternelle (art. 383 C. c.) et établit entre le père et l'enfant un droit de succession réciproque (art. 757 C. c.); ce sont là des liens qui rattachent invinciblement l'enfant à sa famille : puis, quand le père et la mère se trouvent en concours, c'est le père qui l'emporte. Dans nos mœurs, c'est le nom du père, non celui de la mère, qui prévaut; comment serait-il d'une autre nation que son père, dont il perpétue réellement la famille, puisque le nom est le signe le plus frappant de cette perpétuité? Dans la loi, quand il s'agit pour l'enfant d'avoir le consentement de ses parents à son mariage, celui du père suffit en cas de dissentiment (art. 148 et 158 C. c. Douai, Sirey 36-2-97). Mais, dit-on, le Droit romain n'attache l'enfant à son père qu'en cas de légitime mariage (*L.* 24 *ff. de Stat. hom.* Ulp. *Reg.* V. 8). Cela était juste et vrai dans le droit romain dont souvent les principes ne sont plus en rapport avec les progrès du droit moderne sur notre matière. A Rome, celui que nous appelons *enfant naturel* et que l'on appelait *vulgò quæsi-*

---

(6) M. Richelot, I. p. 112, prétend que l'enfant ne peut invoquer que le bénéfice de l'art. 9. parce que, dit-il, pour naître Français, il faut naître d'un Français; mais pour user du bénéfice de l'art. 9, il faut être né en France *d'un étranger*, et c'est précisément la question insoluble de savoir si l'enfant est né d'un Fran-

tus, *vulgò conceptus*, n'avait pas de père, n'en pouvait pas avoir (7). La *reconnaissance* moderne n'existait pas pour lui : si le père non marié *justis nuptiis* pouvait être connu, ce n'était que par le *concubinatus*, espèce de mariage naturel qui était légal et pouvait être honnête, et c'est à l'enfant du *concubinatus* que s'applique le principe cité du droit romain. Eh bien ! dans ce *concubinatus*, aucun lien civil entre le père et l'enfant; celui-ci ne porte pas le nom de son père qui n'a pas sur lui le droit de puissance paternelle (L. 11 ff. *de his qui sui vel alieni juris sunt*), et il n'y a pas de succession réciproque. Qu'on ne dise pas non plus contre notre système que le fait seul de la reconnaissance d'un enfant né d'une étrangère en pays étranger par un Français naturalise cet enfant, quand il ne dépend pas d'un individu de naturaliser un étranger. C'est la loi qui fait cet enfant français en déclarant tel l'enfant né d'un Français, ce n'est pas le fait du père si la paternité est constatée. Il est bien entendu d'ailleurs que la reconnaissance peut être contestée soit par l'enfant reconnu, soit par toute autre personne intéressée (art. 339 C. c.) (7 *bis*).

Quel moment faut-il considérer pour déterminer la nationalité de l'enfant? Est-ce celui de la conception, le temps de la gestation ou celui de la naissance? Au dire de certains auteurs, il faut distinguer : Quand l'enfant suit la condition du père, on prend cette condition au moment de la conception; lorsqu'il suit la condition de sa mère, c'est le moment de la naissance que l'on considère, ou, pour parler comme les anciens docteurs, *momentum patris*, *momentum conceptionis*; *momentum matris*, *momentum partûs* (8). En effet, dit-on, une fois l'enfant conçu, c'est un être à part

çais ou d'un étranger.—(7) L.23. ff. de Stat. hom.—Inst. I, 4. § 1.—(7*bis*) M. Sapey, p. 170, prétend que l'enfant naturel d'une Française reconnu par un étranger est étranger, et qu'il en est de même de l'enfant naturel d'une étrangère reconnu par un Français.—(8) Ulp. *Reg.* V, 10. Gaius, I. 80, 89.—(9) L. 5. §. 3. ff. de

pour le père ; pour la mère, au contraire, l'enfant conçu vit encore avec elle, il fait partie de ses entrailles, c'est avec elle un seul et même être ; si elle souffre, il souffre ; si elle meurt, il meurt ; il n'a vraiment de vie à part que lorsqu'il est né. D'autres vont jusqu'à supposer la mère étrangère lors de la conception, française pendant une partie de la gestation, puis redevenue étrangère lors de l'accouchement, et, s'attachant à l'espace de temps pendant lequel elle a été française, ils disent que l'enfant a été français avec elle, et, que l'ayant été une fois, il l'est resté toujours. *Qui in utero est perindè ac si in rebus humanis esset custoditur quotiens de commodis ipsius partûs quæritur.* (L. 7 ff. de Statu homin.) (9).

J'admets ces principes, mais j'en repousse l'application à notre matière. A ne consulter que la nature même des choses, c'est au moment de la naissance qu'il faut toujours s'attacher, car à ce moment seul l'enfant devient membre de la société. Je ne sais à la rigueur de ce principe qu'une exception, c'est quand il s'agit d'apprécier si cet enfant est ou non légitime : Une femme mariée conçoit, son mari meurt, elle accouche, elle n'a plus de mari, son enfant n'a plus de père ; ferait-on pour cela de cette femme une concubine et de l'enfant un bâtard ? Oh non ! Avant de se prononcer, le jurisconsulte attendri ramène ses regards en arrière, jusqu'au moment de la conception, et là il trouve un père légitime à ce malheureux enfant. Mais lorsqu'il ne s'agit que de la nationalité, notre principe se redresse dans toute sa rigueur. L'argument tiré par l'opinion contraire de la loi 7 ff. *de Statu hominum*, ne s'applique point à notre cas ; il n'est qu'une exception dans son énonciation même comme dans nos lois, quand nos lois en font l'application (art. 312 , 725 et 906 C. c.). Cette règle romaine sort beaucoup du titre IV, liv. 1

Stat. hom. Paul, sent. tit. 24.—(10) La loi *mensia , de natis ex alterutro peregrino ,* portée sous Auguste , décidait que dans tous les cas où du père ou

des Inst., et là encore elle n'est qu'une exception ; il ne s'agit que des esclaves et de ce qu'il y a de plus favorable au monde, de la liberté ; *id enim favor libertatis exposcit*, dit Paul (T. 24, Sent.). Gaius et Ulpien appliquent notre principe à l'étranger (10) sans dire un mot de l'exception en faveur des esclaves. Marcien, Marcellus et les Institutes en parlent seuls, mais ne l'étendent point aux étrangers. Et d'ailleurs, quel si grand intérêt aurions-nous à admettre le système contraire ? Deux époux français deviennent étrangers pendant la grossesse de la femme : pourquoi donc l'enfant serait-il français ? C'est son intérêt, dit-on. Je ne suis pas assez exclusif pour le croire, mais est-ce le nôtre ? L'enfant va grandir dans un pays étranger, au sein d'une famille étrangère, au milieu de mœurs et d'idées qui ne sont pas françaises, qui sont peut-être hostiles à la France ! Pourquoi l'arracher à la patrie nouvelle de ses parents, et lui en donner une où tout lui sera étranger en lui enlevant celle où rien ne l'est pour lui ? Je ne vois pas pour l'enfant plus que pour nous l'utilité qu'il y aurait à créer sous un même toît deux familles et deux patries : la France est assez riche de ses véritables enfants sans en imposer le titre à ceux qui le refusent et si l'enfant veut réellement être français, l'art. 10-2° lui en laisse la possibilité.

ARTICLE II. — COMMENT ON DEVIENT ÉTRANGER.

On devient étranger en perdant la qualité de français et cette perte peut s'opérer de trois manières : 1° par le mariage ; 2° par une déchéance ; 3° par un démembrement de territoire.

§. I. *Par le mariage :* L'art. 19-1° C. ç. est ainsi conçu : « Une femme française qui épousera un étranger, suivra la condition de son mari. » La règle de cet article

de la mère l'un serait étranger, l'enfant le serait aussi. *Lex Mensia ex alterutro peregrinatum deterioris parentis conditionem sequi jubet.* Ulp. Reg. V, 8. Gaius, I. 80.

est fondée sur la nature même du mariage qui de deux êtres n'en fait qu'un en donnant la prééminence à l'époux sur l'épouse. Le mariage putatif, tout en manifestant la volonté de la femme de perdre sa qualité de française, ne produirait pas cet effet, puisque c'est l'essence même du mariage et non la volonté de la femme qui opère le changement de nationalité. Peu importe que le mariage putatif produise des effets civils (art. 201 et 202 C. c.), nous sommes ici dans le domaine du droit politique, et d'ailleurs les effets civils de nos articles sont un dédommagement de la bonne foi et non une peine imposée au conjoint qui proteste.

La femme française dont le mari perd la qualité de français ne devient pas étrangère avec lui : le texte ne parle que de la femme française *qui épouse un étranger* ; celle-là sait ce qu'elle fait en se mariant. Un Français ne perd sa nationalité que par suite d'une déchéance, d'une peine ; pourquoi punirait-on avec lui sa femme innocente qui proteste ? Pouvait-elle prévoir que son mari renierait sa patrie ? On a été jusqu'à soutenir que la femme ne devait pas suivre son mari qui se faisait étranger, c'est là une erreur ; mais ce n'est pas une raison pour imposer une peine à l'accomplissement d'un devoir (art. 214 C. c.) (11).

La minorité de la femme ne l'empêche pas de suivre la condition de son mari. Le texte ne distingue pas, et le changement de nationalité n'est ici qu'une conséquence du mariage ; *habilis ad nuptias, habilis ad matrimonii consequentias.*

Un mineur français, dont le père devient étranger, reste français. S'il y a inconvénient à créer deux patries sous le

___

(11) V. la discussion de l'art. au conseil d'État. Un capitulaire de Pepin, de 752, § 9 (Baluze I, p. 163), impose indirectement à la femme l'obligation de suivre son mari qui s'expatrie, car il lui défend de se remarier pendant l'absence de celui-ci si elle ne l'a pas suivi : *Si cum sequi noluerit, ipsa omni tempore quamdiù vir ejus, quem secuta non fuit, vivit, semper innupta*

même toit, un principe certain de droit ne doit pas reculer devant un inconvénient ; or, il est certain que la nationalité des enfants se constate au moment de leur naissance ; c'est une qualité essentiellement personnelle ; l'enfant la tient de son chef ; il est Français dès qu'il est né, et, malgré sa minorité, rien ne peut le dénationaliser, *nisi ipse auctor factus sit,* dit Cicéron, *pro domo,* c. 29. *Antiquissimum hoc erat juris romani principium,* dit Heineccius (Antiq. Rom. Lib. 1, t. 16 § 10), *neminem posse invitum jura civitatis amittere* (12).

§ II. *Par une déchéance :* Le Code reconnaît quatre manières de perdre la qualité de français par une déchéance :

1° *La naturalisation acquise en pays étranger* (art. 17-2° C. c.). C'est la vieille maxime qui dit qu'on ne peut avoir deux patries ; *duarum civitatum civis nemo esse potest* (13). Le texte parle de *naturalisation*, l'autorisation de jouir des droits civils ne suffirait pas, il faut naturalisation acquise (14). Le Code civil imitant la sagesse des Constitutions de 91, de 93 et de l'an VIII, se contentait de déclarer étrangers les Français qui se faisaient naturaliser ailleurs, mais il n'allait pas jusqu'à les punir. En effet, dit éloquemment M. Sapey (p. 174), » il en est de l'expatriation comme du suicide. Les lois humaines ne les doivent pas atteindre. Contre tous deux, d'ailleurs, la nature a pris soin de nous prémunir, et Dieu attache l'homme à sa patrie pour qu'il ne la quitte pas, et à la vie, pour qu'il en sup-

---

permaneat. — (12) En ce sens, Grenoble, Dalloz 1829-2-73. Plusieurs arrêts ont été rendus en sens contraire, mais toujours dans des espèces où il s'agissait de démembrement de territoire. On a considéré que, dans cette hypothèse, on avait songé plus aux familles qu'aux individus, que l'on avait voulu restituer les familles à leur ancienne patrie, et que les individus compris dans les familles avaient été restitués avec elles. Dalloz, 1834-1-30.

(13) Cicero, *pro domo,* C. 21. Heinecc. *Antiq. Rom.* Liv. I, tit. 16, § 10. Puffendorf, *Droit de la nature et des g.* VIII, 2. Grotius, *De jure belli et pacis,* II, 5, § 24. Ce point a été l'objet d'une assez longue discussion au conseil d'État (Malleville, I, p. 34).—(14) Merlin, Rép᷾, v° Denization. Civ. Cass. 19 fév. 1819. Sirey 19-1-174. Dissertation, Sirey 22-2-233. 29 août 1822, S. 25-

porte les douleurs et ne veuille pas mourir (V. ci-ap. note 18). »

2° *L'acceptation non autorisée par le Roi de fonctions publiques conférées par un gouvernement étranger* (art. 17-2° C. c.) (15). Ici encore, il faut que le fait soit accompli : tant qu'il peut y avoir repentir, le Code ne se montre pas inexorable.

3° *Tout établissement fait en pays étranger sans esprit de retour* (art. 17-3°) (16). Cette cause est plus vague que les deux précédentes. La renonciation à l'esprit de retour ne se présume pas. Les établissements de commerce, ajoute l'art. 17, ne pourront jamais être considérés comme ayant été faits sans esprit de retour : on comprend le motif tout politique de cette restriction ; mais si d'autres circonstances démontraient d'une manière certaine que le Français, *quoique commerçant*, a perdu l'esprit de retour, il ne pourrait échapper à l'application de l'article *parce que commerçant*. Toutefois, c'est à ceux qui soutiennent que l'établissement du Français en pays étranger lui a fait perdre l'esprit de retour d'en faire la preuve. Poitiers, Dalloz, 1830-2-140 (17).

4° *L'acceptation sans autorisation du Roi, du service militaire chez l'étranger ou l'affiliation à une corporation militaire étrangère* (art. 21--1°). Cette disposition se justifie d'elle-même et après celle de l'art. 17-2° elle était indispensable (18).

1-131. — (15) Un décret du 7 janvier 1808 applique cette disposition aux ecclésiastiques qui acceptent un évêché *in partibus*. — (16) Il en était de même dans l'ancien droit s'il n'y avait permission du roi. Chop. *Du dom.* 1, 2, n° 30. Bacquet, *d'Aub.* c. 37 s. Journ. des Aud. II, 3, ch. 6. Edit d'août 1669. Pothier, *Success.*, ch. I, sect. 1, § 2. — (17) L'art. 17, tel qu'il avait été primitivement publié, contenait une quatrième disposition qui faisait perdre la qualité de Français par l'affiliation à toute corporation étrangère exigeant des distinctions de naissance. Cette disposition, dont on retrouve des traces dans les expressions finales de l'art. 18, fut retranchée du Code par la loi du 3 sept. 1807.

(18) Deux décrets, l'un du 6 avril 1809, l'autre du 26 août 1811, ont profondément modifié les dispositions précédentes du Code civil. Le fanatisme des conquêtes rappelait le fanatisme de religion de 1685, et l'on punissait comme Français ceux qu'on venait de déclarer étrangers.

§. III. *Par un démembrement de territoire* : Le Code civil est muet sur ce point, et ses premiers commentateurs, entre autres Proudhon, imitent son silence : l'on en comprend le motif : c'est là une fâcheuse hypothèse à insérer dans un Code ; la France ne perdait pas de territoire à l'époque où le nôtre fut rédigé, et l'heureux soldat, qui jetait dans les discussions du Conseil d'État de si vifs éclairs de patriotisme et de génie, n'aurait pas permis qu'à la face du monde ébranlé sous ses pas, une voix s'élevât pour parler

L'art. 6, tit. 2, du décret de 1809, ordonne aux Français, qui sont au service militaire d'une puissance étrangère, de le quitter lorsque des hostilités éclatent. Le contrevenant est réputé avoir porté les armes contre la France (art. 19) et puni de mort avec confiscation de biens. D'autres cas sont punis de mort civile et de confiscation prononcées comme peines principales (art. 20 et 22) et tous les contrevenants sont déclarés justiciables des cours prévôtales. Le Code pénal de 1810, art. 484, a implicitement abrogé ce décret en ce qui concerne la pénalité et n'en a laissé subsister que ce qui est relatif à la procédure et à la compétence, et postérieur au Code d'instruction criminelle de 1808. Ce qui le prouve, c'est que le décret du 26 août 1811 (art 27) donne une définition nouvelle et plus indulgente du fait d'avoir porté les armes contre la France, et que les art. 5 et 13 se réfèrent pour la pénalité uniquement au Code pénal. Les décrets des 24 avril 1810, 9 décembre 1810, 15 juillet et 16 août 1811 fortifient cette pensée d'abrogation en ce qui concerne la pénalité et la Charte de 1814, en abolissant les cours spéciales, a abrogé tout ce qui restait debout, c'est-à-dire les dispositions relatives à la compétence et à la procédure : l'ordonnance du 10 avril 1823 portée par la Restauration contre les Français disposés à agir en Espagne contre les troupes françaises n'a pas réussi à rendre la vie à ce décret.

Le décret du 26 août 1811 crée un crime nouveau : c'est le fait de la naturalisation acquise en pays étranger ou de l'entrée au service d'une puissance étrangère sans autorisation de l'Empereur. Ces faits considérés comme licites par le Code civil emportent confiscation des biens et privation des droits civils (art. 6 et 7 du décret). La Charte de 1814, art. 66, en abolissant la confiscation, supprime par là même la seule pénalité nouvelle du décret de 1811. Quelques-uns ont vu dans l'art. 6 du décret de 1811 la mort civile prononcée comme peine principale au lieu de la simple privation des droits civils prononcés par le Code. La Charte, il est vrai, n'a pas aboli la mort civile, mais le décret n'en subsisterait pas davantage, car le sénatus-consulte de déchéance du 3 avril 1814 motive cette déchéance sur l'émission de décrets inconstitutionnels emportant peine de mort (V. M. Valette sur Proudhon I, p. 182, et dissertation de M. Demante, Revue F^{se}. et étr. de lég^{on}. VII, p. 417). Deux auteurs qui écrivaient sous l'empire, Toullier, dont M. Duranton remarque le silence, et Proudhon, dont M. Valette

du démembrement du territoire Français : mais, depuis, ce fatal événement s'est réalisé ; il a fallu s'occuper de ses conséquences, relativement à la nationalité des habitants du territoire perdu. Disons-en quelques mots, tout en espérant, nous autres jeunes hommes, qui n'avons pas assisté à de pareils désastres, que nous ne nous occupons que de l'histoire du passé sans jamais pouvoir appliquer à celle de l'avenir le principe de cette matière.

Quand un pays est démembré d'un autre, soit par la conquête, soit par une accession volontaire, les habitants de ce pays changent de nationalité avec le territoire (18 *bis*). Ainsi les habitants des pays démembrés de la France sont devenus étrangers par le démembrement, comme attachés au sol qui rentrait sous une domination étrangère et comme reconnaissant un autre souverain. Par conséquent, si, au moment où une province est démembrée de la France, les habitants originaires de cette province sont établis sur le territoire demeuré français, ils restent Français. Quant aux habitants qui continuent à résider sur le territoire restitué, ils doivent pouvoir conserver leur qualité de Français si bon leur semble et il faut leur accorder un certain délai pour opter entre les deux souverainetés et pour transporter, s'ils le veulent, leur domicile sur le territoire conservé par la France ; sans cela ils deviennent étrangers.

ARTICLE III. — COMMENT ON CESSE D'ÊTRE ÉTRANGER.

On cesse d'être étranger en devenant Français, et l'on devient Français, 1º par la naturalisation qui s'applique aussi bien à ceux qui recouvrent la qualité de Français qu'à ceux qui ne l'ont jamais eue ; 2º par le mariage ; 3º par la réunion d'un pays à la France.

trouve *la prétérition assez singulière*, protestent par leur silence contre ces deux décrets. MM. Merlin, Delvincourt et Duranton les regardent comme étant encore en vigueur. M. Zachariæ les blâme et M. Valette les regarde comme abrogés. V. encore Sirey 1836-2-173. — (18 *bis*) Pothier, *des Pers.* tit. 2, sect. 2.

§ I. *Par la naturalisation. Cas.* Sous l'ancien droit, le Roi pouvait à son gré naturaliser l'étranger, et la naturalisation s'opérait par des lettres-patentes obtenues en grande chancellerie et enregistrées en la Cour du Parlement et en la Chambre des Comptes dans le ressort desquelles le naturalisé résidait. (Pothier, *Success.* C. 1. Sect. 1). Les premières lois de la Révolution, tout en déterminant des conditions positives auxquelles seraient soumis ceux qui voudraient être naturalisés, se ressentent dans le choix de ces conditions, de la philanthropie un peu cosmopolite de l'époque (19). Il y a aujourd'hui en France un mode général de naturalisation, puis des modes particuliers qui sont des exceptions, mais des exceptions aussi usitées dans l'application que la règle générale.

Le mode général est encore régi par la Constitution du 22 frimaire an VIII, que les Chartes de 1814 et de 1830 n'ont pas abrogée en cette matière. L'art. 3 de cette Constitution est ainsi conçu : « Un étranger devient (*de droit*) citoyen « français, lorsqu'après avoir atteint l'âge de 21 ans ac- « complis et avoir déclaré l'intention de se fixer en France, « il y a résidé pendant dix années consécutives. » Suivant un avis du Conseil d'État du 18 prairial an XI, il faut que l'étranger ait obtenu la permission de s'établir en France, conformément à la disposition de l'art. 13 C. c. pour faire courir les dix années de résidence (20), et, les dix ans de

(19) La Constitution du 30 avril 1790 exige le serment civique, cinq ans de domicile et l'acquisition d'immeubles, ou le mariage avec une Française, ou la formation d'un établissement de commerce ou d'agriculture, ou l'acceptation de lettres de bourgeoisie dans quelques villes. La Constitution du 3 septembre 1791, tit. 2, art. 2 et 3, reproduit les mêmes conditions. L'art. 4 de la Constitution de 1793, plus facile, n'exige plus que l'âge de 21 ans, le domicile d'une année, et admet comme Français l'étranger qui vit en France de son travail, ou qui nourrit un vieillard, ou que le corps législatif juge avoir bien mérité de l'humanité. L'art. 10 du titre 2 de la Constitution du 22 août 1795 porte la durée du stage à sept années, et revient pour les autres conditions aux Constitutions de 1790 et de 1791. — (20) Cette formalité donne une date au séjour de

stage révolus, il faut, conformément à un décret du 17 mars 1809, que la naturalisation ait été prononcée par le Roi qui peut conférer seul toutes les espèces de naturalisation, excepté la grande. Le gouvernement impérial replaçait ainsi sous sa main ce que la Révolution avait arraché au pouvoir royal pour le mettre sous la seule dépendance de la loi.

Ce long stage de dix ans peut souvent offrir de graves inconvénients pour notre pays ou pour le Français stagiaire : de nombreuses exceptions en abrègent la durée.

1° Un Sénatus-consulte du 25 vendemiaire an XI accorde pour cinq ans au gouvernement (21) le droit de conférer par un arrêté, sur le rapport du ministre de l'intérieur, le conseil d'État entendu, et seulement après un an de stage, la qualité de citoyen français à ceux des étrangers qui ont rendu des services importants à l'État, ou qui apportent en France des talents, des inventions, une industrie utile ou qui y forment de grands établissements (22).

2° La Restauration remit en honneur les lettres de naturalité que les décrets de l'Empire avaient rétablies sans oser en prononcer le nom. Une ordonnance rendue le 4 juin 1814, et à laquelle on a toujours reconnu le caractère de loi, parce qu'elle porte la même date que la Charte, établit que des lettres de *grande naturalisation*, soumises à la vérification des deux Chambres, peuvent être accordées aux étrangers, qu'ils aient ou non un domicile antérieur en France, le concours des Chambres dispensant de toute autre condition. Ces

l'étranger en France, et lui fait commencer un stage, une espèce d'apprentissage de la qualité de Français, pendant que l'attention de l'autorité est attirée sur lui. — (21) Un décret du 19 février 1808 a rendu perpétuelle cette autorisation accordée pour cinq ans. — (22) C'est ici l'empiétement du pouvoir exécutif sur le pouvoir législatif, du principe politique sur le principe philosophique. Les art. 13, 18 et 19 C. c. avaient préparé cette conquête. Déjà l'art. 4 du titre xi de la Constitution de 1791 donnait au pouvoir législatif le droit d'accorder à un étranger, pour des considérations importantes, un acte de naturalisation, sans autres conditions que celle de fixer son domicile en France et d'y

lettres ont seules la puissance de conférer à l'étranger le droit de siéger dans nos Chambres ; elles sont donc nécessaires à ceux même qui ont obtenu des lettres de naturalisation ordinaire (23), et l'ordonnance est également applicable aux cas prévus par les art. 9 et 10 C. c. (23 *bis*).

3° Si l'enfant né en France d'un étranger n'est plus Français comme dans l'ancien droit, il peut au moins réclamer cette qualité (art. 9 C. c.). Il doit faire sa réclamation dans l'année qui suivra l'époque de *sa majorité*, afin que le pays dans lequel il a vu le jour ne reste pas plus long-temps incertain sur sa détermination. S'il réside en France, il joint à sa réclamation la déclaration qu'il entend y fixer son domicile ; s'il réside à l'étranger, il fait sa soumission de fixer son domicile en France et il doit s'y établir dans l'année à compter de l'acte de sa soumission. La faveur de l'art. 9 ne saurait s'étendre à l'enfant conçu en France, mais né à l'étranger ; le texte ne parle que de l'enfant *né* en France. Qu'importe d'ailleurs la conception en France ? Ce n'est point, comme l'a dit trop poétiquement M. Treilhard au Conseil d'État, parce que les premiers regards de l'enfant ont vu le sol français, qu'on a établi l'art. 9. Le législateur a surtout eu en vue les enfants de ces familles étrangères qui viennent se fixer parmi nous à perpétuelle demeure ; ils naissent, vivent et sont élevés au milieu des idées et des mœurs françaises ; on a voulu leur permettre de devenir facilement Français.

prêter le serment civique. — (23) Les considérants disent que c'est pour élever un étranger à la *plénitude* de la qualité de citoyen français. C'est notre *civis optimo jure*. En Angleterre, la plénitude des droits civiques est toujours refusée aux étrangers. Ceux même qui obtiennent un bill de naturalisation ne peuvent siéger au parlement. Le parlement seul peut naturaliser, et le roi ne peut conférer que les droits de *dénization* qui tiennent le milieu entre ceux du sujet né Anglais et la condition de l'étranger. (V. Blakstone, t. I, liv. I, ch. 10 ; *Anc. lois des Français*, par Littleton, t. I, p. 275. Voy. aussi ordonnances de 1286, 1431, et ordonnance de Blois, art. 4.) — (23 *bis*) M. Sapey, p. 240, résout cette

La majorité dont parle l'art. 9 n'est point la majorité française fixée aujourd'hui à l'âge de 21 ans, c'est la majorité telle qu'elle est réglée par la loi du pays de l'étranger : le texte dit *sa* majorité en parlant de l'étranger ; or, la loi qui règle la majorité est un statut personnel, c'est alors la loi étrangère qui prononce, elle régit l'étranger même en France tant qu'il n'est pas Français (et celui de l'art. 9 ne l'est pas encore puisqu'il veut le devenir) quand nous n'avons pas d'intérêt contraire et ici nous n'en avons pas.—Mais, disent quelques auteurs (24), le législateur n'a pu songer à la majorité étrangère variable suivant les temps et les lieux ; c'est au contraire à la majorité française, à l'âge de 21 ans, qu'il fait allusion. L'art. 3 de la Constitution de l'an VIII fixait cet âge, qui était chez nous alors comme aujourd'hui celui de la majorité, pour la déclaration à faire pour devenir citoyen français ; à plus forte raison est-il suffisant pour acquérir la qualité de Français. Remarquons, ajoute-t-on, que les rédacteurs du Code, dans l'art. 7, se réfèrent explicitement à cette même Constitution pour l'acquisition et la conservation de la qualité de citoyen.—C'est peut-être attacher trop d'importance au texte de l'art. 3 de la Constitution ; cet article ne parle pas de la *majorité* de l'étranger, il ne parle que de *l'âge* de 21 ans ; il ne donne pas encore la qualité de citoyen à cet âge, ce n'est là qu'un point de départ, un minimum d'âge pour compter les dix ans de résidence (25). La fixation de ce point de départ n'empêche pas les étrangers de faire leur déclaration plus tard : si c'est au contraire à l'âge de 21 ans que fait allusion l'art. 9, il réduit pour toujours à l'impuissance de devenir français tout étranger encore mi-

question à l'aide d'une distinction qui ne me semble pas fondée. — (24) Entre autres, MM. Duranton I, 129, Spangerberg I, 147, Zachariæ I, 69. — (25) Aucune des législations modernes ne fixant la majorité à un âge plus avancé que 25 ans révolus, l'étranger ne deviendra jamais citoyen qu'après *sa majorité*, celle de son pays, puisque le stage est de dix ans et le point départ 21 ans. —

neur dans son pays après 21 ans, car l'on ne reconnaîtra pas le droit d'aliéner sa patrie d'origine à celui qui n'aurait pas même à nos yeux celui de consentir toute autre aliénation : autrement nous volerions aux nations étrangères leurs nationaux, nous ferions au xixe siècle ce que les vieux historiens ont tant reproché à Rome naissante, quand elle ouvrait ses portes à quiconque voulait se jeter dans ses murs.

Le droit de l'art. 9 est essentiellement personnel ; si l'étranger décédait dans l'année de sa majorité, sans avoir fait sa réclamation ou l'ayant faite sans avoir encore obtenu la naturalisation, ses héritiers ne pourraient exercer son droit. Le texte ne parle que de l'étranger lui-même, et il serait absurde de faire d'un étranger mort un français.

Quoique, d'après une fiction du droit des gens, l'hôtel d'un ambassadeur soit *terre étrangère*, l'enfant, né dans cet hôtel et remplissant les autres conditions de l'art. 9, pourrait invoquer le bénéfice de cet article.

Une autre fiction qui dit : « Là où est le drapeau, là est « la France » ne peut s'appliquer qu'à des Français. Pour être sous le drapeau, il faut pouvoir lui appartenir et avoir le droit de le défendre. Cette faculté est refusée aux étrangers. Ainsi, l'enfant né de prisonniers de guerre ou de passagers étrangers, dans un corps d'armée français en pays étranger ou sur un bâtiment français, ne saurait invoquer l'art. 9.

4° L'enfant né d'un Français qui a perdu cette qualité est étranger ; mais, sans la faute de son père, il eût été Français ; s'il reporte sa pensée jusqu'à son aïeul, il se dit qu'il est Français et que son père a violé à son égard un précieux dépôt. L'art. 10-2° C. c. accorde à cet enfant la faculté de pouvoir *toujours*, c'est-à-dire même après l'année qui suit sa majorité, recouvrer la qualité de Français en remplissant les conditions de l'art. 9 ; mais il faut qu'il soit parent au premier degré en ligne directe du père qui a perdu la qualité de Français (26).

(26) L'art. 22 de la loi des 9-15 déc. 1790 et l'art. 2, tit. 2 de la Constitution

De ce que le second paragraphe de l'art. 10 reproduit mal à propos la terminologie du paragraphe premier et ne parle que de l'enfant né en pays étranger, il ne faut pas conclure que l'enfant né en France d'un Français devenu étranger ne soit pas compris dans ses termes. MM. Toullier et Richelot soutiennent pourtant que, dans cette dernière hypothèse, l'enfant est français de droit, et tel est, à leur avis, le sens du silence de l'article à son égard. Cette erreur prend sa source dans les anciens principes : c'est le sang qui fait la nationalité : un étranger (et le Français qui a perdu cette qualité est un étranger) ne peut donner la vie à un Français ; ce n'est plus le sang français qui l'anime ; le sang qui part du cœur n'est plus français quand le cœur a cessé de l'être.

5° D'après l'art. 18 C. c., le Français qui a perdu cette qualité, peut toujours la recouvrer en rentrant en France avec l'autorisation du Roi. Il doit déclarer qu'il veut s'y fixer et (ceci est une réminiscence de la première rédaction de l'art. 17) qu'il renonce à toute distinction contraire à la loi française.

6° L'art. 21 C. c. a prévu une circonstance aggravante : le Français qui a perdu cette qualité, en prenant sans autorisation du Roi du service militaire chez l'étranger, ou en s'affiliant à une corporation militaire étrangère, ne peut rentrer en France qu'avec la permission du Roi et recouvrer la qualité de Français qu'en remplissant les conditions imposées

des 3-14 septembre 1791 contenaient un principe différent. Ils portaient : «Sont citoyens français ceux qui, nés en pays étrangers ou descendants à quelque degré que ce soit d'un Français ou d'une Française expatriés pour cause de religion, viennent demeurer en France et prêtent le serment civique. » Cette loi, toute politique et réparatoire du grand crime du xvii⁰ siècle, supposait, par une espèce de *postliminium*, que les religionnaires n'avaient jamais quitté leur patrie, et que, par conséquent, leurs descendants y étaient nés. (Voy. Req. Rej. 13 juin 1811, Sirey 11-1-290, et les débats qui, dans l'année 1824, eurent lieu à la Chambre des députés à propos de la vérification de l'élection de Benjamin Constant.)

à l'étranger pour devenir *citoyen*, et non pas seulement celles imposées pour devenir Français (27).

Les dispositions relatives au recouvrement de la qualité de Français, d'après les art. 10-2°, 18 et 21 C. c., sont applicables à ceux qui, devenus Français par naturalisation, sont redevenus étrangers. La loi ne distingue pas.

Remarquons aussi que le décret du 17 mars 1809, qui veut que la naturalisation soit prononcée par le Roi, s'applique indistinctement à tous les cas où elle est demandée. Mais si tous ces modes de naturalisation supposent en France l'intervention de l'autorité publique et l'accomplissement de certaines conditions essentielles, il arrive aussi qu'une foule de familles étrangères viennent s'établir chez nous, sans esprit de retour : avec le temps on les croit françaises ; les descendants passent pour français, et pourtant ils n'ont rien fait pour le devenir Cette situation toute nouvelle, née avec le Code et qu'un auteur a appelée l'*Incolat* (Proudhon T. 1, p. 190), est grave pour ces individus, qui ont renié leur patrie d'origine et que leur patrie d'adoption peut renier à son tour ; elle est grave pour nous qui pouvons contracter avec eux, en les croyant Français, et qui ne prenons pas toutes les précautions usitées avec les étrangers. Un système naturalise en masse, et pour ainsi dire par prescription, les descendants de ces familles : mais alors ils reçoivent les bienfaits de la loi française, et puis, viennent les charges du jury et du recrutement, ils se disent étrangers (28). Que faire ? Quand

(27) Le Tribunat avait proposé de remplacer le mot *citoyen* par le mot *français*; cette modification n'a pas été adoptée, et M. de Malleville oublie les observations du Tribunat quand il pense que le mot *citoyen* de l'art. 21 est synonyme de *français*.— L'art. 12 du décret du 26 août 1811 déclarait que le Français pouvait être relevé des déchéances par lui encourues, moyennant des lettres de relief accordées par le chef du gouvernement. Sous ce rapport unique le décret se trouvait avoir modifié le Code civil dans le sens de l'indulgence.—(28 La question fut soulevée à la Chambre des députés lors de la discussion de l loi du 21 mars 1832 sur le recrutement ; on proposa de naturaliser tous les

il y a doute sur la nationalité originaire, quand ces familles ne peuvent prouver leur extranéité, elles sont françaises, et comme telles soumises aux charges de recrutement, du jury, etc. Mais si on prouve que les auteurs étaient étrangers et que les descendants n'apportent pas de preuve de naturalisation, ils sont étrangers : s'ils jouissent du bienfait de la loi française, ils peuvent aussi, quand ils nous renient, porter la peine de leur ingratitude ; une dette de 150 fr. les soumet à la contrainte par corps (29).

Effets de la naturalisation : Les effets de la naturalisation ne commencent qu'après l'accomplissement des conditions exigées et pour l'avenir seulement (art. 20 C. c.), quand même le naturalisé serait un Français originaire ayant perdu cette qualité. La règle de l'article est absolue.

L'art. 20 ne rappelle pas le cas de l'art. 9 comme ceux des art. 10, 18 et 19, et de ce silence on a conclu que, pour le naturalisé de l'art. 9, la naturalisation avait un effet rétroactif. L'art. 9, ajoutent les partisans de cette opinion, se sert du mot *réclamer* : on ne réclame que ce qu'on a eu et par conséquent il y a dans cet article déclaration et non collation de naturalité. — C'est encore là un reste des anciens principes ; l'individu de l'art. 9 demande, non pas à faire reconnaître une qualité préexistante, mais à conquérir une qualité nouvelle ; le sens du mot *réclamer* n'est ni bien absolu ni bien déterminé. Le mot *recouvrer* dont se sert l'art. 10 est bien autrement énergique et pourtant l'art. 10 se trouve compris dans l'art. 20. Le silence de l'art. 20 sur l'art. 9 s'explique tout naturellement : l'individu de l'art. 9 n'a jamais été Français, le doute à son égard n'était pas possible,

membres de ces familles et de les soumettre au recrutement ; mais la proposition n'eut pas de résultat et l'art. 2 de la loi se borna à décider que tout individu, *né en France* de parents étrangers, est soumis aux obligations imposées par la loi, immédiatement après qu'il a été admis à jouir du bénéfice de l'art. 9, C. c. —(29) Dalloz, 1825. 1. 65. Sirey 1836. 1. 859.

tandis que ceux des art. 10 , 18 et 19 auraient pu soutenir qu'ils avaient toujours été Français , par cela seul qu'on leur permettait de le redevenir. Enfin si l'on admet qu'il y a rétroactivité pour l'art. 9 et non pour l'art. 10, on fait la position de l'individu du premier meilleure que celle de l'individu du second ; on jette ainsi dans une singulière contradiction le législateur qui, en donnant à l'étranger de l'art. 10 la faculté perpétuelle de devenir Français, défend à celui de l'art. 9 de réclamer cette qualité après l'année qui suit sa majorité : cela ne peut être.

§ II. *Par le mariage :* L'étrangère qui épouse un Français acquiert par son mariage l'état civil dont jouit son mari (art. 12 C. c.) et le conserve malgré la mort de ce dernier. Avant la loi de 1816, abolitive du divorce, elle l'eût conservé malgré la dissolution de son mariage par le divorce ; à plus forte raison le conserve-t-elle encore après sa séparation de corps qui laisse subsister le mariage.

Si la femme française , devenue étrangère par son mariage avec un étranger, devient veuve, elle peut recouvrer sa qualité primitive de Française, pourvu qu'elle réside en France ou qu'elle y entre avec l'autorisation du Roi et en déclarant qu'elle veut s'y fixer (art. 19-2°) (30). Mais si une étrangère a épousé un étranger qui devienne Français, elle reste étrangère et ses enfants étrangers comme elle restent étrangers.

§ III. *Par la réunion d'un pays à la France :* La réunion d'un pays à la France est complète par la conquête et l'incorporation , et les habitants cessent d'être étrangers pour devenir Français, presque comme accessoires du territoire (31). Ainsi les habitants des pays conquis et incorporés

____

(30) D'après les Constitutions de 1790, 1791, 1793 et 1795, celui qui avait épousé une Française devenait citoyen français. — (31) Cette opinion a été pratiquée sous l'ancienne monarchie, sous la république et sous l'empire ; un arrêt célèbre du Parlement de Paris du 6 sept. 1707 l'a proclamée ; les Parlements de Paris et de Bordeaux l'ont constamment appliquée. C'est celle de Grotius, de

de 1791 à 1814 sont devenus français et ils auraient dû conserver cette qualité, si bon leur eût semblé, quand ces territoires ont été restitués à leurs souverains primitifs. Mais une autre opinion, qui n'a guère été que celle des souverains vaincus par nos armes, prétend qu'il faut, outre la conquête et l'incorporation, pour opérer la réunion, la cession du pays par la puissance à laquelle il appartenait. Conformément à cette seconde opinion, la loi du 14 octobre 1814, relative à la naturalisation des habitants des départements réunis à la France par nos conquêtes de 1791 à 1814, a considéré ces habitants comme n'ayant jamais été français : cette loi ne distingue même pas entre ceux qui étaient établis sur le territoire actuel de la France et ceux qui étaient établis sur le territoire abandonné. Seulement, en considération de faits dont on ne pouvait entièrement abolir ni la gloire ni la portée, deux tempéramments ont été admis à ce système rigoureux (32). Le second, seul applicable aujourd'hui, est renfermé dans l'art. 2 de la loi, qui réserve au roi le droit d'accorder aux habitants de ces départements, sans les soumettre à la résidence ordinaire de dix ans, des lettres de *déclaration de naturalité* qui constataient qu'ils avaient conservé la qualité de français (33). Cette loi doit être considérée comme purement transitoire et tout exceptionnelle.

Puffendorf, de Vattel, et de Montesquieu. Voy. encore M. Valette sur Proudhon I, p. 129.—(32) V. Guichard, traité des droits civils, p. 76, et M. Rapetti, 2ᵉ Dissert. p. 142. — (33) Les lettres de déclaration de naturalité, dit Laplanche, p. 190, ne sont qu'une reconnaissance faite par le souverain d'un droit acquis à l'un de ses sujets. On les avait instituées pour les Flamands qui, enlevés à la domination française, revenaient en France.

CHAPITRE II.

DE LA CONDITION DES ÉTRANGERS EN DROIT PUBLIC ET POLITIQUE ET EN DROIT PRIVÉ.

Les étrangers, en mettant le pied sur le sol français, contractent certaines obligations envers l'état et envers les particuliers : de son côté, la France en consentant à les recevoir, leur concède nécessairement certains droits. Il se forme ainsi entre eux et l'État une sorte de société, d'association temporaire qui a son droit pour la régir. C'est de ce droit que j'ai à rechercher les principes et les règles, et, comme toute société est à la fois politique et civile ou privée, je considèrerai sous ce double rapport la condition des étrangers en France.

SECTION I.—De la condition des étrangers en droit public ou politique.

ARTICLE I. — LOIS DE POLICE ET DE SURETÉ.

« Il est des lois, disait M. Portalis au conseil d'État, sans lesquelles un État ne pourrait subsister : ces lois sont toutes celles qui maintiennent la police de l'État, et qui veillent à sa sûreté. » Or, la légitime défense est de droit naturel pour les nations comme pour les individus, et l'étranger devient, en entrant en France, sujet casuel des lois qui protègent les personnes, leur vie, leur honneur, leur propriété. Défendu par elles, il doit les respecter à son tour ; l'hospitalité qu'on lui donne appelle et force son obéissance.

De là ce vieux dicton de droit : *Intrasti urbem, ambula juxta ritum ejus,* traduit ainsi par l'art. 3 - 1° C. c. : « Les lois de police et de sûreté obligent tous ceux qui habitent le territoire, » c'est-à-dire même les étrangers.

Le mot *lois* comprend ici non seulement l'œuvre directe du pouvoir législatif, mais aussi les arrêtés de police faits par les maires dans les limites de leurs attributions déterminées par la loi (Loi du 24 août 1790). Ces actes des maires sont comme une émanation indirecte du pouvoir législatif sur les points attribués à leur juridiction.

Les membres du corps diplomatique ne sont point soumis aux lois de police et de sûreté, malgré la généralité des termes de l'art. 3 : la loi s'est tue à cet égard, parce qu'elle n'avait rien à dire ; ce qui regarde les ambassadeurs appartient au droit diplomatique ; on n'avait pas à s'en occuper dans une loi qui n'est que de régime intérieur (1). Dans les principes du droit diplomatique, le souverain, même chez une autre puissance, est censé se trouver toujours dans son propre territoire, et il jouit de toutes les prérogatives inhérentes à la souveraineté : par conséquent l'ambassadeur, qui représente la personne de son souverain, est considéré, pendant toute la durée de sa mission, comme s'il n'avait point quitté l'État dont il est l'envoyé, et comme s'il remplissait son mandat hors du territoire de la puissance auprès de laquelle il est accrédité. Il est la parole du prince qui l'envoie, dit Montesquieu, et cette parole doit être libre.

Les consuls et les autres agents assimilés à ceux-ci pour leurs relations commerciales ne jouissent pas de ces privilèges diplomatiques (2), à moins qu'ils n'aient reçu de leur

(1) M. Portalis. Dans la discussion du Code civil, à la suite de l'art. 15, Boulay présenta l'art. suivant : « Les étrangers revêtus d'un caractère représentatif de leur nation ne seront pas traduits ni en matière civile ni en matière criminelle devant les tribunaux en France. Il en sera de même des étrangers qui composeront leur famille ou qui seront de leur suite. » Cet article fut rejeté comme étranger au droit civil.—Voy. enc. Laplanche, II, 45. Chopin, *de dom.* I, C. 2 n° 28. Lebret, *de la Souveraineté*, II, C.2. Bacquet, *d'Aub.* C. 12 n° 2. Décr. des 11 déc. 1789 et 13 vendém. an II. Code général de Prusse et en Angleterre le statut 7 de la reine Anne, ch. 12, 1709.--(2) Arrêts de la cour de Paris des 28

gouvernement une mission diplomatique spéciale. Ils sont soumis à l'*exequatur* du gouvernement dans le territoire duquel ils exercent leurs fonctions (3), et on lit dans la formule de l'*exequatur* français : « Qu'au cas que le consul fasse quelque commerce pour lequel il entre dans des engagements, il pourra être poursuivi ainsi qu'il est d'usage, sans pouvoir y opposer aucun privilége. »

Tous les autres étrangers, sans aucune exception, sont soumis aux lois et arrêtés de police. Cette décision semble injuste au premier abord, car un étranger peut ignorer les réglements de police d'une petite commune dans laquelle il passe (4). La Cour de cassation n'admet jamais, quant aux Français en pareille matière, l'excuse résultant de la bonne foi ou de l'ignorance, et cela pour deux motifs : d'abord l'art. 161 I. cr. frappe le prévenu convaincu de *contravention*, et la contravention, c'est le fait, non l'intention ; en second lieu, sans cette rigueur, il n'y a pas de police possible (5). Inflexibles pour le Français, la loi et la jurisprudence ne peuvent fléchir devant l'étranger.

Les nécessités de la politique peuvent soumettre les étrangers plus étroitement que les Français aux obligations résultant des lois de police et de sûreté. La preuve en est dans la loi du 21 avril 1832, relative aux réfugiés étrangers, renouvelée jusqu'à ce jour d'année en année, et dernièrement encore par la loi du 15 juin 1843, et mitigée par celle du 24 juillet 1839. Son caractère essentiellement transitoire et momentané dépose en faveur du principe hospitalier de la France et l'on sent encore, sous les mesures de défiance qu'elle prescrit, que notre pays est toujours

avril 1841 et 25 août 1842.—(3) Paris, 4 déc. 1840.—(4) Pour obvier à cet inconvénient, on a quelquefois obligé l'étranger à se procurer une caution domiciliée, comme à Gibraltar (Journal *le Siècle*, 9 déc. 1842). Voy. encore Boullenois, obs°ⁿ. XI.—(5) Cass., 23 février 1827· On a jugé de même pour les contraventions aux lois fiscales, de douanes, d'enregistrement, des droits réunis.

l'asile des sujets persécutés comme celui des rois malheureux.

Les étrangers déclarés par jugement en état de vagabondage peuvent être expulsés du territoire par les ordres du gouvernement, c'est-à-dire de l'autorité administrative (art. 272 C. p.).

En général, le droit de répression d'une nation sur ceux qui portent atteinte à sa conservation ne peut s'exercer qu'à raison des actes commis sur son territoire. Cependant, la loi française a consacré une extension à cette règle, non seulement à l'égard des nationaux, mais encore à l'égard des étrangers (art. 5 et 6 C. I. c.), qui peuvent, dans ce cas, être poursuivis, jugés et punis en France, d'après les lois françaises, s'ils sont arrêtés en France (6), ou si le gouvernement en obtient l'extradition. C'est quand il s'agit de ces crimes qui sont des attentats à la sûreté, à la souveraineté, au crédit de l'Etat; ils sont l'injure du sujet d'une puissance particulière contre tout un Etat; c'est pourquoi la société a droit de demander l'extradition des coupables. Il n'entre point dans mon plan de traiter avec développement des règles du droit d'extradition. Je veux dire seulement, avant de quitter cette matière, que dans les usages européens elle ne s'accorde pas pour crimes et délits politiques (7).

L'étranger trouve toujours dans les lois de police et de sûreté une protection efficace qui ne le distingue pas des

(6) Mais il faut que l'arrestation de l'étranger soit faite loyalement, qu'il n'ait pas été attiré chez nous par dol ou supercherie, entrainé par violence ou jeté sur nos côtes par les infortunes d'un naufrage. (V. quant à ce dernier point, l'arrêté des Consuls du 18 frimaire an VIII, relatif aux émigrés naufragés à Calais)· L'inclémence des éléments n'est pas un auxiliaire légitime de la justice; quand c'est le malheur qui livre le crime, l'humanité a un droit de préférence sur le pays (V. article de M. Hello sur M. Portalis l'ancien, revue de législation t. IX. p.16).—(7) Décret du 23 oct. 1811.Traités du 2 fructidor an VI, et du 4 vendém. an XII entre la France et la Suisse; traité du 6 germinal an X, entre la France et la Grande-Bretagne, l'Espagne et la Hollande; traité du 19 déc. 1834, entre la France et la Belgique; du 23 mai 1838 entre la France et la Sardaigne. Voy.

Français. C'est une juste réciprocité de l'obligation où il est de s'y soumettre (Cour de cassation, 17 nov. 1834).

ARTICLE II. — DROITS POLITIQUES ET FONCTIONS PUBLIQUES.

Comme on n'a qu'une patrie , on ne peut être à la fois citoyen de deux états. Les devoirs, que l'exercice des droits politiques imposerait à un étranger, impliqueraient contradiction avec ceux qu'il tient de sa naissance et de sa nationalité. Il faut être citoyen pour avoir la jouissance des droits politiques (art. 7 et 8 C. c,), il faut être Français pour être citoyen ; l'étranger est donc complètement dénué de ces droits. Ce principe est important, chez nous surtout, où les citoyens sont appelés plus ou moins directement par eux-mêmes ou par leurs délégués à la confection de leurs lois et aux délibérations qui touchent à leurs intérêts les plus chers. Ainsi , les étrangers en France ne peuvent être membres des deux Chambres législatives (8), des conseils généraux , des conseils d'arrondissement et des conseils municipaux (9) , ni des colléges électoraux en qualité d'électeurs (10) ou d'éligibles (11).

Ils ne peuvent être investis d'aucune fonction qui serait une émanation directe ou indirecte du pouvoir que la Charte a confié au Roi (12). En conséquence , ils ne peuvent être ministres ni conseillers d'Etat (13). préfets, sous-préfets (14), maires, commissaires de police (15) , ni être admis au service dans les armées (16) ou dans la garde natio-

encore les débats soulevés à la Chambre des pairs dans la session 1842-3 , sur la modification proposées à l'art. 7 du Code d'Instr. crim. et M. Fœlix n° 569.

(8) Ordon. du 4 juin 1814.—(9) Loi du 21 mars 1831, art. 10, 11 et 13, et loi du 22 février 1833 , art. 4 et 23. — (10) Art. 1 de la loi du 19 avril 1832.— (11) Art. 7 et 59 de la même loi.—(12) L'ancien droit poussait plus loin ses prohibitions. Voyez l'art. 357 de l'ordonnance de Blois, qui défendait aux étrangers de faire la banque dans le royaume , à moins qu'ils n'eussent donné judiciairement une caution de 150,000 livres qu'ils étaient tenus de renouveler tous les cinq ans.—(13) Art. 58 de la Constitution du 22 frimaire an VIII.—(14) Art. 59. —(15) Art. 10 du Sénatus-consulte du 16 thermidor an X.—(16) En vertu d'une

nale (17). Ils ne peuvent être membres de la Cour des comptes (18), juges et procureurs du roi près la Cour de cassation , les Cours royales et les tribunaux de première instance.(19), juges de paix et suppléants des juges de paix (20), conseillers de préfecture (21), notaires (22), avocats , avoués (23), jurés (24), commissaires-priseurs , huissiers , agents-de-change ni courtiers (25).

Un étranger peut exercer la profession de médecin s'il est gradué en France , car son diplôme qui lui confère le droit d'exercice est donné au nom du Roi (26) : s'il a été gradué dans les universités étrangères , il lui faudra une autorisation du gouvernement pour exercer sa profession dans le royaume (27). L'art. 16 du concordat du 18 germinal an X,

loi, une troupe étrangère peut être admise au service de l'État, art. 13-2º de la Charte de 1830. V. loi du 9 mars 1831 sur la légion étrangère et ordonnance du 21 mars 1831 sur les Zouaves. D'après l'art. 2 du décret du 21 septembre 1793, les matelots étrangers ne peuvent former plus du quart d'un équipage français. Suivant l'ordonnance du 20 octobre 1723 , ils pouvaient en former le tiers. — (17) Cependant, comme le service de la garde nationale est surtout un service d'ordre et de sûreté, les étrangers peuvent être appelés à le faire, quand ils ont été admis à la jouissance des droits civils conformément à l'art. 13 du C. c., lorsqu'ils ont acquis en France une propriété ou qu'ils y ont formé un établissement (art. 10, loi du 22 mars 1831). Dans ce cas, l'admission est purement facultative (avis du conseil d'État du 21 mars 1831). Une loi de 1791, qui considérait le service de la garde nationale plutôt comme un droit que comme une charge, n'admettait les étrangers dans la garde nationale qu'après qu'ils avaient rempli les conditions pour devenir citoyens français.—(18) Art. 20, 27 et 31 de la Constitution de l'an VIII.—(19) Art.67.—(20) Art. 8 du Sénatus-consulte du 16 thermidor an X.—(21) Art. 59 de la Constitution de l'an VIII.—(22) Art. 1 de la loi du 25 ventôse an XI, art. 7 de la Constitution de l'an VIII.—(23) Sirey 40-2-533. C'était pour les avocats une doctrine constante sous l'ancien droit. (Décl^{on} du 26 janv. 1780). Le serment exigé aujourd'hui des licenciés en droit pour être reçus avocats ne peut être prêté par eux. D'ailleurs les avocats et avoués peuvent, dans certains cas, suppléer les juges et les officiers du ministère public et cette suppléance est incompatible avec la qualité d'étranger. Enfin l'on exige des avoués la jouissance des droits civils et *civiques* (Joye, p. 158).—(24) Art. 383 , Inst. crim.—(25) Ces fonctionnaires sont soumis à la nomination du roi et l'on exige d'eux un certificat attestant qu'ils jouissent des droits civils et *politiques*.—(26) V. Légal, p. 268.—(27) Art. 4 de la loi du 19 ventôse an XI. Il résulte de l'art. 7

conforme aux principes des anciennes libertés de l'Eglise Gallicane (28), exige la qualité d'originaire français pour la dignité épiscopale en France. Les étrangers ne peuvent être vicaires-généraux , mais ils peuvent être employés dans les autres fonctions ecclésiastiques avec la permission du gouvernement (29).

L'étranger peut-il remplir les fonctions d'arbitre, d'expert, de témoin ?

Il peut être arbitre volontaire. L'arbitrage , cet ordre judiciaire primitif, comme l'appelle M. Portalis (30), est du droit des gens : il ne connaît point de limites comme la juridiction proprement dite ; la confiance des parties suffit à l'arbitre , il ne rend pas la justice au nom du Roi ; il ne prononce pas comme homme revêtu d'une autorité publique, mais comme homme sage , dit M. Troplong ; ses décisions sont purement privées , puisqu'elles ne sont exécutoires, qu'en vertu d'ordonnances des tribunaux de première instance (31).

L'étranger ne peut être arbitre forcé : dans l'arbitrage forcé , le juge délègue à des particuliers une partie de ses fonctions (art. 61-3° C. com., 1019, 1020, 1023 C. pr.); la partie d'une fonction tient de la nature de la fonction elle-même ; or, la fonction de juge est interdite à l'étranger, une de ses parties l'est également.

Ce que je dis de l'arbitrage forcé, je le dirai de l'expertise : c'est encore ici la délégation d'une partie de la fonction du juge (art. 42 C. pr.). Il faut excepter le cas des art. 414-4°

des lettres-patentes du 28 novembre 1638, données pour servir de statuts aux marchands épiciers et apothicaires à Paris, que les seuls Français et les étrangers naturalisés pouvaient remplir ces fonctions.—(28) Traité des libertés de l'Eglise Gallicane, art. 39, par Pithou. V. encore Laplanche II, p. 115.—(29) V. Légat, p. 262. — (30) Article sur l'ouvrage de M. Rocco. Rev. de lég⁰ⁿ, t. 16, p. 145. — (31) *Horum propriè judicium non est*, dit Cujas sur L. 1 ff. *de recept.* V. encore I. 8 c. *de judæis.* Légat , p. 276. Guichard , *droits civils*, n⁰ˢ 43 et 56. Montgalvy, n° 118. Carré, n° 3259. Zachariæ , § 75.

et 416 C. com. Le législateur, en l'absence du juge français, accepte un juge étranger ; il ne peut dans ce cas repousser des experts étrangers.

L'étranger peut déposer comme témoin devant la justice ; quand il ne s'agit que de la preuve d'un fait, on n'a pas le choix des témoins ; ils sont donnés par les circonstances de temps et de lieu qui entourent ce fait ; en pareil cas tous les témoins présents sont nécessaires, tous les témoins nécessaires sont capables, à moins qu'une exception naturelle les repousse. Les étrangers ne sauraient donc être écartés par cela seul qu'ils sont étrangers.

C'est par un motif analogue que l'étranger peut être témoin dans un acte de l'état civil (art. 37 C. c.). Il ne s'agit que de constater un fait naturel, un de ces faits qui existent par eux-mêmes, qu'ils se soient ou non accomplis devant témoins. Il faut accepter le témoignage de ceux qui ont pu avoir le plus immédiatement connaissance de la naissance ou du décès. D'ailleurs l'art. 37 est sous la rubrique des *dispositions générales* ; il s'applique donc aux actes de l'état civil des étrangers comme à ceux des nationaux, et, puisqu'il fait choisir les témoins par les personnes intéressées, on ne pouvait forcer la confiance des parents étrangers en leur imposant des témoins français.

Mais l'étranger ne peut être témoin instrumentaire dans un acte authentique (art. 9 de la loi du 25 ventôse an XI, art. 980 C. c.). La prudence commande au législateur de choisir cet ordre de témoins ; les faits de la vie civile n'existent que s'ils sont formellement, légalement constatés ; il faut prouver l'existence légale, la vérité civile de ces faits ; il ne s'agit plus de rechercher des preuves, mais d'en créer : les témoins instrumentaires participent ici à la confiance de l'acte, et cette participation est un motif d'exclusion contre l'étranger qui ne peut remplir une fonction publique.

SECTION II.—De la condition des étrangers en droit privé.

La loi civile s'occupe de l'homme sous deux points de vue différents : 1° par rapport à sa personne ; 2° par rapport à ses biens. Dans le premier cas, elle prend le nom de loi personnelle ou *statut personnel*, dans le second, celui de loi réelle ou *statut réel*. Voyons dans deux articles différents comment chacune de ces lois s'applique en France à l'étranger (32), avant de compléter dans un troisième l'énumération des droits privés dont il jouit.

ARTICLE I. — STATUT PERSONNEL (33).

La loi personnelle s'empare de l'homme à sa naissance pour ne l'abandonner qu'à sa mort ; elle le constitue personne civile en lui donnant un état. Cet état, l'homme le tient de la loi de son pays ; en quelque lieu qu'il se trouve, il n'est et ne peut être que ce qu'il est devenu par elle et elle ne cesse

(32) Je puis dire dès à présent, en thèse générale, que le statut personnel qui régit l'étranger en France est celui de son pays, tandis que c'est le statut réel de la France qui régit les biens français de l'étranger. Mais la loi ne s'occupe des choses que par rapport aux personnes, et souvent, quand elle s'occupe des personnes, elle ne le fait que par rapport aux choses. Il n'y a donc pas de statut personnel qui ne produise un effet quelconque par rapport aux biens, ni de statut réel qui n'agisse par contre-coup sur les personnes : cela rend la distinction délicate ; elle serait impossible si l'on ne pouvait trouver le caractère dominant, essentiel du statut, car c'est à préciser ce caractère que consiste tout le problème. Voici le conseil de Merlin (Rép^re. V. Autor^on ; sect. X) : « Il faut s'attacher à l'objet principal, direct, immédiat de la loi et oublier les « effets. Si l'objet principal, direct, immédiat de la loi est de régler l'état de la « personne, le statut est personnel, les effets par rapport aux biens ne sont plus « que les conséquences éloignées de la personnalité. Au contraire, si l'objet prin- « cipal, direct, immédiat de la loi est de régler la qualité, la nature des biens, « la manière d'en disposer, le statut est réel ; les effets par rapport aux per- « sonnes ne sont plus que des conséquences éloignées de la réalité. » (V. encore Boullenois, *Traité*, préface et pp^es 7, 9, 22, 23), d'Argentré, Voet, Roden- burg, d'Aguesseau et Cochin.—(33) Voy. dans M. Vallette sur Proudhon, p. 7

jamais d'être l'unique règle de sa capacité ; elle s'expatrie et voyage avec lui, *post equitem sedet*, ont dit les docteurs ; *personam sequitur sicut umbra, sicut cicatrix in corpore* ; elle a protégé son berceau et la constitution de sa famille ; elle est pour lui primitive et fatale, dit M. Guizot ; sa volonté ne l'a pas choisie, sa volonté ne peut l'en séparer tout entier.

Il suit de là que c'est pour l'étranger un devoir de rester soumis, même en France, au statut personnel de son pays ; mais si cette loi est différente de la loi française, si par exemple elle soumet à d'autres conditions que la nôtre la capacité du mineur ou celle de la femme mariée, il y aura conflit entre elles (34). Il n'y a pas là de supérieur commun pour régler les lois entre états comme les juges entre citoyens : en principe, la loi française possède et exerce seule la souveraineté dans tout le territoire ; les nations ne sont pas tenues d'admettre chez elles l'application des lois étrangères : elles se déterminent pourtant à le faire par des considérations d'utilité et de convenance réciproques, toutes les fois qu'un motif d'une gravité particulière ne s'y oppose pas. Notre Code nous permet-il de nous conformer à cet usage ?

Il ne présente pas de système général sur ce point ; il ne pouvait imposer de règles aux autres peuples européens et il ne voulait pas s'engager envers eux sans qu'ils fussent liés envers nous. Il s'est contenté de poser le principe pour les Français (art. 3-3°) ; *les lois concernant l'état et la capacité des personnes*, a-t-il dit, *régissent les Français, même résidant en pays étranger.* Quant aux étrangers, il leur applique bien les lois de police et de sûreté, et les lois réelles, mais il ne doit rien des lois personnelles. Or, *unius*

et 100, pourquoi les lois personnelles sont *de droit privé.*—(34) Ce conflit se présentait dans l'ancien droit de coutume à coutume, entre Français, entre les statuts provinciaux et municipaux. On appelait *statuts* les lois municipales

inclusio est exclusio alterius (35); le législateur ne veut donc pas les soumettre d'une manière absolue aux lois personnelles françaises, et son silence nous permet d'appliquer ici le principe de l'utilité et de la convenance réciproques. Eh bien ! nous avons intérêt à ce que les nations étrangères respectent chez elles, dans la personne des Français, le statut personnel français (36), car la règle établie dans l'art. 3-3° ne peut recevoir d'exécution qu'autant que les nations étrangères y prêtent la main ; appliquons donc aux étrangers leur statut personnel (37); mais si par suite les principes fondamentaux de notre droit public, si le bon ordre ou les mœurs du pays sont en danger, si des intérêts français ont à souffrir des conséquences de ce système, appliquons par exception la loi française aux étrangers (38).

Ainsi un Français, enfant naturel légitimé par le mariage subséquent de son père, conformément à l'art. 331 C. c., sera regardé comme légitimé même en Angleterre où l'on n'ad-

régissant les provinces ou les villes.—(35) L'article du projet portait : « La loi oblige indistinctement tous ceux qui habitent le territoire. L'étranger y est soumis pour les biens qu'il y possède et pour sa personne pendant sa résidence. » Sur l'observation de Tronchet, cette rédaction fut changée comme étant trop large et contraire, dans la dernière partie, aux usages européens.—(36) Il nous importe, par exemple, que les nations étrangères ne permettent pas à un Français de se marier sans le consentement de son père. Le mariage pourrait, il est vrai, être annulé en France ; mais souvent, et en matière de mariage surtout, il y a des maux qui ne se réparent pas et qui sont sans remède. — (37) Il est assez remarquable que presque tous les Codes européens semblent aujourd'hui admettre l'application du principe de suite du statut personnel. V. Code civil d'Autriche, Code g^{al} de Prusse, Code bavarois, Code du canton de Berne, Code du canton de Fribourg, Code du canton d'Argovie. En Angleterre et aux États-Unis, il n'y a pas de loi écrite sur la matière, mais notre principe est enseigné par Blakstone, liv. I, ch. 2, et par M. Story, *Traité du conflit des lois étrangères et nationales*, § 21. Cependant, le Code des Pays-Bas, celui des Deux-Siciles et la législation Russe appliquent encore la loi territoriale toutes les fois qu'il n'y a pas d'exception formelle (V. M. Fœlix, n° 30). —(38) Ce système est suivi par le Code civil d'Autriche, par le Code prussien, et par M. Valette sur Proudhon I, p. 84. MM. Merlin, Pardessus, Toullier, Zachariæ n'appliquent pas aux étrangers la loi personnelle française. Rennes, 16

met pas cette sorte de légitimation (39), et réciproquement, par respect pour la loi anglaise, le bâtard anglais ne pourra être légitimé en France par mariage subséquent, bien que cette légitimation y soit légale.

Nous ne reconnaîtrons pas chez nous un état que les lois considèrent comme contraire à l'ordre public, par exemple l'esclavage ou la polygamie. Mais un étranger, divorcé dans son pays et conformément aux lois de son pays qui lui permettent de se remarier, peut du vivant de sa première femme épouser une Française, nonobstant la loi qui a aboli et qui prohibe encore le divorce en France.

En effet, c'est le statut personnel qu'il faut consulter pour déterminer la capacité des contractants; l'étranger divorcé, capable dans son pays de contracter un nouveau mariage, est capable de le faire partout; c'était son statut personnel qui l'avait fait époux, c'est lui qui l'a fait époux divorcé et libre; peu importe la cause qui l'a rendu à la liberté, que ce soit le divorce ou l'annulation de son mariage pour impuissance, cause de nullité que n'admet pas non plus la loi française. Le juge français ne peut s'arroger l'examen souverain et l'appréciation des actes passés à l'étranger, reconnaître le mariage et rejeter à la fois sa dissolubilité et le fait de sa dissolution.

Un arrêt de la Cour de Paris, du 30 août 1824, a pourtant contesté ce principe et établi que, pour ce qui regarde le mariage, les lois du pays où il est contracté doivent seules régler la capacité. C'est là une confusion entre la capacité nécessaire pour le mariage et les formalités qui doivent être observées dans ce contrat: les formes seules sont réglées par la maxime *locus regit actum* et il ne faudrait pas, par exemple, de l'art. 47 C. c., qui valide tout acte de l'état civil d'un Français rédigé à l'étranger dans les formes du pays où il est passé, conclure que le mariage, contracté par un Français à l'âge de quatorze ans, dans un pays qui autorise le mariage à cet âge, serait valable en France.

On objecte la diversité des effets produits par le divorce dans les législations qui l'admettent.... qu'importent les différences? L'étranger invoque le statut personnel avec les distinctions qu'il comporte et qu'examinent les tribunaux français. L'important est que, dans son pays, le divorce dissolve le mariage et permette d'en contracter un second.

Le divorce, dit la Cour de Paris dans un autre arrêt du 28 mars 1843, n'est pas considéré en France comme moyen de dissolution de mariage.... mais il ne s'agit plus d'opérer cette dissolution, elle existe. On ne rendra pas, quoiqu'on fasse, la vie au premier mariage étranger ; il n'existe plus, et cela est si vrai que, dans l'espèce soumise à la Cour, la première femme de l'étranger divorcé s'était remariée. Eh bien ! vous divisez ce qu'il y a de plus indivisible au monde, l'état de l'homme : l'évidence veut qu'on ne soit pas époux dans un pays, quand on est célibataire dans un autre. Il ne vous appartient donc pas de dire à l'étranger divorcé : vous êtes encore époux , mais vous lui dites : nous ne voulons pas de vous pour époux dans notre pays et pour nos femmes. C'est comme une note d'infamie que vous lui imprimez.

Le mariage, dit l'arrêt, est d'ordre public, il est la garantie de la pureté des mœurs.... mais quels risques court donc l'institution du mariage dans notre système, même au point de vue des adversaires du divorce? Est-ce que l'étranger en sera moins divorcé? Non! seulement il en sera plus célibataire, car il le sera pour toujours, et, si vous croyez que c'est là un moyen de protéger le mariage, c'est que vous oubliez ces graves paroles de Montesquieu (40) : « Moins il y a de gens mariés, moins il y a de fidélité dans les mariages : comme lorsqu'il y a plus de voleurs, il y a plus de vols. »

____

(40) Esprit des Lois, liv. 23, ch. 21.

La capacité de l'étranger, dit-on encore, ne peut relever le Français des empêchements dirimants et des prohibitions de la loi française. Ainsi, l'habitant d'un pays, où un frère pourrait épouser sa sœur, ne pourrait contracter un pareil mariage si sa sœur était française..... Je le reconnais, mais alors l'incapacité est dans la sœur française (art. 162 C. c.). Ainsi, de même, un Musulman, auquel la loi de Mahomet permet la polygamie, ne peut contracter, en France, plusieurs mariages : on lui répondrait avec l'art. 147 C. c. : « On ne peut contracter en France un second mariage avant la dissolution du premier. » Bien différent est le divorce : il n'y a pas de loi française qui dise qu'un Français ne peut épouser une femme légalement divorcée, même en France avant l'abolition du divorce. La loi française défend au mari d'avoir plus d'une femme..... l'époux divorcé n'en a plus. Mais, d'ailleurs, même en dehors des prescriptions du Code, le mariage du frère avec sa sœur et la polygamie sont un attentat flagrant à la morale publique de la France, et je pourrais presque dire à la morale universelle des peuples, *qui legibus aut moribus reguntur*. En est-il de même du divorce ? La réponse se trouve dans les nombreuses législations, soit anciennes, soit contemporaines, qui l'ont autorisé. Le divorce, il est vrai, n'est pas admis partout : mais qu'importe, s'il l'est dans le pays de l'étranger ?

Le système contraire est plein d'anomalies, d'inconvénients et de dangers. En effet, si l'étranger divorcé s'est remarié dans son pays, il faudra, en France, le considérer comme bigame et regarder ses enfants comme illégitimes. S'il veut épouser en France une de ses compatriotes, assurément ils sont capables tous les deux ; et pourtant le maire français devra refuser de célébrer leur mariage, puisque, dit-on, l'empêchement est ici de droit public. Que devient alors le principe du droit des gens qui veut que les étrangers puissent se marier dans tous les pays. Si le divorce de l'étranger avait été prononcé avant 1816, l'étranger, a dit M. l'avocat général (41), serait capable de se marier en France comme un Français divorcé à la même époque ; c'est donc la loi de 1816 qui change la capacité de l'étranger, et l'on ne veut pas voir qu'il se trouve toujours dans la même position que le Français divorcé sous l'empire du Code civil. Enfin, et c'est là le pis, si le divorce de l'étranger rend la femme française incapable de l'épouser en France, cette incapacité de la femme française la suivra partout et nulle part elle ne pourra épouser d'étranger divorcé : les époux divorcés de tous les pays seront mis au ban de la loi française de 1816. Assurément, le législateur de cette époque, auquel on a reproché avec raison d'avoir usurpé le passé par l'art. 2 de sa loi n'a pas voulu usurper l'univers, et pourtant c'est ce qu'on lui fait faire (42).

Quand l'étranger fait en France des conventions avec des Français, en dissimulant les prescriptions de sa loi personnelle, il faut lui appliquer, relativement à sa capacité, la loi française, s'il résulte un préjudice, pour ceux qui ont traité avec lui, de l'application de son statut personnel. En dissimulant cette loi en France, il l'a violée le premier, et nous ne sommes pas tenus d'avoir pour elle, à cause de lui, plus de respect que lui-même : il n'y a ici en présence que des intérêts privés, et d'ailleurs nous n'avons pas intérêt à ce qu'en pareil cas le Français aille spolier les étrangers, dans leur pays, au mépris du statut personnel français. Enfin, ce serait ruiner le crédit des étrangers en France, si l'on ne pouvait, sans aller consulter les prescriptions de la loi de leur pays, contracter avec eux d'une manière sûre.

(41) Conclusions conf. de l'arrêt de Paris, 28 mars 1843. — (42) Voy. en ce sens Nancy, 30 mai 1826, Concl. conf. de M. Troplong, av^l g^{al} ; trib^{al} de la

Ainsi, quand l'étranger, mineur d'après sa loi personne-
le, et dès-lors incapable de s'obliger, a déclaré dans une
convention, faite hors de son pays avec un Français, qu'il est
majeur, nos tribunaux *peuvent* lui appliquer les règles du Code civil français sur la majorité, s'il est majeur
d'après ce Code. Il n'y aurait plus de sécurité pour les
Français qui ont contracté avec lui, si, étant âgé de plus de
21 ans, il pouvait se faire restituer contre ses engagements, en alléguant ensuite qu'il est mineur dans son pays
(Paris, 17 juin 1834). C'est une application, pour cause de
dol, de la règle de l'art. 3-1o C. c. sur les lois de police et
de sûreté. Mais si l'étranger, mineur d'après la loi française,
était majeur d'après celle de son pays, on pourrait le considérer comme majeur. Il ne peut se plaindre de l'application
de sa loi, et il ne peut en résulter aucun préjudice pour
les Français (43).

Une femme étrangère, incapable de s'obliger d'après la
loi de son pays, mais capable de le faire d'après la loi française, serait valablement obligée en France avec un Français,
si elle avait dissimulé les obstacles apportés à la validité de
son obligation par les lois de son pays (44).

Il en est autrement s'il s'agit d'un testament, c'est-à-
dire d'un acte unilatéral, relativement à des biens situés
en France. Il n'y a pas là de raison d'intérêt général qui
fasse une nécessité de modifier la règle sur les lois person-

Seine, 22 février 1842, et confér. des avocats du barreau de Paris, 8 juillet
1843. En sens contraire, Paris, 30 août 1824 et 28 mars 1843.—(43) Mais ce
n'est guère là qu'une question de doctrine, car en pratique, aucune loi étrangère ne fixe la majorité au-dessus de 21 ans.—(44) Cassation, rejet, 17 juillet
1833. Paris, 15 mars 1831. M. Foelix (n° 64) combat notre système soutenu
par Grotius, M. Burge (*Rev. étr.* VI, p. 734) et M. Vallette sur Proudhon, I, p.
85 et 86. Le Code civil de Prusse a adopté un terme moyen en établissant la présomption que tout individu, quelle que soit la nation à laquelle il appartient,
est majeur, et par suite capable de tous les actes de la vie civile, dès qu'il a atteint l'âge de 25 ans révolus. Aucune des législations modernes ne fixe la majo

nelles (45). Ainsi, le testament fait en France par un Espagnol n'ayant pas atteint l'âge de 25 ans, âge de la majorité espagnole, sera nul, non seulement à l'égard des biens du testateur situés en Espagne, mais aussi à l'égard de ceux situés en France.

C'est le statut personnel du mari, au moment du mariage, qui régit, *vi tacitæ conventionis*, l'association conjugale quant aux biens (46). Ainsi, une étrangère mariée à un Français ne-pourrait demander, par suite de sa séparation de corps, la révocation pour cause d'ingratitude des donations qu'elle aurait faites à son mari par contrat de mariage, car en France de pareilles donations, révocables jadis au cas de divorce, ne sauraient jamais l'être aujourd'hui en cas de séparation de corps, sans violer le texte et l'esprit de la loi, le bon sens, l'histoire et la morale. Ainsi encore, deux Français ou une étrangère et un Français, mariés sans contrat de mariage en pays étranger, seront communs en biens.

ARTICLE II. — STATUT RÉEL.

§ I. *Immeubles*. Les biens immeubles font partie du territoire de l'état, et, comme tels, ils sont soumis à la loi française. Les étrangers peuvent en être propriétaires, même sans résider en France; mais, suivant quelle loi peuvent-ils les acquérir et en disposer? Sera-ce conformément à la loi du domicile de l'étranger ou bien sera-ce suivant le statut réel de la France? L'art. 3-2° C. c. tranche nettement la difficulté soulevée par ce conflit : « Les immeubles, dit-il, même ceux possédés par des étrangers, sont régis par la loi française. » Cela se comprend; la loi nationale doit régir tout ce qui est

rité à un âge plus avancé.—(45) Thèse de concours de M. Delzers sur la condition des étrangers, 17 juin 1841, p. 9 et 10.—(46) Il faut remarquer toutefois qu'il ne s'agit pas ici de la succession entre époux, surtout relativement aux immeubles, laquelle est un statut réel.

national ; le territoire est français au même titre que les personnes ; la patrie est dans le sol comme dans le sang , et placer le territoire sous l'égide des lois du pays , c'est aussi bien en défendre l'intégrité que lorsqu'on le met sous la protection des baïonnettes. En second lieu, la souveraineté est indivisible, comme l'a dit M. Portalis dans l'exposé des motifs de l'art. 3 , et elle cesserait de l'être si les portions d'un même territoire pouvaient être régies par des lois qui n'émaneraient pas du même souverain. Enfin, ce serait jeter dans nos relations sociales un désordre incalculable , car les tribunaux de France et les Français seraient obligés de s'occuper sans cesse des dispositions des lois étrangères. Aussi, la règle de notre art. 3-2° est-elle universellement admise dans les divers Etats européens (47), et partout l'étranger n'est propriétaire d'immeubles qu'à la condition de respecter et de suivre le statut réel de leur situation.

Ainsi l'étranger sera soumis à la loi française, en ce qui concerne la distinction des biens en meubles et immeubles , la saisie immobilière, les hypothèques, la prescription acquisitive des immeubles ou celle extinctive des actions immobilières.

La succession *ab intestat* d'un étranger, qui se compose d'immeubles situés en France, sera également dévolue et partagée , en ce qui concerne ces immeubles , suivant le statut réel français. Tous n'admettent pas cette opinion. On ne conçoit pas de patrimoine, disent quelques-uns , abstraction faite de la personne qui le possède ; les biens d'un individu ne forment ce tout idéal , qu'on appelle patrimoine , que par suite d'un rapport juridique établi entre ces biens et cet individu. Le patrimoine, qui n'est pas un objet extérieur, se confond donc avec la personne qui en est propriétaire (48), et sa dévolution *ab intestat* est assurément de

(47) Code bavarois, introduction au Code général de Prusse, Code civil d'Autriche, Code de Sardaigne, Code Néerlandais. V. M. Fœlix, n° 35. — (48) Zacha-

statut personnel. En second lieu , la succession *ab intestat* est dévolue conformément à la volonté du défunt ; le défunt, n'ayant pas connu en général d'autre loi que celle du lieu de son domicile , on doit admettre qu'il a voulu faire régler sa succession par cette loi ; autrement, il en aurait disposé par testament ; c'est donc la loi de son pays qu'il faut consulter. Sans cela , les créanciers éprouvent mille embarras pour recouvrer leurs créances, si la succession, qui s'ouvre à la fois en France et à l'étranger , ne se partage pas d'une manière uniforme entre les héritiers dans les deux pays. Enfin, ajoute-t-on, la France n'a réellement aucun intérêt dans la question ; que lui importe, en effet, à quelles personnes et dans quelle proportion seront dévolus les biens de la succession ?

La loi qui règle la succession *ab intestat* est bien un *statut réel* ; elle s'occupe du sort des biens et non des héritiers et elle le fait en dépit de l'état et de la capacité de ces mêmes héritiers (49)· Il y a bien quelque vérité à dire que la loi consulte ici dans une certaine mesure les affections présumées du défunt, mais cela n'est pas toujours vrai, et il faut reconnaître qu'en cette matière elle a surtout en vue l'intérêt social et politique du pays. En effet , les mœurs politiques des différents pays ont la plus décisive influence sur la loi des successions *ab intestat*, et ces mœurs subissent de la manière la plus directe le reflet du morcellement ou de la concentration des fortunes : oh ! c'est là , il en faut convenir, une raison péremptoire de ne pas permettre à la loi étrangère de venir faire le partage des immeubles français , même entre héritiers étrangers : c'est le seul moyen de ne pas faire renaître dans notre France [les droits d'aînesse et de masculinité qui , grâces à Dieu et à la révolution fran-

riæ, §. 31. Avis de la Faculté de droit de Heidelberg, 1808, in-8°, n° 2. — (49) D'Aguesseau, 54ᵉ plaidoyer, fait de la succession *ab intestat* un statut réel.—

çaise, en sont pour toujours bannis. Devant un intérêt de cette importance, la volonté présumée du défunt et les embarras des créanciers ne sont pas des motifs suffisants de déroger à la règle de l'art. 3-2° C. c.

Si la succession *ab intestat* est recueillie à titre de réserve, je ne puis que persister avec plus de force encore dans la même opinion ; la dévolution légale de la portion de biens réservée ne peut être modifiée, même par la volonté expresse du défunt (50).

§ II. *Meubles*. Le statut réel s'occupe aussi des meubles, puisqu'il régit les biens et que les meubles sont des biens comme les immeubles. Un étranger peut être, en France, propriétaire de meubles : est-ce la loi française ou la loi étrangère qui les régira ?

Dans cette nouvelle question de conflit, presque tous les auteurs, admettant un système contraire à celui adopté pour les immeubles (51), soumettent les meubles situés en France et appartenant à un étranger à la loi du domicile du propriétaire. Le silence même du Code sur cette question en est, disent-ils, la solution ; il a cru devoir parler des immeubles seuls pour les soumettre à la loi française ; or *qui dicit de uno, de altero negat ;* par cela seul, il a voulu le contraire pour les meubles. Cela résulte de la discussion de l'art. 3 C. c. La seconde rédaction de l'article disait : « La loi régit *tous* les immeubles, les biens meubles et la personne du Français : » par conséquent, on soumettait à la loi étrangère les meubles et la personne des étrangers, puisqu'on ne s'est expliqué que pour leurs immeubles. D'ailleurs nous n'avons plus d'intérêt à ce que, dans la succession de l'étranger par exemple, on suive la loi française pour le partage des meubles. Les meubles n'ont pas de situation, *mobilia ossibus personæ inhærent*, ils n'ont pas *d'assiette fixe* de leur na-

(50) Cela a été formellement exprimé dans l'exposé des motifs de la loi de 1819 par M. le garde-des-sceaux (*Moniteur de* 1819, p. 605)—(51) M. Fœlix, N° 37,

ture, suivant l'expression traditionnelle de l'ancien droit ; ils n'en ont que quand leur possesseur a établi son domicile et où il l'a établi ; ils doivent donc être réputés avoir pour situation fixe le domicile du propriétaire, et alors c'est la loi du domicile de l'étranger qui fera le partage des meubles qu'il pourra laisser en France (52).

Je n'admets pas cette opinion sans faire, en faveur de l'intérêt des Français ou de la souveraineté et de l'ordre public, la réserve déjà faite à propos de l'empire du statut personnel sur la capacité de l'étranger en France. Je ne vois dans le silence du Code qu'un motif d'indépendance pour nos tribunaux qu'il constitue souverains appréciateurs. En droit rigoureux , c'est la loi française qui régit les meubles situés en France (53). Les anciens principes ne s'appliquaient qu'aux meubles des Français, de coutume à coutume, et non à ceux de l'étranger , comme aujourd'hui les principes de notre droit civil ne s'appliquent qu'aux Français , non à l'étranger (Paris, 1 fév. 1836.) Mais comme ici notre intérêt est minime , comme l'application réciproque de la règle généralement admise pourra nous être utile à l'étranger pour nos fortunes mobilières , nous l'appliquerons en général quand la question ne s'agitera qu'entre étrangers : *sans intérêt point d'action* ; ce principe est aussi applicable à la loi qu'aux particuliers : mais quand la loi étrangère pourra blesser en France quelqu'intérêt français , la loi française se relèvera de toute sa hauteur pour arrêter les meubles de l'étranger à la frontière ; elle ne s'effacera plus , sous peine d'y perdre sa nationalité en laissant amoindrir son empire.

Ainsi l'on doit appliquer aux meubles, laissés en France

cite 49 auteurs de cet avis.—(52) V. Rodenburg, tit, 2, ch. 2, § 1. *De jure quod oritur è statutorum diversitate.* Boullenois, dans son commentaire de ce chapitre, affirme que c'est là le langage de tous nos auteurs. Telle est encore l'opinion de Merlin et de Voël. Le Code prussien et le Code civil d'Autriche décident positivement que les biens meubles sont soumis aux lois qui régissent la personne du propriétaire. Il en est autrement du Code bavarois et du Code du canton de Berne.—(53) V. Laplanche II, p. 45.

par un étranger décédé, l'art. 2 de la loi du 14 juillet 1819. Les art. 726 et 912 C. c. s'appliquaient aux meubles comme aux immeubles (Cass., 9 févr. 1831) ; la loi du 14 juillet 1819, en les abrogeant, s'applique nécessairement, comme eux et comme les lois antérieures sur l'aubaine, aux meubles aussi bien qu'aux immeubles. C'est uniquement l'art. 1er de la loi de 1819 qui donne à l'étranger le droit d'hériter en France soit des meubles, soit des immeubles. L'art. 2, modifiant l'art. 1er pour le cas qu'il prévoit, s'applique aussi comme lui aux deux espèces de biens. Le concours de deux circonstances suffit pour l'application de cet art. 2, savoir : qu'il y ait un héritier français et un héritier étranger, qu'il y ait des biens en pays étranger et en France. Le seul but du législateur est de rétablir l'égalité, dans l'intérêt des héritiers français, et il est certain qu'il veut l'atteindre par tous les moyens possibles, d'autant plus qu'il sera très rare que la succession ne se compose que d'immeubles à l'étranger et en France.

Tout le monde s'accorde, au nom de l'intérêt du bon ordre et de la souveraineté, à appliquer en France la loi française aux meubles des étrangers en ce qui concerne les effets de la possession, les priviléges et enfin les voies d'exécution.

ARTICLE III. — DROITS PRIVÉS DE L'ÉTRANGER.

L'exercice des droits privés en pays étranger est pleinement compatible avec les devoirs du citoyen envers la patrie ; on peut en jouir en France sans cesser d'être étranger. Leur action se fait sentir tous les jours et à tous les instants ; la loi les considère comme inhérents à la nature de l'homme, et, à ce titre, il est juste que, dans tout état civilisé, la plénitude de l'état privé soit garantie à toute créature humaine sans distinction d'origine. Toutefois, il est encore parmi ces droits certaines prérogatives plus précieuses, que la loi française réserve pour l'usage exclusif de ses nationaux et des étrangers qu'elle juge dignes d'y participer et qu'elle force à établir leur domicile en France ; les autres droits sont seuls le partage de tout étranger non domicilié. Je traiterai donc séparément de l'étranger non domicilié et de l'étranger domicilié. Ce que j'ai dit jusqu'à présent s'applique à tous les deux.

§ I. *De l'étranger non domicilié.*

Nous n'avons point en France comme en Angleterre d'*Alieu Bill* pour régler complètement la condition privée des étrangers : deux lois seulement, celle de 1819 et celle du 17 avril 1832, ont réglé à cet égard quelques points de détail et se sont arrêtées là. L'art. 11 C. c., dont nous savons déjà l'importance, dit bien que l'étranger jouira en France des *droits civils* diplomatiquement stipulés par sa nation avec la France, mais comme, pour préciser la condition générale de l'étranger, il faut faire abstraction des traités, il semblerait résulter de la rédaction équivoque de cet article qu'en principe l'étranger ne jouit en France d'aucun droit privé, si cette conclusion n'était démentie par plusieurs textes du Code (art. 3 et 15), comme par l'esprit de notre art. 11 lui-même. Nous savons en effet qu'il n'a d'autre but, que d'empêcher l'étranger de jouir *de plano* de *tous* les droits privés. Mais le législateur n'a pas dit, comme le demandait le Tribunat et comme on le fit pour le mort civil, de quels droits privés jouirait l'étranger et de quels droits il ne jouirait pas, et la question est restée obscure et livrée aux discussions de la doctrine.

Les théories sont nombreuses et divergentes. Quelques-uns, sans voir qu'ils augmentent les rigueurs de l'ancien droit (54), regardent l'étranger comme une espèce de mort civil, sauf l'effet des lois particulières qui lui auraient accordé expressément ou tacitement quelques-uns des droits

(54) Dans l'ancien droit, l'étranger, incapable de tester, était capable de faire des donations entre vifs (V. Pothier, *des Pers.*, II, 2. Art. 25 et 902

qu'enlève la mort civile (art. 3, 12, 15, 19, 37 C. c.) et sauf aussi les cas où l'incapacité du mort civil n'a que le caractère infamant. D'autres prétendent que la question est devenue très simple et sans intérêt depuis la loi de 1819 (55) ; pour ceux-là l'étranger jouit en France de tous les droits civils qui ne lui sont pas expressément refusés par la loi (art. 905 C. p. c., 980 et 16 C. c.), car la loi de 1819, en lui concédant le plus précieux de tous, n'a pu vouloir lui refuser tous les autres. Malheureusement pour cette théorie, la loi de 1819 n'a rien changé à l'esprit de l'art. 11 C. c. (56), elle n'a donné que le droit énoncé dans ses deux articles, ni plus ni moins, et ce droit n'est même pas un droit civil, un *jus civile* dans toute la force du mot. C'est un droit naturel et le mort civil n'en est privé qu'à titre de peine ; la loi qui peut lui ôter la vie peut lui enlever aussi un droit qu'elle ne lui a pas donné. Enfin le Code, quand il s'explique positivement (art. 905 C. p. c., 980 et 16 C. c.) ne le fait pas pour jeter çà et là les jalons d'une théorie nouvelle, il ne fait que suivre l'exemple de l'ancien droit qui s'expliquait ou se taisait dans les mêmes cas (57). Une troisième théorie élargit encore la base de la précédente. Le législateur, dit-elle, n'a pas médité la question ; il a supposé l'étranger en possession d'un grand nombre de droits privés ; il faut recueillir les dispositions de ce genre, les relier ensemble et en former un système raisonnable. Ainsi, cette théorie dresse la liste des droits qu'elle suppose, d'après quelque disposition plus ou moins claire du Code, en

C. c.—(55) M. Delzers, thèse p. 11, Zachariæ §. 76 in f.—(56) Non seulement la loi de 1819 n'a pas modifié l'art. 11, mais pour interpréter cet article, il faut le faire à l'aide des art. 726 et 912 C. c. abrogés aujourd'hui. Ils entrent dans la théorie générale du Code qui n'a pas été changée. (Voir la discussion de la loi de 1819 et l'exposé des motifs de M. le G. des sc.) Le Tribunat, dans la discussion du Code civil, avait constaté que l'art. 11 était spécial aux droits civils et ne préjugeait rien sur la question de l'aubaine fixée plus tard par les art. 726 et 912. Par conséquent l'abolition de ces derniers articles ne pouvait réagir sur l'art. 11.—(57) La Cour de cassation, 22 novembre 1825, a jugé que

la possession de l'étranger ; puis, quand elle trouve un droit sur lequel un doute s'élève, elle le compare à tous ceux de sa liste, et, si un seul de ces derniers est plus important que le droit douteux ou a avec celui-ci quelque analogie, le droit douteux est adjugé à l'étranger. C'est transporter dans la science du droit le travail du chimiste qui soumet successivement à tous les réactifs le corps dont il recherche les éléments, mais l'expérience est ici moins facile et moins sûre. Au milieu de toutes ces divergences, je n'oserais indiquer une autre théorie, si cette multitude de systèmes, tout en accusant une grave difficulté, ne pouvait aussi atténuer la témérité de celui qui se hasarde encore dans cette terre de ténèbres.

L'obscurité tient surtout, si je ne m'abuse, aux significations fort diverses du mot *droits civils*. C'est un mot dangereux et souvent, comme l'a dit M. Blondeau (58) après Bentham, un insigne *faux-fuyant*. Remarquons qu'il ne s'agit ici que de *droits privés*. Or, les droits privés découlent de deux sources, du droit naturel ou droit de l'humanité, appelé encore *droit des gens*, parce qu'il se retrouve chez toutes les nations civilisées, et du droit positif, création de la loi, appelé encore *jus civile*, droit civil. Il y a donc des *droits privés naturels* et des *droits privés civils*. C'était la distinction des Institutes, ce fut celle de l'ancien droit et l'ancien droit reconnaissait dans la personne de l'étranger la capacité des premiers en lui refusant celle des autres (59). Devant l'assemblée nationale, la question ne pouvait donc se poser que pour les droits privés civils ; les droits privés *de droit de gens* étaient hors d'atteinte. Les droits privés civils furent donnés à l'étranger avec l'abolition de l'aubaine. La question fut plus générale devant les rédacteurs du Code. Le projet, conforme en cela aux décrets de 1790 et 1791, ac-

les art. 11 et 13 prouvent que l'étranger ne jouit pas de plein droit de tous les droits civils. C'est la réfutation de toute cette théorie.—(58) Introduction de la *chrestomathie*.—(59) Laplanche, II, p. 115. Charondas, liv. 1, part. 16.—

cordait aux étrangers les droits privés résultant du droit naturel, du droit des gens et du *droit civil proprement dit* (lisez *droit positif*), c'est-à-dire tous les droits privés (60). Les deux premières sources devaient être admises sans contestation, on les mit hors de cause, on supposa les étrangers en possession des droits en résultant, puisque ce sont les droits de l'humanité, et la discussion ne s'engagea que sur ceux résultant du droit civil proprement dit (ou droit positif), qui devinrent la base des art. 8, 11, 13. C'est de ceux-là que parlent ces articles, mais ils en parlent sans les définir, ils en supposent la définition connue ; ils semblent s'en remettre à un vague sentiment du droit des gens européen à cette époque, et laissent à la doctrine le soin de déterminer quels sont les droits privés qu'on doit regarder comme droits privés civils.

A priori, j'entends par *droits privés civils* ceux qui sont une création du droit positif, non pas seulement du droit positif de la France seule, mais du droit positif de quelque nation (61). Ces droits sont pour moi ceux dont on ne concevrait pas l'existence aussi imparfaite que possible sans l'intervention du législateur (62). Les *droits privés non civils*, au contraire, sont ceux qui appartiennent par leur origine au droit naturel, à ce droit naturel non écrit, progressif, que nous retrouvons à la base de toutes les sociétés et qui s'élargit et s'agrandit avec elles, *usu exigente et humanis necessitatibus ;* ce sont les droits que nous voyons aujourd'hui chez l'ensemble des nations civilisées, l'engagement du mariage, les contrats de vente, d'échange, de louage, de mandat, de dépôt, de société, les donations entre-vifs, en un mot, comme le dit si bien un éminent magistrat, tout ce qui touche à cette sorte d'actes qui sont *comme la vie hu-*

(60) V. encore disc. du trib. Gary au corps législatif, sur l'art. 7. — (61) Arg^t. art 11 C. c. Cet article, en supposant un traité permettant l'octroi réciproque de ces droits entre nations, les suppose exister chez elles. — (62) Ulp.

maine en action et qui reposent sur cette foi naturelle de l'homme en la parole de l'homme, l'un des plus beaux attributs de l'humanité (63).

Mais, objecte-t-on, cette théorie est en opposition manifeste avec l'art. 25 C. c. ; elle range parmi les droits privés civils des droits dont l'art. 25 ne déclare pas le mort civil déchu, tandis qu'au contraire elle range parmi les droits privés non civils des droits dont l'art. 25 prive le mort civil. A la première partie de l'objection, je réponds que l'énumération de l'art. 25 n'est pas complète, et que c'est pour cela qu'on a conservé l'expression haineuse et violente de mort civile qui la complète et emporte tout. Quant à la seconde partie, j'ai déjà dit que la loi enlève au mort civil des droits privés non civils, qu'il ne tenait pas d'elle seule, puisqu'elle pourrait lui ôter la vie (64).

Ce ne sont donc pas les termes de l'art. 25 C. c., ni les principes de la mort civile qu'il faut prendre ici pour point de départ ; c'est plutôt la *vie civile* avec quelques organes paralysés, et, pour continuer la même image, le roi peut seul, au moyen de l'art. 13, rendre à la vie civile ou privée complète les organes de l'étranger jusque là malade de naissance ; lui seul peut dire à ce paralytique de nos Codes : « Lève-toi et marche ! »

Ainsi, dans tous les cas, les étrangers ont chez nous les droits privés résultant du droit naturel et des gens ; l'article 11 leur accorde les droits privés civils dans les cas de réciprocité diplomatique. C'est dans ce cercle rétréci que le système de la réciprocité exerce contre eux sa rigueur nécessaire. L'art. 13, comme nous le verrons au §. 2e, leur accorde tous les droits privés civils qui, bien entendu, ne sont pas les seuls compris dans ce que nous ap-

L. 6 ff. *de just. et jur.*—(63) L. 5. ff. *de just. et jur.*—(64) « L'homme, qui a
« violé les lois de son pays, dit M. Portalis (observ^{ons}. sur le Code Sarde, *rev.*
« *de législon.* t. VII, p. 437) et la loi des nations, est dépouillé de tous les avan-
« tages garantis par le droit des gens (droits privés non civils) et par le droit
« (privé) civil ; il est réduit aux seuls droits inséparables de la nature humaine

pelons Code civil. Remarquons aussi que le droit positif ne peut enlever aux étrangers ce qui est de droit naturel : *« Le reson citoienne puet corrumpre les coses citoiennes, « mes elle ne puet corrumpre les coses natureux* (65). » Il peut aussi refuser sa sanction au droit des gens : ainsi l'étranger ne pourrait réclamer en France des dettes de jeu et des intérêts usuraires (66). Mais, sauf le cas où l'ordre public se trouve intéressé comme dans cette espèce, les droits privés, même purement civils, appartiennent aux étrangers, quand ils sont accessoires aux droits des gens dont les étrangers sont capables (67).

Droit de mariage. Le mariage est un contrat de droit des gens (68) et les étrangers peuvent contracter mariage avec les Français, soit en pays étranger, soit en France (art. 12, 19-1°, 170 C. c.).

Les formalités du mariage d'une personne française avec une personne étrangère sont toujours, comme nous le verrons plus tard, celles du pays où il est contracté. Quant à la validité intrinsèque, il est soumis à l'application du statut personnel, c'est-à-dire aux lois françaises, pour la capacité de la personne française (art. 63, 144 s. et 170 C. c.), et aux lois étrangères, pour la capacité de la personne étrangère (69).

« vivante, aux droits dont tout ce qui respire est capable. » —(65) *Traduction des Instit. de Justinien,* citée par Lathaumassière dans son édition de Beaumanoir, p. 484.—(66) M. de Savigny, *Traité de droit romain,* t. 1, liv. I, ch. 3. C'est à ce sujet que Cicéron dit : *atque etiam hoc imprimis ut nostros mores legesque tuamur, quodam modo naturali jure præscriptum est.*—(67) Merlin, *Q. de dr.* V° *adoption,* §. 2.

(68) V. Puffendorf, III, ch. 3, § 13. Tite-Live, IV, 3 et 4.—(69) Dans quelques pays (*L. de Bavière du 12 juillet 1818 et L. de Wurtemberg du 4 sept.,* *même année*), la loi défend aux régnicoles de se marier en pays étranger sans l'autorisation du gouvernement, sous peine de la nullité de leur mariage. Pour parer aux inconvénients de cette loi pour les Français ou Françaises, qui pourraient contracter de pareils mariages, une circulaire de M. le Garde-des-sceaux, du 4 mars 1831, exige de l'étranger la justification, par un certificat des auto-

Si les deux conjoints, qui se marient en France, sont étrangers ou s'ils le deviennent par le fait du mariage (art. 19 C. c.), ils sont régis en France, dans leurs relations conjugales, par les lois du pays auquel ils appartiennent et non par celles de la France. C'est encore une conséquence du principe de suite des lois personnelles.

En reconnaissant aux étrangers le droit de mariage, nous pouvons encore moins leur refuser la puissance maritale et la puissance paternelle, telles qu'elles sont régies par la loi personnelle du mari et du père. Toutefois, ce n'est pas sans restriction, et, pour ce qui est des droits sur la personne de la femme ou des enfants, nous ne concéderons rien de contraire au bon ordre ou aux mœurs du pays. Ainsi, nous refuserons au mari musulman l'exercice du droit que le Coran (ch. 4, v. 37) lui accorde de battre sa femme, mais nous lui permettrons de lui faire réintégrer le domicile conjugal, si elle s'en éloigne : nous refuserons encore au père sur la personne de ses enfants un droit plus rigoureux que celui des art. 375 s. C. c., mais nous lui permettrons d'exiger d'eux des aliments (art. 205, 206 C. c.), et nous lui reconnaîtrons surtout tous les droits extraits du pur droit naturel par les art. 371, 374 et 173 C. c. En ce qui concerne les droits sur les biens de la femme et des enfants situés en France, nous permettrons tout ce qui sera en harmonie avec le vœu de l'art. 3 C. c. et avec ce qui a été dit du statut réel.

Droit de tutelle. La théorie des tutelles a ses plus pro-

---

rités du lieu de sa naissance ou de son dernier domicile dans sa patrie, qu'il est apte, d'après sa loi personnelle, à contracter mariage avec la personne qu'il se propose d'épouser. En cas de contestation, les tribunaux statuent. Souvent les autorités étrangères ont refusé de délivrer de pareils certificats. Une lettre de M. le procureur du roi près le tribunal de la Seine, du 7 juillet 1835, permet de suppléer les formalités de la circulaire par un acte de notoriété, sous la forme indiquée dans l'art. 70 C. c., soumis à l'homologation prévue par l'art. 72. (V. la brochure de M. Fœlix, *des mariages contractés en pays étranger*, p. 19).

fondes racines dans le droit naturel (70) ; elle est fondée sur cette maxime éternelle de la protection du faible par le fort, qui se trouve à la base de toute législation, et le droit positif est impuissant à entraver tout ce qui peut sortir de cette source féconde. Si donc un étranger, mineur ou fou, se trouve en France, sans parents, sans proches, sans amis pour le protéger, nous lui donnerons un tuteur français : le droit naturel nous y oblige ; le maintien de l'ordre public l'exige, et, malheur aux nations qui l'oublient ! l'humanité n'est jamais violée sans danger chez un peuple, même envers un étranger ; la loi naturelle est violée pour tout le monde, quand elle l'est pour un seul homme.

Mais si cet étranger, en position d'être mis en tutelle, a près de lui son père ou un parent, certainement ce père, ce parent sera son tuteur ; ce n'est plus seulement le droit naturel, c'est encore le droit positif qui l'ordonne. Peu importe ici qu'aux yeux de notre loi l'office de la tutelle soit une espèce de charge publique, réservée aux seuls Français, et qu'un étranger ne paraisse pas capable d'en être revêtu : ce n'est pas la loi française, c'est la loi étrangère qui défère la tutelle du mineur et qui la régit, comme elle régit le mariage, la paternité et tous les droits de famille. D'ailleurs, il est doublement utile que les étrangers puissent être tuteurs de leurs parents étrangers en France, car autrement ceux-ci, en présence d'un ascendant, d'un proche parent, seraient exposés à tomber sous l'administration d'un national, qui ne tiendrait à eux par aucun lien, et les nationaux seraient soumis sans nécessité, sans indemnité et contre les convenances, à des obligations onéreuses et à une responsabilité toujours redoutable.

Cette dernière considération me porterait à permettre, mais avec beaucoup d'hésitation, à un compatriote dévoué

(70) Gaius I, 189. Instit. de Justin. I, 20 § 6. Ulp., lib. 2 *ad edict.* L. 1 ff. *de Minoribus.*

de devenir en France le tuteur de l'étranger mineur ou interdit.

Là doit certainement, à mon sens et précisément à cause de tous ces motifs, s'arrêter la concession et je ne reconnaîtrai jamais à un étranger le droit de devenir en France tuteur d'un Français. C'est donc une étrange erreur de dire, comme certains partisans de la troisième théorie dont j'ai parlé : « La loi, qui permet aux familles étrangères de s'allier par mariage avec les Français, pourrait être regardée comme entraînant cette conséquence que toutes les relations de famille et *autres analogues*, comme celles résultant de la tutelle, peuvent exister entre des Français et des étrangers. » En effet qu'a donc à faire ici le droit de mariage ? Au moment même du mariage, la différence de nationalité s'éteint sous le toit conjugal ; il n'y a plus qu'une famille et non plus une Française et un étranger ! On reconnaît à l'étranger les droits de famille...., mais dans sa famille seulement et non pas dans les nôtres. S'il est vrai que le fort doive protéger le faible, ce n'est pas un motif pour aller jusqu'à dire qu'il n'y a pas en France un Français qui puisse être le tuteur de son compatriote mineur et qu'il faut prendre dans une autre nation un protecteur de la faiblesse d'un Français. La tutelle est ici régie par la loi française ; cette loi ne peut donner le droit à un étranger ni lui imposer le devoir d'être tuteur d'un national. Enfin la tutelle a toujours été regardée comme une espèce de *munus publicum*, de délégation indirecte et éloignée de la puissance publique (art. 416 C. c.) ; la loi romaine (Instit. I, tit. 13, § 1, *de tutelis*) dit qu'elle est *jure civili data ac permissa* et nous savons toute l'énergie de ce *jus civile* des Romains. L'on ne peut se soustraire arbitrairement aux devoirs qu'elle impose, et, quoique de droit naturel, elle intéresse à un trop haut degré la conservation des patrimoines et le gouvernement des familles pour n'être pas régie et organisée par le droit civil, car le tuteur a sur son pupille des droits que l'on ne peut donner à un étranger sur un français. Aussi trouvons-nous partout dans le Code des textes qui résistent à l'introduction des tuteurs étrangers dans les minorités françaises. La loi appelle ceux qui peuvent être tuteurs des *citoyens* (art. 430 , 431 , 432 C. c.) ; les femmes françaises sont en principe repoussées des fonctions de tutrice (art. 432-3° C. c.), et les femmes françaises y ont certainement plus de droits que des étrangers. Un tuteur doit pouvoir être subrogé-tuteur et membre d'un conseil de famille (art. 425 et 445 C. c.) et la présence d'un magistrat officiel dans le conseil de famille (art. 416 C. c.) donne au droit d'y sister un caractère de fonction publique qui doit en exclure l'étranger (71).

Reconnaissance et légitimation d'un enfant naturel. L'étranger a incontestablement le droit de reconnaître un enfant naturel et de le légitimer par mariage subséquent, si sa loi personnelle ne le lui défend pas. Ce sont là des actes de droit naturel que notre droit civil autorise et réglemente et qu'il ne peut prohiber. Je sais bien qu'à certaines époques ce droit a été proscrit ou soumis à de dures conditions (72); aujourd'hui même, en Angleterre, ce droit de légitimation n'est pas admis : il faut plaindre ces temps et ces pays, mais non les imiter. Il s'agit ici de l'accomplissement d'un devoir plus encore que d'un droit. L'étranger peut être père légitime en France ; il doit pouvoir réparer une paternité illégitime.

Adoption. L'étranger ne peut pas adopter le Français ni être adopté par lui. Cependant , disent les partisans de l'opinion contraire , puisque l'étranger a en France les droits de famille , puisqu'il peut être époux , père et fils , puisqu'il peut légitimer et être légitimé , il doit pouvoir adopter

(71) Cassation, 7 juin 1826. Dans les Deux-Siciles les étrangers sans exception peuvent être tuteurs d'un étranger. Mais l'étranger domicilié peut seul être tuteur ou curateur d'un national. (V. art. de M. Portalis sur l'ouvrage de M. Rocco).—(72) La reconnaissance et la légitimation étaient autrefois, en France, une grâce du prince.

un Français ou être adopté par un Français ; l'adoption ne fait que créer entre l'adoptant et l'adopté des rapports de paternité et de filiation.

C'est encore là , comme on voit, une des applications de la même théorie ; la confusion me paraît plus complète que sur la question de tutelle. En effet, quand nous reconnaissons à l'étranger le droit de se marier avec un Français , nous ne pouvons refuser d'admettre les rapports de paternité et de filiation qui pourront découler de son mariage. Quand nous lui concédons le droit de légaliser par la reconnaissance et la légitimation des rapports naturels de paternité et de filiation, ces rapports sont déjà des faits préexistants, nous ne les créons pas, nous leur donnons le baptême de la loi. Dans l'un comme dans l'autre cas , nous ne faisons que reconnaître les conséquences les plus logiques, les plus viscérales d'un droit incontestable. L'adoption, au contraire (73), préexiste aux qualités de père et d'enfant adoptif , elle ne légitime pas, elle crée les rapports de paternité et de filiation. Pour ne pas reconnaître ceux qui découlent du mariage des étrangers, il faudrait dénier à ceux-ci le droit de mariage ; ce serait violer le droit naturel : ce serait encore le violer que de ne pas permettre la reconnaissance et la légitimation , ou bien il faudrait avoir pu empêcher de naître la paternité naturelle et la filiation naturelle, ce qui est hors de là puissance humaine. Pour refuser l'adoption au contraire, nous ne violons rien, car l'adoption est éminemment de droit civil ; tous ne l'admettent pas (74) : ce n'est même pas un de ces droits qui pren-

(73) Le mariage d'un étranger avec une Française ne produira jamais d'enfants français : si vous voulez que l'adoption d'un Français par un étranger fasse l'enfant adoptif étranger, vous enlevez à la France un citoyen, ce qui n'a pas lieu en cas de mariage, puisque les enfants ne sont pas encore nés et qu'ils ne pourront naître qu'étrangers.—(74) L'adoption n'existe pas en Angleterre (Halifax, ch. 8 nº 5). Il paraîtrait que dans l'ancien droit un Français pouvait adopter un étranger, car j'ai trouvé dans une note de messire Barnabé Brisson sur le *Code du Roi Henry III*, p. 188 Vº, *que l'adoption des particuliers ne natu-*

nent racine dans les sources vives du droit naturel et s'étendent appuyés sur le droit civil qui les soutient et les protége ; c'est une pure création du droit positif. C'est par le prescrit de la loi que l'adopté devient enfant de l'adoptant , que le nom de ce dernier est conféré au premier , que l'un et l'autre contractent l'obligation de se fournir respectivement des aliments , que l'adopté devient héritier de l'adoptant (art. 347, 349 et 350 C. c.).

Par une singulière pétition de principe, quelques-uns , s'emparant de ce dernier effet de l'adoption, prétendent que, le principal effet de l'adoption étant le droit de succession et le droit de succession étant reconnu aux étrangers par la loi de 1819, le droit d'adoption leur est par cela seul concédé. En droit, au contraire , le principal effet de l'adoption est de produire dans l'état de l'adopté et de l'adoptant un changement par suite duquel il s'établit entre eux des rapports de paternité et de filiation qui amènent le droit de succession. La loi de 1819 est donc ici sans influence.

D'autres auteurs (75) argumentent du droit romain, qui permettait d'adopter les esclaves (76), et concédent aussi le droit d'adoption à l'étranger parce que dans le Code l'adoption est un contrat (art. 346 C. c.). Si l'adoption est un contrat, c'est un contrat *sui generis* , un contrat de droit civil et les contrats de droit des gens sont seuls en la possession des étrangers. En droit romain, un esclave ne pouvait adroger ni être adrogé, adopter ni être adopté, puisqu'il n'était ni père ni fils de famille. Mais s'il était adopté par son maître, cette faveur, sans lui conférer aucun droit de famille, *licet hoc ad jus filii accipiendum non sufficiat* , dit le texte, avait pour lui l'effet d'un affranchissement. Cette espèce de quasi-adoption ne fut même plus, après Justinien, soumise aux for-

ralise pas. Mais alors l'adopté, restant étranger, ne pouvait succéder à son père adoptif —(75) M. Mausord n° 71-79. M. Gaschon, *Code Dipl. des Aub.* Di·c. prél., ch. IV.—(76) Instit. de Justinien , liv. I, tit. XI § 12.

mes de l'adoption (77). Quant à l'adoption proprement dite, le droit romain la refusait positivement à l'étranger ; elle se faisait d'abord dans les comices, et, comme le dit Heineccius (*Ant. rom.* I, 11 § 12) , *soli cives romani participes erant comitiorum*.

L'adoption peut être, dit-on, dans l'intérêt pécuniaire d'un Français pauvre , adopté par un riche étranger : je ne vois là qu'un intérêt privé : l'adopté pourra d'ailleurs aller dépenser sa fortune dans la patrie de son père adoptif ; nous n'y gagnerons rien et nous y perdrons un citoyen : dans le cas contraire , ce sera une fortune française passant en des mains étrangères et ce ne sera pas, comme autrefois en matière d'aubaine, la voix de la nature qui se fera entendre en faveur de l'héritier.

Enfin l'adoption appartient à la législation sur l'état des hommes et par conséquent à notre droit public interne. On pourrait par ce moyen rendre un étranger français, sans recourir à la naturalisation, et rompre ainsi l'économie de nos lois en renversant la concordance de notre droit civil avec le droit public du royaume (78).

Ce que je dis de l'adoption, je le dis, à plus forte raison, de la tutelle officieuse, qui est une innovation de notre Code civil, et qui dispose à l'adoption (art. 366, 368 et 369 C. c.).

Droit de prescription. Toute personne, capable d'acquérir un immeuble ou un droit de servitude , jouit aussi de la faculté de consolider par l'usucapion une acquisition de cette nature ; *accessorium sequitur principale.* Le droit d'acquérir et de s'obliger implique le droit de se libérer ; or l'étranger, qui peut acquérir et s'obliger comme le Français peut prescrire en France même contre un Français : la prescription est assimilée par les lois à une manière d'acquérir

(77) M. Duccaurroy, *Inst. expl.* liv. I, tit. 2 § 10. — (78) V. conf. à cette opinion , Besançon, 18 janvier 1808 ; Cass^{on}, 5 août 1823; rejet, 22 nov. 1825.

par consentement ou de se libérer par renonciation du créancier (79.)

Quelques-uns cependant, faisant de la prescription un droit
civil, en refusent le bénéfice aux étrangers (80). La question
n'est pas nouvelle ; nous savons l'histoire et la valeur de l'ancienne maxime romaine : *Adversùs hostem æterna auctoritas esto* (81). Pothier (*De la prescr.* I , n° 20), à la tête
de l'ancienne jurisprudence, l'invoque contre l'étranger en
prétendant que la prescription n'a été établie que pour les
citoyens : il s'indigne qu'on puisse croire qu'elle est de droit
naturel ; c'est pour lui la spoliation du véritable propriétaire et il lui lance l'anathême en l'appelant avec Justinien
(Nov. 9) *impium præsidium* (82).

Malgré ces autorités du droit romain et de l'ancienne jurisprudence, je crois la prescription de droit naturel : je ne
parle pas de ce droit naturel philosophique, stoïque, ab-
strait, idéal qui règle les actions et les rapports de l'homme
sans tenir compte de l'état social, comme ces philosophes qui
réglementeraient volontiers l'âme humaine sans songer au
corps qu'elle anime et qui l'asservit. Le jurisconsulte ne cherche les inspirations de sa raison que dans le droit naturel
de la société, réduit aux proportions moins poétiques et plus
vraies des nécessités matérielles de la vie sociale, dans ce *jus
commune omnium hominum* qui naît, se développe et pro-
gresse, comme je l'ai déjà dit, *usu exigente et humanis ne-*

Casson , 7 juin 1826. M. Guichard, 8.—(79) Zachariæ § 210. L. 28 ff. *de verb.
sfone.* et L. 230, *eod. tit.*—(80) M. Guichard, *Dr. civ.* n° 16. Gérard de Ray-
neval, *Institutions du droit de la nature et des gens*, p. 155.—(81) Gaius,
L. 1 ff. *de usucap.*, et Cujas, sur la même loi, regardent encore la prescription
comme étant de droit civil. Grotius, *de jure pacis et belli*, lib. 2, c. 4, n° 1, en
dit autant. — (82) Laplanche, II , p. 144 ; Bruneman , Huberus, Dunod, Vattel, d'Argentré sur Bretagne, *des appropriances*, Puffendorf, *Dr. de la
nat. et des gens*, ch. 12 § 9 ; Merlin, *Rép.* V° *prescript.* M. Troplong, n°s 1,
2, 3, 4, 35 ; Zachariæ, § 78, 164, 210, regardent la prescription comme étant de
droit des gens et l'accordent à l'étranger. V. encore Discuss. au Cons. d'Etat sur

cessitatibus. L'homme ne peut être entendu que né dans l'état, dit M. Niebuhr, (*Hist. Rom.*, t. 2, p. 5); la propriété aussi est faite pour les sociétés, pour leur bon ordre et pour leur paix; c'est là le droit naturel de la société : eh bien! la prescription n'a d'autre but que le maintien et le respect de ce bon ordre, de cette paix; l'art. 2220 C. c. la déclare d'ordre public. Elle est établie *ne in incerto dominia rerum maneant*; cet objet ne serait pas rempli si les étrangers ne pouvaient en profiter comme les citoyens (83).

Dans la prescription de mauvaise foi, la moins favorable de toutes, que voyons-nous en présence? Sans doute, à l'origine, il y a un vice, une usurpation, mais il y a aussi un droit qui semble s'abdiquer, s'il y a un fait qui aspire à devenir droit; il y a d'un côté l'inertie et l'oisiveté, de l'autre une activité profitable à l'Etat. Suivons pendant trente ans cette possession d'abord vicieuse, ce propriétaire oisif qui doit porter la peine de sa négligence, ce possesseur qui conquiert par son travail même en s'appropriant la chose, en l'humanisant, l'oubli de sa mauvaise foi. Supposons cette chose transmise à des tiers par cet usurpateur primitif : est-ce que rien ne pourra la laver de sa tache originelle et le baptême qu'elle va recevoir de la bonne foi de ce tiers ne lui sera-t il compté pour rien? Faudra-t-il donc toujours remonter au principe de tout droit (84)? Supposez un grain de plomb égaré dans les chairs d'une blessure depuis longtemps cicatrisée; il a d'abord causé une légère douleur locale et maintenant il ne trouble plus en rien la santé du corps : que dirait-on d'un médecin qui, pour l'extraire, par amour de l'état normal, irait labourer profondément les

la mort civile (Locré, Législon, II, 147 n° 7).— (83) La prescription est établie sur la présomption d'un titre ou d'un paiement, et cette présomption s'élève aussi bien en faveur de l'étranger qu'en faveur du citoyen.— (84) « L'art de bouleverser « les états, dit Pascal (*Pensées*, art. 6, n° 9), est d'ébranler les coutumes établies « en sondant jusque dans leur source pour y faire remarquer leur défaut d'auto-

chairs, rouvrir douloureusement la plaie et exposer le blessé aux plus graves dangers? Faudra-t-il donc de même, pour chercher la cause d'une spoliation presque oubliée, tenir en alarmes le corps social tout entier? Sans doute il y a là dommage particulier, mais le bien de l'état ne s'acquiert souvent qu'au prix de quelque froissement privé : *Usucapio damno est dominis, bono republicæ* (Cujas, L. 1 ff. *de usucap.*), et Cassiodore a bien fait d'appeler la prescription *la patrone du genre humain.*

Cette théorie nous fait comprendre comment, à l'origine des sociétés, quand la propriété n'existait que pour les citoyens, la prescription a pu être de droit civil. Mais déjà, du temps de Cicéron (*De offic.* II, 22 et 23), on regarde le respect pour les longues possessions comme étant le résultat de la pure équité : sous les empereurs, les étrangers qui ne pouvaient usucaper pouvaient prescrire. Pothier n'a pas fait assez attention à ces progrès de l'émancipation de la propriété, le droit d'aubaine a égaré sa raison (84 *bis*): aujourd'hui surtout que la loi de 1819 a rendu aux étrangers *le libre et entier exercice du droit de propriété* (85), nous serions impardonnables de leur refuser, même au point de vue du droit civil, la prescription qui est un moyen d'acquérir sanctionné par le Code : si elle a été introduite *odio negligentiæ, non favore præscribentis* (86), peu importe que la négligence ait eu lieu à l'égard d'un étranger ou envers un Français.

Quant à la prescription de bonne foi, elle émane directement de l'équité naturelle. Les mêmes raisons militent en sa faveur et de plus il y a bonne foi.

Droit d'hypothèque. L'étranger a le droit de stipuler

« rité et de justice. »—(84 *bis*) Pothier est lui-même revenu sur son opinion primitive. Voy. *Traité des personnes*, p. I, t. 2, sect. 2, § 7-6°. (85) Discours de M. de Serres, Monit. du 14 mai 1819.—(86) Bartole sur L. 1. ff. de *usurpat. et usucap.*

une hypothèque à son profit et celui d'en consentir une au profit de ses créanciers sur ses immeubles situés en France. En effet, quant au premier point, l'hypothèque est par son principe un pacte de droit des gens ; le droit des gens reconnaît certainement les droits réels basés sur la tradition et l'origine historique de l'hypothèque nous la fait voir, en droit romain, sortant de la tradition usitée dans le contrat de gage : fût-elle de droit civil, il faudrait encore reconnaître l'hypothèque à l'étranger ; elle est souvent la seule sûreté de la créance ; l'étranger a le droit de créance et il serait dérisoire de ne le lui reconnaître que pour le rendre inefficace. Mais l'hypothèque ne tient du droit civil que la forme et non l'être et les dispositions de ce genre sont faites pour tous, étrangers ou régnicoles.

Quant au second point, les biens français sont certainement capables d'hypothèque, si je puis ainsi parler. Il s'agit d'un droit réel, et, pour être possédés par un étranger, ils restent encore soumis à la loi française. Il n'y a pas non plus incapacité dans la personne de l'étranger : il a le droit de propriété ; celui de consentir une hypothèque n'est qu'un démembrement de ce droit : il peut aliéner, donc il peut hypothéquer.

Tout jugement rendu en France, au profit d'un étranger, lui donne le droit d'hypothèque judiciaire sur les biens de son débiteur situés en France : ce n'est point une faveur accordée aux individus ; c'est plutôt, comme on l'a dit, un hommage que la justice se rend à elle-même ; un droit affirmé par elle ne peut plus qu'être satisfait et c'est pour cela qu'elle saisit tout d'abord les biens du condamné. Peu importe donc que le jugement soit rendu entre étrangers ; le motif est toujours le même. Le tribunal français s'est déclaré compétent quand il pouvait d'office, comme nous le verrons, se prévaloir de son incompétence ; c'est qu'il a reconnu que la justice du pays devait intervenir.

L'étranger, qui est capable de vendre, de succéder et de recevoir par testament, peut se prévaloir des priviléges établis par les art. 2103-1°-3° et 2111, en faveur des vendeurs, des cohéritiers et des légataires, bien que ces priviléges soient des droits civils. Le privilége est un droit que donne *la qualité de la créance* (art. 2095 C. c.); peu importe que le créancier soit ou non français, qu'il soit ou non l'objet de la faveur et de la sollicitude de la loi.

Lorsqu'une étrangère épouse un Français, en France ou en pays étranger, le fait seul de la célébration du mariage lui donne hypothèque légale sur les biens de son mari situés en France, car au moment même de ce mariage elle devient française. Il n'est pas besoin, si le mariage a été célébré en pays étranger, que l'acte de célébration ait été transcrit sur les registres à ce destinés en France, aux termes de l'art. 171 C. c. Cet article n'est que réglementaire; en exiger l'application à notre espèce serait souvent mettre, contre la volonté du législateur, l'existence de l'hypothèque légale à la merci de la vigilance ou de l'intérêt du mari, la plupart du temps seul détenteur de l'acte et peut-être aussi seul instruit des prescriptions de l'art. 171. La loi française ne fait dépendre l'hypothèque légale que de l'existence du mariage, on ne peut tout à la fois la refuser et reconnaître le mariage ; or, l'art. 170 ne prononce aucune déchéance, aucune nullité pour l'omission de la formalité qu'il prescrit. Assurément il y a là un danger pour les créanciers, mais il en existe aussi un, et à un bien plus haut degré, quand un Français a été investi en pays étranger de la tutelle d'un Français ; pourtant personne n'a songé à dire qu'il fallût, dans ce cas, pour l'existence de l'hypothèque légale sur les biens français du tuteur, que cette tutelle fût rendue publique en France.

La femme, mariée en France ou en pays étranger (87) à

(87) M. Tessier, *Traité de la dot*, I, note 1092, accorde l'hypothèque légale au mariage contracté en France et la refuse à celui contracté en pays étran-

un étranger, n'a point d'hypothèque légale snr les biens que son mari possède en France. En d'autres termes le droit d'hypothèque légale n'appartient pas aux étrangers.

On dit pour soutenir le contraire de cette proposition : L'hypothèque légale est une conséquence du mariage, c'est une double résultante du droit de la faiblesse et du devoir de la protection, et, quand même elle serait un droit civil, il faudrait l'accorder à la femme étrangère : *Accessorium sequitur principale*. Mais l'hypothèque n'est pas de droit civil ; elle est de droit des gens, le droit civil ne fait que la réglementer, et c'est pour cela que tout ce que contient au Code le titre des hypothèques s'applique aux étrangers, comme l'hypothèque résultant d'une convention, d'un jugement, de la qualité de la créance : il en doit être de même pour l'hypothèque tacite, qui résulte de la seule force de la loi et qui tient à la fois de la nature de l'hypothèque conventionnelle, de l'hypothèque judiciaire et des priviléges. Enfin le régime hypothécaire appartient au statut réel : par conséquent, aux termes de l'art. 3-2° C. c., peu importe par qui l'hypothèque légale est réclamée, dès qu'elle l'est sur un immeuble français, dans le cas seulement où elle est admise par la loi française (88).

Il est bien vrai qu'en reconnaissant le mariage des étrangers, nous devons aussi reconnaître les conséquences de ce mariage ; toutefois, cela n'est vrai que pour les conséquences essentielles, viscérales, comme la communauté de la vie, la légitimité des enfants, la fidélité conjugale, contre lesquelles nous n'avons ni ne pouvons avoir d'intérêts contraires à opposer : mais les nations n'en sont pas encore venues

ger. Il s'agit dans ces deux cas d'un statut personnel et toujours d'un statut étranger. Pourquoi faire une distinction ?

(88) Ce système est celui de Merlin, *Rép*re. V° *remploi* § 2, n° 9, de M. Troplong, de M. Rappetti, II° diss°n., de M. Cubain, *Traité des droits des femmes*, n° 679. Voy. arrêt du parlem*t. de Paris du 4 sept. 1744, arrêt de Cass°n

au point d'admettre mutuellement les effets d'un droit exceptionnel, qui ne découle pas immédiatement de l'union conjugale, telle que l'hypothèque légale qui n'est même pas admise par toutes les législations (89). Cette hypothèque est en France une conséquence forcée du mariage.... je l'avoue, mais cela existe pour les mariages français seulement, et, s'il est bien permis au législateur de la France de faire prévaloir sur l'intérêt de créanciers français celui d'une épouse française, il n'en est pas de même de l'intérêt d'une femme étrangère. L'hypothèque légale est en effet une création exorbitante du droit positif ; elle ne trouve d'explication que dans l'extrême sollicitude de la loi pour les intérêts de la femme, intérêts si précieux qu'ils l'ont emporté sur la sécurité des transmissions et sur la libre circulation des propriétés (90) : prenons le Code dans ses idées sur les étrangers, traduites par ses art. 11, 726 et 912 ; assurément elles n'ont pu le conduire à regarder les intérêts de la femme étrangère comme assez respectables pour lui accorder la faveur de ce droit (91).

L'hypothèque légale ne tient pas au droit des gens par sa nature et par son origine comme les autres espèces d'hypothèques. Elle n'est pas basée sur une convention tacite, comme on l'affirme ; une convention ne pourrait la détruire ; elle naît sans convention, malgré même toute convention contraire (art. 2140 C. c. in f.). Dans l'hypothèque conventionnelle, le droit civil n'a qu'une action réglementaire ; dans l'hypothèque légale il a une action créatrice : d'ailleurs, l'hypothèque conventionnelle fût-elle de droit civil, l'intérêt

de l'ancien Conseil d'État du 18 mars 1848 ; Laplanche, II, 102, note *a*.—(89) Aux Pays-Bas, on ne reconnaît pas d'hypothèque légale pour la femme mariée ; en Espagne, il n'y en a pas pour le mineur. — (90) L'hypothèque légale n'a pas seulement pour effet de conserver le bien de la femme, comme semble le croire M. Tessier, *loc. cit.*—(91) L'hypothèque légale est de droit civil dans chaque pays. Pothier, *introd^{on} au tit. 20 de la cout. d'Orléans*, ch. 1, n° 9, M. Grenier, *des hypoth.* I, 246, 247 et 284. M. Rocco, *dell'uso e autorita delle leggi del regno delle Due-Sicilie, considerate nelle relazioni con le*

du pays voudrait encore qu'on l'accordât à l'étranger, parce que l'intérêt du pays veut qu'on facilite la transmission des capitaux en France, tandis que le même intérêt veut qu'on refuse l'hypothèque légale. Nous savons pourquoi l'étranger peut avoir l'hypothèque judiciaire et le droit de privilége ; c'est par respect pour la justice et à cause de la qualité de la créance ; ce n'est pas une question de capacité, comme en matière d'hypothèque légale, où il ne s'agit que d'une faveur toute personnelle.

Enfin, quand même l'hypothèque légale serait un statut réel, on ferait encore ici un singulier abus de l'art. 3-2° C. c., qui ne dit pas que tous les droits, qui peuvent avoir le sol français pour assiette, appartiennent à tous, français ou étrangers, mais qui dit que les étrangers ne pourront avoir sur ce sol d'autres droits que ceux reconnus par la loi française (V enc. art. 11, 726, 912 C. c.). Ainsi l'art. 3-2° signifie que la loi sur les hypothèques frappe indistinctement, et sans s'occuper de leurs possesseurs, tous les immeubles situés en France, qu'elle donne le droit de suite, le droit de faire vendre ces immeubles pour se faire par préférence payer sur le prix : mais à qui ? à ceux-là seuls au profit desquels l'hypothèque existe. Ici s'arrête l'empire du statut réel et celui du statut personnel commence. L'hypothèque légale est en effet un correctif à l'incapacité de la femme ; son existence dépend de l'état et de la qualité de la personne qui la réclame. C'est donc d'un statut personnel qu'il s'agit ; ce serait par conséquent la loi du domicile de l'étranger qui viendrait établir une hypothèque légale sur nos biens de France ! Repoussons-la au nom des principes de notre droit, au nom de l'intérêt français et de notre dignité (92).

---

persone e col territorio de gli stranieri, p. 66 et 67, à la note. — (92) M. Fœlix, *Rev. étr. et franç. de législat*on. T. IX, p. 25. Ce système est adopté par MM. Grenier, Battur, Duranton, Zachariæ, diss°n, Sirey XVII-2 217, et par la conférence des avocats du barreau de Paris (*Gazette des Tribunaux* du 18 février 1838). Il a été consacré par un arrêt de la Cour de Bordeaux, du 17 mars 1834, 1re ch., cité par M. Tessier, *loc. cit.*

Le système que je combats est plein d'inconvénients. D'abord, c'est un danger pour la sécurité des transactions : une femme peut être mariée et domiciliée en pays étranger ; son mari a des biens en France : comment peut-on savoir l'existence de ce mariage et partant celle de l'hypothèque légale ? C'est au fait seul du mariage, à la position de femme mariée qu'est attaché le privilége de cette hypothèque ; il faudrait donc l'accorder en faveur d'un mariage qui n'aurait acquis en France ni publicité réelle, ni présomption légale de publicité et sacrifier les régnicoles aux étrangers. Puis, cela est dur pour le mari : marié en pays étranger, là peut-être où l'hypothèque légale n'est pas admise, il n'a pas entendu s'y soumettre : alors il n'y est pas soumis, dit-on..., mais c'est une contradiction avec les termes de l'art. 2140 *in fine*. Marié en France, il peut avoir ignoré la différence qui existe entre la loi française et celle de son domicile, et par conséquent n'avoir pas cru voir ses biens grevés d'hypothèque légale. Dans sa sollicitude aveugle pour les étrangers, ce système ne serait donc qu'injuste envers eux.

Par les mêmes raisons, le mineur n'aura pas hypothèque légale sur les biens de son tuteur étranger situés en France. Il pourrait encore y avoir ici un danger de plus pour les régnicoles : on peut savoir qu'un étranger est marié ; l'on ignorera presque toujours qu'il est tuteur, et, si on le sait, quand son pupille devra, suivant la loi de son pays, rester en minorité jusqu'à 25 ans, l'on pourra croire qu'il est majeur à 21.

Mais, si les deux époux étrangers venaient à acquérir la qualité de Français, la femme pourrait alors réclamer l'hypothèque légale française sur les immeubles français de son mari ; seulement elle ne pourrait le faire qu'à partir du jour où elle aurait changé de nationalité avec lui.

—J'ai déjà dit que la règle de l'art. 11 C. c. souffrait exception, s'il y avait des traités diplomatiques entre la France et le pays de l'étranger. Celui-ci ne peut donc, pour réclamer en France la jouissance des droits civils, se prévaloir de ce qu'un Français serait, de fait ou même en vertu d'une disposition formelle de la loi étrangère, admis à jouir des mêmes droits dans son pays. Le Code n'admet que la réciprocité diplomatique, et non la réciprocité pure et simple (93).

Le fondement de toute réciprocité s'opposant à ce que l'une des parties puisse réclamer un avantage dont l'autre ne serait point appelée à jouir, tout traité diplomatique doit être interprété d'après un esprit d'égalité rigoureuse. Par exemple, un moine, incapable de succéder dans son pays, est frappé en France de la même incapacité (94), parce qu'un moine français ne pourrait succéder dans le pays de cet étranger.

De l'art. 11 il résulte clairement que, si les traités faits avec une nation laissaient les Français chez cette nation en dehors de quelque droit civil reconnu par elle, ses membres ne jouiraient pas chez nous de ce droit. Mais de cette expression de l'art. 11, *les mêmes* droits civils, que faut-il conclure dans l'hypothèse suivante? L'Angleterre ne reconnaît pas l'adoption comme nous; un traité entre la France et l'Angleterre stipule que les membres de chacune des deux nations jouiront chez l'autre de *tous les droits civils*. Un Anglais aura-t-il le droit d'adopter un Français ou d'être adopté par un Français? Oui; les expressions restrictives de l'art. 11 n'ont été employées que pour le cas où les traités n'accorderaient que certains droits et en refuseraient quelques autres; on voulait que les Français ne fussent pas traités chez l'autre nation plus défavorablement que les membres de cette nation ne le seraient chez nous, mais on ne demandait pas l'impossible.

— Il faut remarquer que des dispositions formelles ont accordé aux étrangers le droit d'exploiter exclusivement en France leurs inventions et leurs ouvrages littéraires et autres.

(93) Voy. la discussion au Conseil d'État sur les art. 726 et 912; Merlin, Rép.^{re} V° *Succ*^{on}; Toullier, IV, 102; Civ. Cass^{on}, 6 avril 1819.—(94) Toullier IV, 102.

Ils peuvent obtenir, comme les Français et aux mêmes conditions, des brevets d'invention et d'importation (L. 7 janvier 1791, art. 3, 9, 16, 28 ; L. 12 septembre 1791, art. 5 et 10). Ils jouissent, comme les Français et aux mêmes conditions, des droits sur les écrits de tout genre, compositions de musique, peintures, gravures, etc., compris sous le nom de *propriété littéraire* (Décr. 5 février 1810, art. 40). L'on comprend facilement l'intérêt que nous avons à garantir de semblables droits aux membres des nations étrangères.

On s'est demandé, dans l'ancien droit (95), si le Roi pouvait accorder à l'étranger un privilége exclusif à ses sujets, et, il y a quelques mois (96), on discutait dans nos Chambres législatives la question de savoir si un étranger, même non résidant dans le royaume, pouvait prendre en France un brevet d'invention. L'affirmative n'est pas douteuse sur la question de l'ancien droit, s'il s'agit d'une industrie, d'un art, d'un talent particulier à l'étranger. La question moderne doit aussi être résolue de la même manière ; mais un étranger, déjà breveté dans son pays, ne pourrait prendre en France un brevet d'invention, à moins de réciprocité pour les Français chez lui.

Des lois spéciales permettent également aux étrangers d'obtenir des concessions de mines (L. 21 avril 1810, art 13), et d'acquérir des actions de la banque de France (Décr. 16 janvier 1808, art. 3).

§. II. *De l'étranger domicilié.*

L'étranger, qui veut être naturalisé, est en général soumis à un stage préalable de dix années consécutives. S'il avait dû rester frappé, pendant ce même temps, des diverses

---

Civ. Casson, 24 août 1808 et civ. rej. 10 août 1813.—(95) V. Laplanche, II, 119.— (96) V. le *Journal des Débats*, 31 mars 1843, discon de la loi sur les brevets d'invention à la Chambre des pairs.

incapacités civiles qui viennent d'être mentionnées , tandis que sa demande de naturalisation en France pouvait l'exposer à d'autres incapacités dans son pays, il était à craindre qu'il renonçât à son projet de devenir Français. On a donc voulu lui accorder pendant ces dix années la jouissance , sinon des droits politiques, au moins des droits civils, lui donner en un mot la plénitude de notre état privé, car « bien que son adoption politique ne soit pas complète, disait M. Boulay au Conseil d'Etat, on doit regarder au moins son adoption comme une adoption civile. » Il pouvait aussi être utile d'attirer en France, par l'attrait de la jouissance de tous les droits privés, certains étrangers qui voudraient résider parmi nous, sans avoir l'intention de devenir jamais Français. C'est pour ces deux classes d'étrangers qu'a été écrit l'art. 13 C. c. ainsi conçu : « L'étranger, qui aura été admis par l'autorisation du Roi à établir son domicile en France, y jouira de tous les droits civils, tant qu'il continuera d'y résider (97).

Comme on le voit , il faut, outre la déclaration de vouloir se fixer en France, l'autorisation du Roi. On devait s'assurer qu'une faveur ne tournerait pas contre le peuple qui l'accordait. » C'est là, disait le tribun Gary, une mesure de police et de sûreté contre laquelle il n'y a eu aucune objection. » Ce motif nous explique aussi pourquoi l'autorisation accordée par le Roi est sujette à révocation (avis du Conseil d'Etat des 18-20 prairial an XI). L'étranger cesse, dans ce dernier cas, de jouir de tous les droits civils pour rentrer dans la condition générale de tous les autres étrangers : c'est une notable différence entre lui et le Français, car les nationaux ne peuvent être privés de la jouissance de leurs droits civils que par un jugement.

(97) Le projet du Code n'appliquait cet article qu'à ceux qui voulaient se faire naturaliser. Il disait: « L'étranger, qui aura fait la déclaration de vouloir « se fixer en France pour y devenir citoyen, et qui aura résidé un an depuis « cette première déclaration, y jouira de la plénitude des droits civils. » —

L'autorisation du Roi est tellement nécessaire qu'une longue possession d'Etat ne pourrait la remplacer , et , qu'alors même que l'étranger aurait fixé en France le siége de ses affaires, avec l'intention même déclarée d'y fixer son domicile, il ne pourrait y acquérir un domicile attributif de tous les droits civils.

On a pourtant soutenu le contraire. Le domicile , dit M. Rapetti (2ᵉ diss. p. 50), est en général le siége des affaires d'un individu , la conséquence de ce fait d'être habituellement présent dans un lieu donné. En effet, dit-il, suivant l'art. 102 C. c. , *le domicile est le lieu du principal établissement;* suivant la L. 7; C., tit. 39, liv. X, *in eo loco singulos habere domicilium non ambigitur , ubi quis larem rerumque ac fortunarum suarum summam constituit, undè rursùs non sit discessurus , si nihil avocet , undè , cum profectus est , peregrinari videtur, quod sit rediit, peregrinari jam destitit.* Suivant l'art. 279 C. p. sont vagabonds *ceux qui n'ont ni domicile certain , ni moyens de subsistance et qui n'exercent habituellement ni métier ni profession.* Les étrangers seront donc des vagabonds ! Le législateur suppose chez l'étranger le droit de domicile , continue M. Rapetti, car il dit comment on change son domicile et non comment on l'établit : celui de l'étranger s'établit , en dehors de l'autorisation expresse de l'art. 13 , quand il fixe en France son principal établissement et qu'on peut supposer qu'il a eu, en y venant, et qu'il a encore l'intention certaine d'un séjour permanent (98). Autrement, à quoi bon concéder ou reconnaître à l'étranger le droit de convention , celui de se porter partie civile, celui de réquérir une inscrip-

(98) Dans l'ancien droit, l'étranger pouvait acquérir domicile en France, car , pour établir son domicile, dit Laplanche, II , p. 140, il faut que deux choses concourent , *consilium et factum ,* et l'étranger peut faire concourir ces deux circonstances. C'est le système de M. Rapetti : mais, dans l'ancien droit, je n'ai rien vu d'analogue à la disposition de l'art. 13 C. c., et le domicile que pouvait avoir l'étranger ne lui donnait pas tous les droits civils.

tion hypothécaire, s'il ne peut faire une élection de domicile particulier? Or, il ne doit pas le pouvoir, car le domicile particulier n'est autre chose que la réunion des droits et des devoirs du domicile général où naturel, momentanément déplacés et transportés dans un lieu donné, pour une affaire spéciale, et l'on ne transporte pas tout ou partie de ce qui n'existe pas. Enfin, l'art. 13 C. c. n'est qu'une exception dans la question générale du domicile des étrangers, et il ne s'applique qu'à l'espèce pour laquelle il a été fait, c'est-à-dire à l'étranger qui veut se faire naturaliser.

Je ne vois rien de fondé dans ce système. L'art. 102 C. c. est au siège de la matière du domicile et ce titre ne s'occupe que des règles relatives à celui des régnicoles ; l'article lui-même le dit : Le domicile *de tout Français....* La loi romaine citée ne s'occupe aussi que de l'indigène, non du pérégrin, elle parle du lieu *unde, cum profectus est, peregrinari videtur, quod si rediit, peregrinari jam destitit.* Enfin l'art. 270 C. p. ne dit pas que le vagabondage consiste à n'avoir pas de domicile certain, il veut que ceux qu'il appelle vagabonds *manquent en outre de moyens d'existence et n'exercent habituellement, etc....* Les règles relatives au domicile de l'étranger, à celui qui donne la jouissance de tous les droits civils, ne sont pas ailleurs que dans l'art. 13 C. c. C'est précisément pour cela que le titre *du domicile,* qui ne s'occupe que du Français, dit comment on change de domicile et non comment on l'établit. Le domicile du Français s'établit, par le seul fait de la naissance, au lieu du domicile de son père (art. 108 C. c.), et je ne sache pas qu'il y ait pour naître quelque formalité légale à remplir : si plus tard le Français acquiert un autre domicile, ce sera par un changement (art. 103 C. c.). Il en est autrement pour l'étranger : quand il arrive en France, il n'y a pas de domicile ; s'il y reste, s'il y voyage, il n'en acquiert pas encore ; pour en avoir un, il faut d'abord qu'il l'établisse et c'est pour cela que l'art. 13 C. c. parle *d'établir....* Sera-ce donc seulement parce qu'il aura transporté en France son principal établissement, avec l'intention d'y rester, que l'étranger y sera domicilié? Je n'ai point vu cela dans l'art. 13. Que deviendrait alors le motif de police et de sûreté qui a dicté cet article et l'avis du Conseil d'Etat du 20 prairial an XI? Ce n'est point refuser à l'étranger, pour exercer les droits qui lui sont reconnus, le droit d'élire un domicile particulier, par exemple dans un bordereau d'inscription hypothécaire. Le droit de domicile général n'est pas incompatible en soi avec la qualité d'étranger ; seulement il est soumis aux conditions de l'art. 13 et là il n'est nécessaire que pour la jouissance de tous les droits civils. Ceux qui ne jouissent que de quelques droits privés n'ont pas besoin d'une prérogative aussi étendue, mais il n'y a nul inconvénient de détacher quelques parties de ce droit élevé de domicile général pour en faire, par exception, un droit de domicile particulier, soit dans notre intérêt, soit dans un esprit de justice envers les étrangers. Autrement, il serait vrai de dire que le cercle juridique dans lequel ils se meuvent a des rayons et pas de centre. L'art. 13 devient à ce point de vue, ce qu'il est réellement, une mesure générale et non une exception (99).

Ainsi, je n'admettrai jamais de tempéraments à l'art. 13, quand l'étranger voudra s'appuyer sur son droit de domicile pour exercer certains droits civils, pour intenter contre un autre étranger une action civile devant les tribunaux français, pour échapper à la caution *judicatum solvi*, à la contrainte par corps exceptionnelle de la loi de 1832, pour être admis à la cession de biens ou pour réclamer l'hypothèque légale. La disposition de l'art. 13, beaucoup plus avantageuse aux étrangers avant la loi du 14 juillet 1819, quand elle leur donnait le droit de succession, leur offre donc encore aujourd'hui de l'utilité.

(99) Zachariæ, § 76. Locré, *législat.* t. 2, p. 408. Merlin, *Répre*, Vis *Etr.* § 1, nos 9 et 10, et *Dle*, § 13. Paris, 16 août 1811.

L'état et la capacité de l'étranger domicilié en France, en vertu de l'art. 13, ne doivent pas être à l'avenir régis par la loi française ; ils le sont toujours par la loi étrangère. Je ne puis admettre la distinction par laquelle M. Valette (sur Proudhon, I, 178) résout cette question : en effet, dit-il, si l'autorisation a été demandée dans le but d'obtenir la naturalisation, la loi française régit dès à présent l'état et la capacité du futur Français. Si au contraire celui-ci n'a demandé l'autorisation que dans le seul but d'échapper aux privations dont les étrangers sont frappés en France, mais non avec l'intention d'abdiquer sa patrie, il reste soumis à la loi étrangère. L'équité de cette distinction ne me paraît pas de toute évidence et je la crois d'ailleurs repoussée par les vrais principes. L'étranger de l'art. 13 reste étranger jusqu'au jour de la naturalisation, que ce soit là, ou non, dans son intention primitive, le but de sa demande : l'autorisation du Roi d'établir son domicile en France n'a pas la plus légère influence sur son état et sa capacité, elle ne peut faire fléchir le principe de suite des lois personnelles. Dans un cas, dites-vous, ce serait *causer un préjudice à l'étranger*, dans l'autre *contrarier ses désirs*... Mais les principes de droit existent précisément pour ne pas complaire aux désirs des hommes et pour les régler : l'étranger est-il donc d'ailleurs seul intéressé dans la question ? A quoi sert le stage, si, dès qu'il commence, vous le considérez comme accompli et couronné de succès ? Depuis quand donc, lorsque le législateur prescrit un délai de dix années, le premier jour produit-il le même effet que le dernier ? Depuis quand donc le commmencement est-il la même chose que la fin ? L'étranger veut la naturalisation au commencement de son stage, mais qui vous dit qu'il la voudra à la fin, et que, s'il la veut encore, le Roi ne la lui refusera pas ? Dans ces deux cas, il peut rester étranger : vous lui aurez pourtant appliqué les lois personnelles françaises, à lui qui n'a jamais été Français, qui en repousse le titre ou qui n'est plus digne de l'obtenir? Non, mille fois non! attendez que le provisoire soit devenu définitif; ne faites pas aujourd'hui un homme provisoirement père, mari, enfant légitime, mineur ou majeur, capable ou incapable, pour lui enlever demain vous-même, ou lui voir enlever par la loi de son pays, le bénéfice ou la charge de ces titres et de ces qualités. Enfin, comment constaterez-vous l'intention primitive? par l'aveu de l'étranger!... Mais alors la jouissance de nos lois personnelles sera donc à la merci de ses intérêts et de son caprice.

Les enfants de cet étranger, nés depuis l'autorisation accordée, seraient étrangers comme lui.

L'art. 13 C. c. accorde à l'étranger la jouissance de tous nos droits civils, *tant qu'il continuera de résider en France*. C'est chez nous, avec nous et pour nous qu'il doit jouir de ces droits; il ne faut pas qu'un étranger puisse demander à chaque pays la jouissance de ses droits civils pour en faire une riche collection et aller tranquillement en jouir dans ses foyers. Mais il faut aussi entendre le texte de notre article d'une manière raisonnable; une courte absence, un voyage d'agrément ou d'affaires ne serait pas considéré comme interruptif de résidence (100) et je suis très-porté à appliquer à ce cas cette règle du changement de domicile du Français, qui veut que le fait et l'intention coopèrent pour opérer le changement.

La mort civile peut aussi priver de la jouissance de tous les droits civils l'étranger autorisé par l'art. 13 à résider en France. La loi française peut en effet infliger cette peine à tout étranger, bien qu'il tienne son existence civile de la loi de sa patrie. Elle a incontestablement le droit de lui ôter la vie naturelle; qui peut le plus, peut le moins. La mort civile est une peine accessoire et les lois de police et de sûreté peuvent

(100) M. de Malleville sur l'art. 13.

frapper l'étranger de peines principales emportant mort civile. Privé des droits de l'art. 25 , l'étranger condamné sera placé dans une position bien plus désavantageuse que celle des autres étrangers. Du reste, l'art. 35 C. p., ajouté à l'ancien Code par la loi du 28 avril 1832 , suppose qu'un étranger peut être condamné à la dégradation civique , laquelle emporte aussi privation de certains droits (art. 34 C. p.) (101).

Par cela seul qu'il est admis à établir son domicile en France et à y jouir de tous les droits civils , l'étranger cesse d'être soumis aux lois d'exception qui frappent les étrangers dans notre pays (102).

CHAPITRE III.

DE LA COMPÉTENCE (1).

SECTION I.—Des contestations entre Français et étrangers.

Il n'y a point de droit, quand il n'y a point de sanction : par conséquent l'étranger , qui en France a des devoirs à remplir envers la société ou envers les individus, peut y être contraint par les tribunaux. Mais, de son côté, il peut leur demander de faire respecter les droits dont la jouissance lui est reconnue.

En principe les formalités de justice, la forme de procéder devant les tribunaux , la mise à exécution de leurs jugements , les actes de procédure et d'instruction et tout ce

(101) M. Proudhon I, 135, prétend que l'étranger ne peut être condamné à la mort civile, *parce que,* dit-il, *l'homme ne tient les droits, dont se compose son existence civile, que du pacte social dans lequel il a stipulé.* C'est là une des conséquences erronnées des idées du *Contrat social.*—(102) Zachariæ, § 75. Douai, 9 déc. 1829. Paris, 25 avril 1834.

(1) Tout ce qui dans ce chapitre fait exception au droit commun ne s'applique en général qu'à l'étranger non domicilié. L'étranger domicilié , ayant la jouissance des droits civils, se trouve presque toujours soumis au droit com-

qui se rattache à ce que les anciens auteurs appelaient *statuta litis ordinatoria*, tombent dans le domaine exclusif de la loi du pays où la demande est formée. C'est donc la loi française qu'il faut consulter dans les contestations relatives aux droits et devoirs des étrangers. Mais les art. 14, 15 et 16 C. c. sont dans nos lois les seules dispositions écrites sur la matière, et, si l'on ne recourait aux principes généraux du droit, on aurait peine à formuler avec ces articles une théorie complète.

ARTICLE I. — ACTIONS SOUMISES A L'APPLICATION DES LOIS DE POLICE ET DE SURETÉ. — ACTIONS RÉELLES.

La même règle s'applique à ces deux espèces d'actions : pour les premières le tribunal compétent est toujours celui dans le ressort duquel le délit a été commis : c'est une juridiction de nécessité. Pour les actions réelles immobilières, c'est le tribunal de la situation de l'immeuble : c'est une juridiction de souveraineté.

ARTICLE II.—ACTIONS PERSONNELLES.

§ I. *Étranger demandeur.* Au moment où notre ancienne jurisprudence était encore imbue des principes de localisation puisés dans l'organisation féodale, la maxime *locus regit actum*, dont nous reparlerons plus tard, ne régissait pas seulement la forme de l'acte ; elle le régissait aussi en son entier et l'acte était souvent attributif de juridiction (1 *bis*). Puis, cette extension donnée à notre maxime se resteirgnit à mesure qu'un pouvoir central s'éleva au-dessus des autres, et bientôt on cessa de la pratiquer quant aux diverses parties de la France ; elle ne fut maintenue que pour les actes passés en pays étranger (2).

---

mun des Français ; quand il y aura exception, je le dirai.—(1 *bis*) *V. Pces. de la Jurispr. Franç.* par Prévost de la Jannès, 3ᵉ disc., *des statuts*, règle XV. — (2) Merlin, Cᶜᵒⁿˢ données dans un arrêt de la Cour de cassation du 22 janv.

Suivant ces principes, si deux Français avaient contracté en pays étranger, les contestations relatives à l'acte qu'ils avaient fait n'auraient pu être, même après leur retour en France, jugées que par le tribunal du lieu du contrat : mais le demandeur pouvait alors éprouver bien des embarras, soit pour obtenir justice du tribunal étranger, soit pour venir exécuter le jugement sur les biens de son débiteur situés en France. La position du défendeur, obligé de retourner se défendre loin de ses foyers et de son domicile, n'était pas meilleure. Pour obvier à cet inconvénient, on dressa en face de la maxime *locus regit actum* cette autre règle éternelle de droit *actor sequitur forum rei*, en donnant dans le conflit la prééminence à cette dernière : l'art. 15 C. c. permit donc au Français demandeur de venir faire valoir devant un tribunal français l'obligation contractée envers lui en pays étranger (3).

Quant aux obligations contractées en pays étranger par un Français envers un étranger, celui-ci aurait certes eu le droit de traduire son obligé devant le tribunal étranger, mais si tous les biens du Français étaient situés en France, il pouvait être plus utile d'obtenir directement contre leur propriétaire un jugement français. D'un autre côté, l'art. 14 avait forcé l'étranger défendeur à exécuter en France l'obligation par lui contractée envers un Français, même en pays étranger : la loi française devait, dans cette question comme

1806.—(3) La discussion de l'art. 15 semble indiquer cette marche. L'article du projet était ainsi conçu : « Un Français peut être traduit devant un tribunal de France pour l'exécution *d'actes consentis* en pays étranger. » On objecta que serait favoriser les fraudes aux droits d'enregistrement; il ne s'agissait donc alors que de *l'instrumentum* du contrat. Sur l'observation de Tronchet, les mots *obligations contractées* remplacèrent ceux *actes consentis*. Une fois ce premier échec porté à la maxime *locus regit actum*, on songea, dans une autre séance, à l'étranger demandeur et Tronchet fit ajouter à l'article ces mots : « *même avec un étranger*, » et la maxime *actor sequitur forum rei* triompha, sans toutefois annihiler complètement la valeur de sa rivale, car l'article dit :

dans toutes les autres, proclamer les principes d'une réciprocité parfaite ; elle devait, comme on l'a dit, chercher à entretenir, par la foi mutuelle des peuples, ces relations que des communications rapides et l'essor d'un commerce croissant, ouvrent et ouvriront de plus en plus devant eux ; elle devait donc permettre à l'étranger demandeur de venir réclamer de la justice française l'exécution de l'obligation contractée envers lui par un Français en pays étranger (art. 15 C. c. *in fine*). Le défendeur français ne peut se plaindre de l'application de la maxime *actor sequitur forum rei* puisqu'elle l'amène devant la justice de son pays (4).

CAUTION JUDICATUM SOLVI. La faveur accordée au demandeur étranger par l'art. 15 ne devait pas faire oublier l'intérêt du défendeur français. Les frais du procès sont la peine du plaideur téméraire ; celui qui triomphe doit être sûr de les recouvrer. On pouvait d'ailleurs craindre des poursuites vexatoires de la part de l'étranger demandeur qui trouverait facilement dans la fuite un moyen de se soustraire à la peine de sa témérité. C'est pour garantir le Français de ce double danger que l'étranger, demandeur principal ou intervenant, en toutes matières autres que celles de commerce, est soumis à fournir, s'il en est requis, la caution de l'art. 16 C. c., complété par les art. 166 et 167 C. pr., et que dans la pratique on appelle depuis long-temps la caution *judicatum solvi*. A ces raisons, qui ont fait établir primitivement cette caution, ajoutons-en une autre née depuis le Code civil ; l'art. 16 du Code est au titre *de la jouissance et de la privation des droits civils ;* plaider comme demandeur sans caution et pouvoir en exiger une, quand on est défendeur,

pourra être... —(4) Notre art. 15 a été reproduit dans les divers Codes qui ont pris le nôtre pour modèle. Art. 15 du Code civil de Bade, art. 16 du Code des Deux-Siciles, art. 9 du Code du canton de Vaud, art. 14 de celui du royaume de Pologne, art. 17 de celui d'Haïti. L'application du même principe n'est pas contestée dans les autres états.

sont donc des droits civils, et l'étranger en est privé par cela seul qu'il est étranger.

L'expression de caution *judicatum solvi*, empruntée des Romains, n'était pas appliquée par eux dans le sens moderne et n'avait aucun rapport avec la caution de l'étranger (5). Bacquet (*d'Aub.* , 2ᵉ p. , ch. 16, nᵒ 6), reproduit par M. Boncenne, III, p. 172, affirme que notre ancien droit n'exigea pas d'abord cette caution de l'étranger ; « d'autant, dit-il, que le roi doit justice tant à l'étranger qu'au Français (6). » Pourtant j'ai trouvé dans *les Anciennes lois des Français conservées dans les Coutumes anglaises et recueillies par Littleton*, I p. 275, que le 3ᵉ cas où il faut un répondant pour plaider « *est un alien qui est nee hors de la ligeance notre seignior le roy, si tiel alien voile suer un action reall ou personnall, le tenant ou defendant poit dire que il fuit nee en tiels pais, que est hors de la ligeance le Roy, et demaund judgement si il sera respondue.* » Sans doute il y eut un temps où l'on n'exigeait pas cette caution de l'étranger ; ce fut celui où il n'y avait pas ordinairement de contestations entre un Français et un étranger, soit à cause du petit nombre de points de contact existant entre deux personnes de nations différentes, soit à cause du servage où étaient réduits les aubains : mais, dès que la conquête de l'Angleterre par les Normands et les croisades eurent créé des relations privées plus nombreuses, on sentit la nécessité de notre caution et on la créa (7). Quoiqu'il en soit de ces conjectures, toujours est-il certain qu'un arrêt du Parlement de Paris, du 4 janvier 1562, exigea cette caution. Bientôt la jurisprudence de tous les Parlements en fit une sorte de dis-

(5) Gaius, IV, 28, 83, 89, 91, 96, 97, 98. Iustit, IV, tit. 2, *de satisd.* Novelle 112, ch. 2.—(6) Voy. enc. en ce sens Johannes Gallus, *quæst.* 49, et les règles du droit canonique, chap. *cum deputati, ext. de jud.*—(7) Il y avait alors, dit Bacquet, une grande multitude d'étrangers, *quorum fidés valdè suspecta erat*, et qui plaidaient à outrance contre les Français. 2ᵉ p. ch. 16, nᵒ 7.

position générale (8) que le Code a reproduite ; mais on admet plusieurs exceptions (art. 16 C. c. 166 et 167 C. pr.) :

1º Lorsqu'il s'agit de matières commerciales (art. 423 C. pr.) : Les commerçants n'ont qu'une patrie. En matière commerciale , les frais sont modiques et la procédure doit être dégagée de toute espèce d'entraves et d'embarras. Cette exception s'applique à une instance civile, qui ne forme qu'un incident élevé sur une instance commerciale ; par exemple , en cas de dénégation de l'écriture et de la signature d'un billet à ordre (art. 427 C. pr.) ; l'affaire reste toujours matière commerciale et le tribunal de commerce demeure saisi du fond de la demande (9).

2º Lorsque le demandeur possède en France des immeubles d'une valeur suffisante pour assurer le paiement (art. 16 C. c.) (10). Il est peu probable en effet que, pour échapper aux poursuites de ses créanciers , l'étranger se décide à aliéner ses immeubles vite et avec perte. Quelques-uns enseignent que l'étranger doit donner une hypothèque sur ses immeubles : Je ne le crois pas. Le texte est muet, et ce serait ajouter à la loi (11) ; mais il faut que les immeubles soient *d'une valeur suffisante* , et, pour apprécier leur valeur, il faut en déduire les dettes ; *non sunt bona, nisi deducto œre alieno* (12). Il faudra donc qu'ils remplissent les conditions exigées au titre du cautionnement. La caution qui serait pré-

V. enc. Faber , *Instit. de satisd.*, 49.—(8) Pothier , *des pers.* tit. 2, sect. 2. Un arrêt du conseil de 1732 soumit à la caution le comte Galowkin , ambassadeur de la Czarine , et il en fut de même en 1781 du prince Hohenlhoe qui se prévalait de sa souveraineté (*Nouv. Denizart*, t. IV, p. 327).—(9) Merlin , *quest. de droit*, Vº caution *judicatum solvi* § 1 nº 3. M. Coin Delisle, *droits civils*, nº 7. 141.—(10) C'est la traduction de cette loi romaine : *Sciendum est possessores immobilium rerum satisdare non compelli. L.* 15 ff. *qui satisd. non cog.*—(11) L'art. 153 du C. de P. des Pays-Bas, qui a pris le nôtre pour modèle, a cru devoir s'expliquer nettement pour exiger cette hypothèque.— (12) Cela résulte de la discussion au Conseil d'État (p. 19) : Le projet demandait *suffisamment de biens immeubles*. Regnaud proposa de dire que *les immeubles d'un étranger pourraient lui servir de caution* et la rédaction défini-

sentée par le demandeur devrait remplir ces conditions (art. 2040 C. c.). La faveur qu'on lui accorde de se cautionner lui-même ne doit pas diminuer les sûretés du Français (art. 2018 , 2019 C. c.).

Le simple usufruitier ne doit pas être considéré comme possesseur d'immeubles (13) ; il en est autrement de l'emphytéote (14) et de celui qui n'a que la nue-propriété d'un fonds (15).

3° L'étranger, qui consigne la somme fixée par le juge, est dispensé de fournir caution (art. 107 C. pr.). Il en est de même s'il dépose un gage ou nantissement suffisant (article 2041 C. c.).

4° Une quatrième exception peut résulter des traités de nation à nation (16).

5° Il y a encore exception quand l'étranger est admis à établir son domicile en France, suivant l'art. 13 C. c., puisqu'alors il a la jouissance des droits civils (17).

6° De même quand l'étranger poursuit l'exécution d'un titre paré : il ne s'agit plus d'une *demande* formée par un étranger, on ne craint plus un procès légèrement intenté. C'est le souverain qui mande et ordonne l'exécution.

L'étranger demandeur ou partie civile devant un tribunal criminel (art. 366 C. I. c.) est soumis à la caution (17 *bis*),

tive dit qu'il fallait des immeubles *d'une valeur suffisante.*—(13) *Enimverò,* dit Ulpien , *qui tantum usumfructum habet , possessorem non esse.* V. enc. L. 15, ff. *qui satisd. cog.* Proudhon, *de l'usufruit* I, 19.—(14) *Sed et qui vectigalem, qui est emphyteuticum agrum possidet, possessor intelligitur.* Ulp.—(15) *qui solam proprietatem habet;* Ulp. Voy. enc. Merlin, *Répert.* T. 16, p. 139.—(16) Traités des 24 mars 1760, 15 mai 1796 et 5 août 1787 de la France avec le Piémont. Traité du 27 sept. 1803 avec la Suisse. (Mansord, *du droit d'Aubaine et des étrangers en Savoie,* II, 1004).—(17) Dans l'ancien droit, l'étranger , même exempt de l'aubaine, était assujetti à la caution *judicatum solvi.* Arrêt du 16 février 1630, Bardet, T. 1, L. 3, C. 86. L'Angleterre ne soumet pas à la caution l'étranger qui se trouve dans le royaume.—(17 *bis*) Cour de Cass^{on}, 3 fév. 1814. L'ancienne jurisprudence dispensait de la caution en cette matière: Voy. Brillon, *dict. des arr.*, V° *Etranger*, Bouvot, arrêt du

et elle doit être aussi fournie devant la justice de paix , bien que l'art. 166 C. pr. se trouve au livre II. , *des tribunaux de 1ᵉʳᵉ instance*. Le principe est dans l'art. 16 C. c., le Code de procédure ne fait que l'appliquer , et l'art. 16 C. c. exige la caution *en toutes matières* autres que celles de commerce.

Cette caution n'est requise que dans l'intérêt du défendeur et ne peut être ordonnée d'office par le juge. Elle doit être demandée *in limine litis* (18), avant toute autre exception , puisqu'elle a pour objet d'assurer le recouvrement des frais de toutes les autres exceptions et de toutes les défenses, qui pourraient être employées contre l'action de l'étranger (19). Le Français appelant ne peut proposer cette exception devant la Cour royale, s'il ne l'a pas fait valoir en première instance (20). Pourtant, lorsque l'étranger, demandeur originaire , se rend appelant, l'intimé français peut encore réclamer la caution (21). De même, l'étranger demandeur originaire peut aussi être obligé à la fournir sur l'appel interjeté par son adversaire français.

C'est le tribunal qui tarife la somme du cautionnement. On ne doit faire entrer, avec les dépens, dans les éventualités de l'estimation, que les dommages-intérêts *résultant du procès* , c'est-à-dire, dit Boncenne, les dommages que le défendeur pourrait éprouver par suite de l'action intentée contre lui. La caution ne peut jamais être due pour le prin-

parl. de Dijon , 21 janvier 1612.—(18) « Il serait contraire à toutes les règles de justice et de bienséance, disait le Tribunat dans ses observations, (Locré, t. XXI, p. 435), qu'après qu'un étranger aurait plaidé longtemps devant un tribunal, on vînt lui faire l'injure de lui demander une caution pour éloigner le jugement. »—(19) Le Tribunat avait demandé que l'art. 166 fût ainsi conçu : « Tout étranger... avant toute exception, *autre que celle de renvoi ou de nullité...*» Les mots *avant toute exception*, qui ne se trouvaient pas dans le projet, furent seuls ajoutés, lors de la rédaction définitive ; le reste fut rejeté. Il demeura donc bien entendu que la caution serait requise, non après, mais avant les exceptions d'incompétence et de nullité.—(20) Toulouse, 27 déc. 1819. Sirey 20-2-312.—(21) Rousseaud Delacombe, Vᵒ *Aubain* ; Malleville sur l'art. 16. M.

cipal de la demande, et cela se comprend : si le demandeur perd, il n'a rien à recevoir; s'il gagne, c'est le défendeur français qui devra payer. — Les juges inférieurs ne doivent pas comprendre dans leurs prévisions la contingence des frais de l'appel (22). Si la caution n'a pas été demandée en première instance, elle peut l'être en appel, mais pour les frais d'appel seulement (23).

§. II. *Etranger défendeur.* En principe, chacun doit être traduit devant son juge-naturel, *actor sequitur forum rei.* Le Français demandeur devrait donc, pour se conformer à cette règle, aller plaider devant le tribunal du domicile de l'étranger défendeur, pour forcer celui-ci à remplir les obligations qu'il a pu contracter envers lui, soit en France, soit en pays étranger. Mais il appartient à chaque peuple de fixer les conditions auxquelles il subordonne ses relations avec les autres peuples. De là les nombreuses exceptions apportées par nos Codes à la maxime *actor sequitur forum rei* (23 *bis*). La position, qui serait faite au Français demandeur dans notre espèce, a amené une autre exception dans l'art. 14 C. c., d'après lequel l'étranger, même non résidant en France, peut être cité devant les tribunaux français par un Français dans les deux cas prévus. La maxime subsiste encore, en supposant qu'elle s'étende au-delà des limites d'un état, puisque le droit de l'art. 14 n'est qu'une faculté offerte au demandeur, et ce n'est pas une faculté exorbitante ; tout en servant le régnicole, elle constitue le crédit de l'étranger en France ; c'est à ceux qui s'obligent envers des Français à s'enquérir de la loi française, réputée connue de ceux qu'elle oblige : d'ailleurs il serait par trop singulier que lorsqu'un étranger, débiteur d'un Français, se trouve en France, où ses biens peuvent être

Légat, p. 314.—(22) Bacquet, part. 2ᶜ, ch. 16, nᵒ 9.—(23) Dissertᵒⁿ de M. Ad. Billequin sur la caution *judicatum solvi. Jᵃˡ des Avoués*, t. 46-47, p. 513. —(23*bis*.) Art. 3, 9, 16 et 912 C. c, 160 et 166 C. co., 6, I. cr. L. 17 avril 1832,

situés, celui-ci fût obligé d'aller demander à des tribunaux
étrangers une justice qui pourrait lui faire défaut (23 *ter*.) :
ce serait méconnaître la pensée de l'art. 14 (24). Le législa
teur a voulu accompagner partout le Français d'une protection efficace et puissante ; il a voulu favoriser le com
merce national, en lui offrant toujours devant la justice de
la patrie un asile facile et certain, et il l'a voulu, dans
tous les cas, alors même que le Français aurait, dans le pays
de son débiteur étranger, au moment de l'assignation, un
domicile qui ne saurait le dénationaliser (24 *bis*).

Les mots *obligations contractées* de l'art. 14 s'appliquent
aux engagements qui se forment sans convention, par un
quasi-délit, par exemple, aussi bien qu'aux obligations con-
ventionnelles (art. 1370 C. c.). Le demandeur français n'est
même que plus favorable quand il n'a pas accepté l'étranger
pour débiteur. *Obligationes*, dit la loi romaine (Inst. *de obli-
gat.*, §. 2) *ex contractu fiunt, aut quasi ex contractu, ex
maleficio, aut quasi ex maleficio* : Il y a obligation, non pas
seulement lorsqu'il y a contrat, mais aussi quand il y a quasi-

til. 3, sur la contrainte par corps.—(23 *ter*) Quand même l'étranger n'aurait pas
de biens en France, le Français a toujours un moyen d'exécution contre lui,
s'il y réside, c'est la contrainte par corps. — (24) L'article du projet faisait une
distinction : il permettait de *citer* toujours l'étranger devant les tribunaux
français pour les dettes contractées en France (*locus regit actum*). Cette partie de l'article fut adoptée sans discussion. La seconde partie ne permettait de
traduire l'étranger, devant le tribunal français, pour dettes contractées en pays
étranger, que *s'il était trouvé en France*. (Sans doute afin de déroger aussi
peu que possible à la maxime *actor sequitur forum rei*). Ces derniers mots
ont été supprimés à la suite d'une conférence entre le Conseil d'État et le Tribunat et il n'est resté, de la distinction primitive de l'art. 14, qu'une rédaction
grammaticalement vicieuse dans notre article actuel. Il ne faut donc voir aucune
différence entre les deux mots *cité* et *traduit*, employés par le Code dans deux
phrases qui auraient dû être fondues en une seule. Malleville, sur l'art. 14, et
Locré ne disent rien de l'histoire de ce changement de rédaction signalé dans
des conclusions de Daniels (Sirey 1808-1-453) et par Merlin, Rep[re]. V° *Etr.* §
5.—(24 *bis*) En sens contr., Casson, 28 fév. 1814 et 20 mars 1834. La disposition de notre article 14 a, si nous en croyons M. Fœlix, inspiré à quelques lé-

contrat, délit, quasi-délit : dans le texte , le mot *obligation* n'étant limité ni modifié par aucune expression, doit nécessairement être entendu dans le sens générique et absolu qui lui appartient en droit. Alléguerait-on que lorsque l'étranger s'oblige, en vertu d'un contrat, il est réputé se soumettre volontairement à la juridiction française, à la différence des autres causes d'obligation ? Mais quand il y a délit et quasi-délit, la volonté n'est plus nécessaire ; la conséquence inévitable du fait , même involontaire, c'est un engagement forcé avec toutes ses conséquences : celui qui a commis un quasi-délit est obligé, suivant l'expression de l'art. 1382 , à réparer le dommage qu'il a causé. On invoque contre cette doctrine des principes du droit des gens et on les applique aux art. 3 C. c. et 6 I. c., pour en tirer des arguments *à contrario* contre nous, mais il ne s'agit ici que d'intérêts privés régis par les règles positives du droit civil français. Quand même le texte ne se prêterait pas nécessairement à cette solution, les principes du droit et l'esprit de la loi y seraient favorables : le législateur n'a pas prévu toutes les applications , et un jeune docteur l'a bien dit : « n'admettre que celles où s'est étendue sa prévoyance, ce serait limiter la loi dans les bornes étroites de la sagesse d'un homme : il ne faut lui donner que celles de la raison et d'une prudente et sévère analogie (25). »

On s'est demandé si l'art. 14 était applicable quand le titre, originairement souscrit par un étranger à un étranger, était devenu la propriété d'un Français. Il faut distinguer : si le Français est devenu créancier par voie de cession-transport, il ne peut invoquer l'art. 14. Le texte ne parle que d'obligations *contractées avec un Français*. L'étranger,

---

gislations allemandes des mesures de rétorsion contre les Français.— (25) M. Valette sur Proudhon , p. 159. M. Fœlix , n° 150. Dans le même sens , Rouen, 6 février 1841. Cassation , rejet , 13 déc. 1842. Décision de la conférence des avocats de Paris. *Gaz. des Trib.* du 6 août 1842. En sens contraire, une consultation très ingénieuse et très remarquable de M⁰ Crémieux (*Journal du Pa-*

créancier primitif, n'aurait pu par conséquent user de l'art. 14 contre son débiteur (26). Le cessionnaire est soumis aux mêmes exceptions que l'eût été son cédant (art. 1285 C. c., 177 de l'ord. de 1579 et art. 56 de l'ord. de 1566). L'étranger, qui s'est obligé envers un étranger, l'a fait dans la confiance que son obligation ne le soumettrait qu'à la juridiction de ses propres juges; la disposition de l'art. 14 ne saurait être étendue au-delà de ses termes (27).

Mais si le titre est négociable, comme une lettre-de-change ou un billet à ordre, que tous regardent comme une monnaie commerciale et de droit des gens, et que l'endossement soit régulièrement fait au profit d'un Français, il en est tout autrement. L'endossement d'une lettre de change n'étant que l'exécution de la clause *ou à son ordre*, sans laquelle la lettre de change ne vaudrait que comme simple promesse, il se lie nécessairement avec le titre lui-même et en fait naturellement partie : il produit la solidarité et un des effets les plus importants de la solidarité est de constituer chacun des obligés débiteur direct du créancier (28). Mais il n'en est point ainsi, si le transport n'a eu lieu que pour la forme et pour éluder la jurisprudence relative aux poursuites contre les étrangers, par exemple pour arriver à rendre contraignable par corps en France l'étranger qui, sans le transport, ne l'eût pas été : Il est permis au débiteur de faire cette preuve. Autrement ce serait faire de la France la geôle universelle de tous les étrangers qui y viendraient, ou repousser de notre pays tous ceux qui pourraient avoir souscrit dans le leur un billet à ordre de 150 fr. (29).

Le Français, qui a traduit le défendeur étranger devant le tribunal étranger et y a perdu son procès, ne peut plus débattre de nouveau en France la question jugée contre lui :

lais, 1843, p. 407).—(26) L. 25 C. *de pactis.* L. 41 ff. *de reg. jur.*—(27) Merlin, *Q. de dr.* V° *Etr.* §4, n° 4. (28) Cassation, 26 janvier 1833. Paris, 29 nov. 1830, 27 mars 1835 et 15 juillet 1842.— (29) Paris, 27 mars 1835.

L'ancienne jurisprudence admettait déjà cette opinion (Boullenois, I, 646). L'art. 14 C. c., comme l'art. 121 de l'ordonnance de 1629, ne contient qu'un privilége auquel le Français peut renoncer ; celui-ci y renonce en citant l'étranger devant les tribunaux étrangers et en y épuisant tous les degrés de juridiction. Si la loi pousse la faveur jusqu'à donner le choix au Français, elle ne l'autorise pas, elle ne peut l'autoriser à traîner son débiteur de tribunal en tribunal, quand une fois il a fait son choix : il a acquiescé d'avance à la décision à intervenir, quand il s'est constitué demandeur : qu'on ne dise pas qu'il ne s'était adressé aux tribunaux étrangers que dans l'espoir d'en obtenir une justice qui lui a fait défaut, et que, trompé dans ses espérances, il peut tenter encore une lutte nouvelle. Le plaideur ne s'adresse pas aux tribunaux pour accepter ou rejeter leur décision, au gré de ses caprices ou de ses intérêts, mais pour se faire juger et courber la tête devant la sentence. Il serait contraire à toute convenance qu'un demandeur pût proclamer terre d'iniquité cette terre à la justice de laquelle il est venu demander l'hospitalité : nous devons respecter la justice étrangère pour que les étrangers respectent la justice française (30), quand ses décisions seront invoquées chez eux.

Le Français ne pourrait pas non plus traduire son débiteur étranger, pour la même cause, tout à la fois devant le tribunal français et devant le tribunal étranger. Le défendeur ne doit pas être ainsi tenu en haleine devant deux juridictions et dans deux pays différents. Mais si, dans une même contestation, l'étranger traduit le Français devant le tribunal étranger, pendant que le Français de son côté poursuit l'étranger en France, celui-ci ne peut opposer devant le tribunal l'exception de litispendance. Les juges français, saisis légalement par un régnicole, ne sont pas obligés d'attendre

(30) Cassation, 15 nov. 1827, 14 février 1837 et 16 février 1842.—(31) La

la décision des juges étrangers : sait-on d'ailleurs si le jugement de ces derniers remplira les conditions nécessaires pour pouvoir être rendu exécutoire chez nous? L'art. 171 C. pr. n'est applicable qu'aux causes pendantes devant différents tribunaux du royaume.

Cela posé, l'étranger doit être traduit en France devant le tribunal du domicile du Français demandeur (31). En l'absence de toute règle, je ne puis laisser au demandeur le choix entre tous les tribunaux de France, comme plusieurs l'enseignent (32) : l'art. 14 est une dérogation au droit commun, introduite en faveur du régnicole, tandis qu'ordinairement la règle *actor sequitur forum rei* est toute en faveur du défendeur. Si l'étranger ne réside pas en France, il n'y a pas d'autre moyen de fixer d'une manière un peu rationnelle le tribunal compétent : s'il ne fait qu'y voyager, pourquoi forcer le Français à l'assigner *au vol* pour ainsi dire? S'il y réside, M. Fœlix veut qu'il soit traduit devant le tribunal de sa résidence actuelle, mais toujours variable, conformément à l'art. 59 C. pr., qui ne s'applique qu'aux contestations entre Français. Mieux vaut une règle constante pour tous les cas (33).

Notre Code de proc. civ. ne parle pas expressément des assignations à donner aux étrangers hors du royaume (34),

question ne peut s'élever qu'en matière personnelle. L'art. 59 C. pr. règle la compétence en matière réelle, l'art. 420 C. pr. le fait aussi en matière de commerce. V. enc. art. 3 C. pr.—(32) Guichard, nº 276 s. M. Coin-Delisle, nº 27 s. M. Pardessus, nº 1478. M. Légat, p. 316.—(33) Plusieurs législations étrangères désignent spécialement le tribunal compétent. V. *Revue Étr.* t. V, p. 695 s. C. de pr. c. de Bavière, ch. I, 6, 7, 8, ch. IV, 5. Législation de Hambourg. Code de pr. c. de Prusse, id. de Hanovre. Le Code de proc. civ. d'Autriche, ch. 29, § 286, imite le silence du Code français.—(34) Dans l'ancien droit, les étrangers étaient assignés, par *cri public et son de trompe*, sur les côtes et confins du royaume, *le plus près où celuy demeurait qui adjournoit estoit*, dit Bouteiller (*Somme rurale*, p. 11). Pothier, *de la pr. civ.* ch. Iᵉʳ, art. 2. L'ordonnance de 1667, art. 7, tit. 2, dit : « Les étrangers, qui sont hors le royaumme, sont ajournés ès-hôtels de nos procureurs-généraux des par-

mais il s'occupe de celles à donner aux personnes établies en pays étranger. L'analogie permet ici d'assimiler un cas à l'autre. L'étranger doit donc être assigné conformément à l'art. 69-9° C. pr. (35).

CONTRAINTE PAR CORPS. L'étranger, qu'un Français appelle devant les tribunaux de France, doit y trouver un accès libre et facile; la défense est de droit naturel. *Actor voluntariè agit, reus autem ex necessitate se defendit.* Le défendeur étranger n'est donc pas soumis à la caution *judicatum solvi*; mais il y aurait là un grave danger pour les intérêts du demandeur Français, si la loi ne lui offrait un équivalent de la caution, pour lui assurer le paiement de ce qui lui est dû; car il y a pour l'étranger débiteur quelque chose de plus commode que ne pas fournir caution, c'est de fuir : pour empêcher cette fuite, toute dette de 150 fr. échue ou exigible peut entraîner pour l'étranger une arrestation provisoire, tandis que les régnicoles ne sont contraiguables par corps qu'en vertu d'un jugement de condamnation; toute condamnation de 150 fr. emporte *ex judicato* contrainte par corps (L. du 17 avril 1832, tit. 3 et 4). Remarquons que, si la contrainte par corps est ordinairement le droit accordé, en certains cas, au créancier de faire emprisonner son débiteur pour le forcer au paiement, elle est surtout nécessaire contre l'étranger, dont le plus souvent toute la fortune n'est

lements, où ressortissent les appellations des juges devant lesquels ils seront assignés, et ne seront plus données aucunes assignations sur la frontière. » Le procureur-général, dit Rodier, déposait l'exploit remis en ses mains dans un coffre particulier, et c'était alors aux étrangers qui soupçonnaient avoir quelque procès à démêler en France, à se faire donner par le parquet les exploits d'ajournement.—(35) Les législations étrangères paraissent accorder plus de garanties aux droits des défendeurs étrangers. En Belgique, à Genève, dans les Pays-Bas, dans les États pontificaux et dans toute l'Allemagne une grande publicité est donnée à ces assignations par l'insertion dans les journaux. Dans quelques États allemands, en Autriche et en Prusse, on envoie une commission rogatoire au tribunal de la résidence, ou bien l'assignation est envoyée par

qu'en portefeuille et par conséquent à l'abri de l'action du créancier (36). Je divise en trois paragraphes ce qui concerne cette matière.

N° I. *Dispositions générales communes à l'arrestation provisoire et à la contrainte par corps*. 1° Il faut que l'étranger n'ait pas acquis en France le domicile dont parle l'art. 13 C. c. La loi ne s'occupe ici que de « celui qui d'un moment à l'autre peut disparaître, sans laisser après lui aucune trace de son passage ou de son séjour (art. 14 et 15 de la loi de 1832) (37). »

2° La dette, au cas d'arrestation provisoire, et le principal de la condamnation, au cas de contrainte par corps, ne doivent pas être moindres de 150 fr. (38).

3° Peu importe que la dette ou la condamnation procède d'un contrat, d'un quasi-contrat, d'un délit ou d'un quasi-délit, qu'elle ait été contractée en France ou à l'étranger. Le texte ne distingue pas (art. 14, 15 de la loi, art. 14 et

lettre chargée à la poste (V. M. Fœlix, n° 183). »—(36) L'ancienne jurisprudence, si sévère envers les étrangers, les soumettait constamment à la contrainte par corps pour toute espèce de dette, tandis que les *sujets* du Roi n'y étaient soumis que dans certains cas (ord^{ce}. de Moulins de 1666, ord^{ce}. de 1667). Abolie, le 9 mars 1793, comme attentatoire aux droits de l'homme, la contrainte par corps fut rétablie en principe le 24 ventôse an V, puis organisée dans la loi du 15 germinal an VI, dans laquelle on passa les étrangers sous silence. L'omission, d'abord relevée par une loi du 4 floréal an VI pour les engagements de commerce, ne fut complètement réparée que par la loi du 10 sept. 1807, spéciale aux étrangers, qui ressuscita la rigueur de l'ancien droit. La loi générale du 17 avril 1832 (tit. 3 et 4) a abrogé la loi spéciale de 1807, en adoptant la plupart de ses dispositions, dont elle a tempéré la rigueur. En Belgique et en Hollande, la loi française du 10 sept. 1807 est encore en vigueur ainsi que dans la Prusse Rhénane, la Bavière Rhénane et la Hesse Rhénane. Le droit commun allemand autorise l'arrestation du débiteur, même régnicole, dans tous les cas où il y a péril pour tous les droits du créancier. Il en est de même en Autriche, en Prusse, en Bavière, en Danemark, en Espagne, en Portugal, en Angleterre, en Ecosse et aux États Unis (V. M. Fœlix, n°s 233-248 *quater*).—(37) Exposé des motifs de la loi de 1807 par M. Treilhard. Disc. du tribun Mallarmé au Corps Législatif. Paris, 25 août 1842.—(38) Les Français ne sont contraignables par corps que pour 300 fr. en matière civile

15 C. c.) (39). Lors même que l'étranger s'est engagé en pays étranger, il a dû savoir les conditions de son créancier ; *qui cum alio contrahit debet esse non ignarus conditionis ejus*. L. 19 ff. de *reg. jur.*

4° Les étrangères ne sont pas soumises à l'emprisonnement pour dettes civiles, sauf le cas de stellionat (L. 1832, art. 18-3°, art. 2066-1° C. c.) : celles qui sont marchandes publiques y sont soumises, pour fait de leur commerce, et c'est la disposition exceptionnelle de l'art. 17 L. 1832 qui règle la durée de leur emprisonnement.

5° Il n'y a pas d'exception pour cause de minorité (Paris, 18 mai 1830), si l'engagement est valable d'ailleurs.

6° Toutes les dispositions du tit. IV de la loi de 1832 sont applicables aux étrangers comme aux Français, sauf ce qui sera dit de la disposition exceptionnelle de l'art. 32.

7° Le bénéfice de la loi de 1832 n'appartient qu'au Français. Les art. 14 et 15 ne parlent que d'un *créancier français*. Il ne s'agit pas là d'un droit civil, comme le dit M. Pardessus (n° 1528) ; c'est un droit politique introduit pour protéger les citoyens contre les aventuriers étrangers (Paris, 8 janvier 1831). Le seul droit civil en cette matière, que puisse concéder l'art. 13 C. c., est celui de n'être pas soumis à la contrainte par corps.

8° Si le titre originairement souscrit par un étranger est devenu la propriété d'un Français, l'arrestation provisoire et la contrainte par corps ne seront possibles que suivant la distinction établie plus haut, en matière de compétence, sur la même question (39 *bis*).

---

et 200 fr. en matière de commerce. La loi de 1807 était applicable, quelle que fût la modicité de la créance.

(39) Merlin, *Quest. de dr.* V° *Etr.* § 4 n° 2. Les Français au contraire ne sont contraignables par corps que pour des cas déterminés.—(39 *bis*) Voy. ci-dessus, p. 84. M. Fœlix, *Comment. sur la loi de* 1832, n° 9, sur l'art. 15, ne distingue pas et admet l'arrestation dans tous les cas, en se fondant sur ce que le texte ne distingue pas comment le Français se trouve créancier. M. Dalloz, V° *droits civils*, p. 476, ne distingue pas non plus, mais il refuse l'arrestation dans

N° II. *Dispositions spéciales à l'arrestation provisoire.*
Avant le jugement de condamnation, c'est-à-dire jusqu'au
moment même de la condamnation, mais après l'échéance
ou l'exigibilité de la dette, le président du tribunal peut,
s'il y a suffisants motifs, ordonner l'arrestation provisoire de
l'étranger (art. 15 L. 1832), sans qu'il soit besoin de la présence du ministère public ni de celle du greffier du tribunal.

Le but principal de cette arrestation n'est pas le *paiement*,
mais la *sûreté* de ce qui est dû. La contrainte par corps, au
contraire, est un moyen d'exécution, destiné à contraindre au
paiement. Aussi, pour éviter ou faire cesser l'arrestation provisoire, il n'est pas nécessaire que le débiteur acquitte sa dette.
Il lui suffit de justifier qu'il possède sur le territoire français
un établissement de commerce ou des immeubles, le tout
d'une valeur suffisante (40) pour assurer le paiement de la
dette, ou de fournir pour caution une personne domiciliée en
France et reconnue solvable (art. 16 L. 1832). Cette justification doit se faire devant le président, si c'est au moment
de l'arrestation provisoire (art. 786 C. pr.), et devant le
tribunal, si c'est après l'emprisonnement et pour le faire
cesser (art. 805 C. pr.).

Remarquons la différence qu'il y a entre notre art. 16 L.
1832 et l'art. 16 C. c., qui astreint l'étranger demandeur à
fournir caution *judicatum solvi*, en toutes matières, *autres
que celles de commerce*. Il ne suffit pas ici qu'il s'agisse de
matières commerciales ni que l'étranger soit commerçant ; il
faut en outre que son établissement de commerce soit d'une
valeur suffisante pour garantir la dette.

Peu importe que le titre, donnant lieu à l'arrestation provisoire soit argué de faux (rejet, 28 oct. 1809), ou que ce
ne soit qu'un titre apparent. Beaucoup de fournitures se font
sans titres réguliers (41).

tous les cas ; M. Merlin, *Quest. de dr.* V° *Etr.* § 4 , n°ˢ 3 et 4, fait la distinction indiquée au texte.—(40) Bien entendu, déduction faite des charges hypo-
thécaires.--(41) La loi du 1⁰ sept. 1807 a été faite parce que des marchands de

On ne pouvait laisser long-temps l'étranger incarcéré sous le coup de ce provisoire. Le créancier est tenu de se pourvoir en condamnation dans la huitaine de l'arrestation, faute de quoi le débiteur peut demander son élargissement (42). La mise en liberté est prononcée, par ordonnance de référé, sur une assignation donnée au créancier par l'huissier, que le président aura commis dans l'ordonnance même qui autorisait l'arrestation, et à défaut de cet huissier, par tel autre commis spécialement (art. 15 L. 1832). L'art. 32-2 de la même loi dispense le créancier des délais, signification et commandement prescrits pour l'exécution de toute contrainte par corps par l'art. 780 C. pr.

N° III. *Dispositions spéciales à la contrainte par corps.* Tout jugement de condamnation (quand même il ne serait pas définitif et pourvu seulement qu'il prononce une condamnation), rendu au profit d'un Français, emporte de lui-même contrainte par corps contre l'étranger, sans la prononcer expressément. C'est là le droit commun contre l'étranger, c'est le mode d'exécution ordinaire et de plein droit. La loi ne distingue plus, comme pour l'arrestation provisoire, entre l'étranger, qui possède des propriétés foncières ou un établissement de commerce sur le sol français, et celui qui n'en possède pas (*Rapp. de M. Parant.* Art. 14 L. 1832). La restriction déja indiquée, qui ne permet pas d'exercer la contrainte par corps si la somme principale de la condamnation est inférieure à 150 fr., indique que l'étranger n'est pas contraignable pour les dépens du procès (à moins qu'ils ne soient adjugés pour tenir lieu de dommages-intérêts), et qu'il participe à cette faveur de notre droit commun qui ne laisse pas exercer la contrainte par corps pour le paiement des dépens.

La durée de l'emprisonnement est calculée aujourd'hui (43)

Paris avaient été récemment dupes d'un grand seigneur russe qui avait disparu sans les payer (Merlin, *Q. de dr.* V° *Étr.* § 4 n° 2).—(42) Avant la loi de 1832 (M. Fœlix n° 225), l'arrestation provisoire était faite pour un temps illimité, si le débiteur n'avait pas le moyen de se pourvoir en justice.—(43) La loi de l'an VI

de manière qu'en matière commerciale elle est le double
de celle de l'emprisonnement imposé aux Français : en matière civile, le minimum est de deux ans sans que le maximum
puisse excéder dix ans (art. 17 L. 1832), le tout à partir
du jour de l'arrestation provisoire. « Mais à l'âge de 70 ans,
disait M. Bigot-Préameneu, l'homme parvenu à la dernière
période de la vie est courbé sous le poids des infirmités : la
privation des soins et des secours de sa famille est une peine
qui peut devenir mortelle. L'humanité s'oppose à ce que,
pour l'intérêt personnel du créancier, la vie du débiteur soit
exposée. » Ces principes d'humanité s'appliquent à tous, Français ou étrangers ; ils touchent au bon ordre, à la paix de la
société et la loi a bien fait de décider que pour l'étranger
comme pour le Français, en matière civile comme en matière commerciale, sauf le cas de stellionat, il n'y aurait
pas ou il n'y aurait plus contrainte par corps (art. 18 L.
1832, art. 2059 et 2136 C. c.).

CESSION DE BIENS. La contrainte par corps n'a pour but, en
général, que de forcer le débiteur à mettre toutes voiles dehors ; il peut justifier d'une entière bonne volonté en abandonnant tout son actif à ses créanciers (1268 C. c.) et par
ce moyen conserver la liberté de sa personne. Mais on ne
peut recevoir cet abandon de l'étranger parce qu'on ne peut
pas en contrôler la fidélité : *autrement*, comme dit Bacquet,
*il pourrait sucer le sang et la moëlle des Français, puis
les payer en faillites.* Aussi le droit nouveau, comme l'ancien droit (44), refuse-t-il d'admettre l'étranger au bénéfice
de cession de biens (art. 905 C. pr., 575 C. com.).

(art. 18, tit. 3) limitait la durée de la contrainte par corps à cinq années en matière commerciale. La loi de 1807 était muette à cet égard; de ce silence plusieurs
avaient conclu que la contrainte par corps était perpétuelle contre les étrangers.
C'est cette question que l'art. 17 de la loi nouvelle a tranchée.

(44) Voy. *le Grand Coutumier de Troyes*, 2ᵉ p., tit. 7, ch. 129, nº 41. Arrêt
du 12 mai 1565. Bodin, *Republ.*, liv. I, ch. 6. Mornac, ad l. 28 ff. *ex quibus
causis maj.* Ordᶜᵉ de 1673, tit. X, art. 2. Laplanche II, p. 122. Mais cette

SECTION II.—Des contestations entre étrangers.

ARTICLE I. — ACTIONS SOUMISES A L'APPLICATION DES LOIS DE POLICE ET DE SURETÉ. — ACTIONS RÉELLES.

Les étrangers peuvent invoquer, devant les tribunaux français, les lois de police et de sûreté contre d'autres étrangers (art. 3-1° C. c.). Ils peuvent même, indépendamment de l'action publique, se porter parties civiles, au nom du bon ordre et du bon exemple du pays. Mais il faut alors. que l'action civile soit poursuivie en même temps que l'action publique et devant le même tribunal de répression (Cassation, 15 avril 1842). Intentée séparément et devant les tribunaux civils, elle pourrait bien au fond prendre sa base dans l'art. 3 C. c. ; mais, en matière de compétence, ce ne serait rien autre chose qu'une action purement civile soumise aux règles des actions de cette espèce (44 *bis*).

Dans toute contestation relative à des immeubles Français, les étrangers ont encore le droit, ou plutôt sont obligés, d'agir contre les étrangers devant les tribunaux français et conformément à la loi française (art. 3-2° C. c·).

ARTICLE II. — ACTIONS PERSONNELLES.

Une difficulté sérieuse s'élève quand il s'agit d'actions personnelles, et, pour essayer de la résoudre, il faut distinguer les obligations purement civiles des obligations commerciales.

§. I. *Actions résultant d'obligations purement civiles*. Le Code garde le silence le plus absolu à l'égard de ces actions entre étrangers (45), et de ce silence est sorti une vive

disposition de l'ancien droit était réciproque et le Français ne pouvait jouir contre l'étranger du bénéfice de cession. Voy. arrêts des 18 avril 1566, 3 déc. 1592 et 17 août 1598.

(44 *bis*) Dans l'ancien droit, Bacquet, *d'Aub^e*, ch. 31, refuse à l'étranger le droit de se porter partie civile. Laplanche, II, p. 124, le lui accorde.

(45) Et ce silence est très-volontaire. L'art. 14, dit Trouchet dans la discus-

controverse, qui dure depuis quarante ans et au milieu de laquelle le terrain commence à se consolider un peu sous les pas du jurisconsulte.

Suivant le principe de l'indépendance des Etats, le tribunal français n'a pas juridiction pour les choses situées hors de son territoire, ni sur les étrangers. Ainsi le veut la maxime *actor sequitur forum rei*, à laquelle, pour le dire en passant, nous n'avons encore dérogé que dans l'intérêt du régnicole (art 41 C. c.). Mais le tribunal peut-il devenir compétent, s'il est saisi par le commun consentement des parties ? Ce consentement a-t-il la puissance d'opérer une prorogation nécessaire de juridiction et de forcer les juges, sous peine de déni de justice, de prononcer sur la contestation ? Là-dessus deux systèmes bien tranchés : l'un dit oui, l'autre dit non.

Le premier, vivement développé dans ces derniers temps par MM. Rocco, Victor Fouché, Rapetti et Fœlix, est peut-être destiné à triompher dans l'avenir, quand nous aurons fait un pas de plus vers l'unité de droit public européen. Mais le temps, jaloux de son œuvre, ne permet à personne de l'accomplir pour lui et les principes actuels, je ne dis pas immuables, de notre droit me paraissent résister à la réalisation immédiate de cette opinion dans la pratique (46).

L'étranger, dit ce premier système, a en France le droit général d'agir en justice ; on lui accorde des droits, il lui faut un moyen de les faire respecter : cela est de droit naturel, non de droit civil. Le législateur l'a voulu ainsi, et avec raison, car le mort civil, si profond que soit son dénuement juridique, *civil*, conserve le droit d'agir en justice par l'intermédiaire d'un curateur. Spécialement, l'étranger jouit

sion, ne s'occupe pas des étrangers entre eux. — (46) V. IIe disson de M. Rapetti, p. 80, M. Fœlix n° 122, M. Rocco, II, 13, 14. M. Légat, p. 301. Ce système est encore, en théorie, celui de Vattel, I, 8, II, 2 et 8, de Martens, IV, 3, et de M. Mittermaier, pp^{es}, § 109, note 15. C'est aussi en pratique celui du Grand-Duché de Bade, de la Hesse Rhénane, des Pays-Bas et de la jurisprudence de

aussi de ce droit, suivant l'art. 3-1° C. c., bien qu'il n'ait pas de domicile en France ; suivant l'art. 3-2° , bien qu'il ne réside pas en France ; suivant les art. 14, 15 et 16, bien qu'il n'ait pas la jouissance des droits civils. Il y a plus, la manière dont cette concession lui est faite suppose l'existence plus générale de ce droit d'agir devant les tribunaux français. Si donc le Code se tait sur les actions purement civiles entre étrangers, ce n'est pas qu'il les prohibe , mais c'est que, se taisant sur les droits des étrangers entre eux , il n'avait pas à en réglementer la sanction.

D'autres, moins hardis, ne vont pas aussi loin ; ils ne forcent pas l'étranger défendeur à subir malgré lui le jugement des juges français, mais ils obligent les juges de juger, si les deux parties y consentent, et ils invoquent la loi *julia judiciorum*, qui impose au Préteur l'obligation de prononcer sur toutes les contestations qui lui sont soumises. En second lieu, c'est, disent-ils, repousser les étrangers du territoire français que de leur refuser un jugement qu'ils réclament d'un commun accord. La justice est une dette de droit naturel ; on ne peut la refuser à personne ; étrangers ou indigènes , tous sont égaux devant elle , et c'est un bandeau sur les yeux qu'elle siège dans son sanctuaire ouvert à tous les suppliants. L'arbitrage est du droit des gens et le consentement des parties fait des juges français de véritables arbitres : comme juges , ils sont forcés de juger ; comme arbitres, ils rendent des sentences qui doivent avoir partout la force de la chose jugée.

Le second système , adopté par la jurisprudence française (47) et défendu avec éclat, dans ces derniers temps, par le premier des magistrats de France (48), se résume dans ces trois propositions : 1° Un étranger, en matière purement civile, ne peut traduire un autre étranger, qui s'y refuse, devant

la Prusse Rhénane.—(47) C'est celui de MM. Valette sur Proudhon I, 160, et Guichard, n°s 257 et 259. Cassation, 2 avril 1833. Il est aussi suivi dans les Pays-Bas et dans les Deux-Siciles—(48) Mémoire déjà cité de M. Portalis sur l'ouvrage de M. Rocco.

les tribunaux français ; 2° si les deux parties se présentent d'un commun accord devant le tribunal français, le tribunal peut juger ; 3° malgré cet accord, le tribunal peut, sans déni de justice, se déclarer incompétent.

En effet, l'étranger n'a point en France le droit *absolu* d'agir en justice : pouvoir exiger la justice d'un tribunal français est un droit éminemment civil, un privilége exclusif du citoyen. L'art. 3-1°-2° n'est point la reconnaissance d'un droit accordé à l'étranger ; c'est un devoir qu'on lui impose. Cet article est dans notre intérêt, le §. 1er dans l'intérêt du bon ordre, le §. 2e dans l'intérêt de la souveraineté ; il peut importer à l'étranger, dont il protège la personne ou la propriété, mais il nous importe plus encore. L'art. 14 est une dérogation au droit commun introduite dans l'intérêt du Français ; l'art. 15 protége encore le régnicole en lui offrant l'impartial secours de la justice de son pays, et, s'il est favorable à l'étranger, ce n'est que par une juste réciprocité des dispositions de l'art. 14. L'art. 16 n'a certes pas non plus été dicté dans l'intérêt exclusif de l'étranger. Ainsi, loin d'être des applications spéciales d'un système général organisé à l'état latent en faveur des étrangers, les diverses dispositions du Code ne sont que des dérogations, toutes françaises, au principe qui fait du droit d'agir en justice un droit éminemment civil : rien ne le prouve mieux d'ailleurs que ce qu'on dit du mort civil ; la mort civile lui enlève si bien d'elle-même l'exercice de ce droit, qu'il faut une disposition exceptionnelle pour le lui rendre.

Notre système est-il donc si peu fondé en droit et en logique ? En droit, il faut écarter la loi *julia judiciorum*, qui ne statue que pour l'intérieur de l'empire ; elle n'a en vue ni les étrangers ni les juridictions étrangères. Le grand intérêt de la libre communication des peuples n'est point compromis, puisque nous allons voir une exception en faveur des obligations commerciales. Enfin, il ne peut y avoir déni de justice que de la part de ceux qui la doivent, et les tribunaux de France doivent avant tout la justice aux plaideurs français. *Trois degrés d'élévation du pôle*, Pascal l'a dit, *renversent toute la jurisprudence :* comment donc nos juges seraient-ils forcés d'appliquer une législation dont ils n'ont ni la pleine science ni la pratique, car c'est suivant la loi étrangère qu'il faudra juger toutes les questions de statut personnel entre les étrangers (49)? Si le jugement est mal rendu suivant la loi étrangère, mal comprise en France, qu'adviendra-t-il, vis-à-vis de la justice française, du respect dû partout à la justice de tous les pays, quand on ira demander au juge étranger de rendre exécutoire ce jugement français qu'il n'aurait ni voulu, ni pu, ni dû prononcer ?

Notre jurisprudence fait donc bien de repousser la compétence absolue des tribunaux français. Elle exige que l'une des parties ait en France au moins un domicile de fait, un siége d'établissement (50); mais l'incompétence, qui se rattache au domicile du défendeur, n'est pas d'ordre public, et les tribunaux ne sont pas obligés de la déclarer d'office (art. 168, 169, 170 C. pr.). Le consentement des parties peut proroger la juridiction (51), mais il faut ce consentement. Notre jurisprudence s'en rapporte à la conscience des juges; s'ils se croient capables de rendre bonne

(49) M. Rapetti objecte que, dans toute cause où procède un étranger, il faut nécessairement, pour apprécier sa capacité, appliquer sa loi personnelle; mais autre chose est d'en faire l'application incidemment, autre chose de la faire au principal.—(50) Il en était de même dans l'ancien droit. Boullenois I, p. 607. Denisart, V° *Etr.* § 3. Merlin, *Rép.* V° *souveraineté* § 5.—(51) On peut le regarder comme exprès, s'il y a élection de domicile en France faite dans un acte passé entre deux étrangers (art. 111 C. c.). Cette élection sera facilement présumée dans certaines conventions ; par exemple lorsqu'il s'agit d'un salaire modique promis à un ouvrier auquel un travail a été commandé (M. Valette sur Proudhon I, 160). Il est encore exprès, s'il y a indication d'un lieu de paiement en France (obs°ⁿˢ de Tronchet sur l'art. 14. Discuss°ⁿ, p.19). La soumission peut aussi être tacite, par exemple, si le défendeur constitue avoué sur l'assignation et quelquefois aussi quand l'obligation, même

justice, elle les autorise à retenir les causes qui leur sont déférées; elle veut surtout qu'ils aillent en avant, quand leur intervention est requise dans l'intérêt sacré de la sûreté des personnes et des bonnes mœurs (52), mais elle prévient l'abus que pourraient faire de la juridiction française des étrangers, qui l'emprunteraient uniquement pour échapper à la clairvoyance de leurs juges naturels et à une rigoureuse application des lois régissant leurs engagements (53).

Il y a exception à ces règles, si l'étranger demandeur a la jouissance des droits civils, soit par suite de l'autorisation de l'art. 13 C. c., soit en vertu d'un traité diplomatique, passé entre la France et son pays (54).

civile, a été contractée en France. — (52) Ainsi, nos tribunaux peuvent heurter le droit de suite des lois personnelles en ordonnant, par application de l'art. 3-1° C. c., des mesures provisoires nécessaires à la sûreté de l'une des parties ; par exemple, en cas de contestation entre époux, ils peuvent autoriser la femme à quitter provisoirement le domicile conjugal et lui assurer des moyens d'existence. Ils peuvent encore, au nom du droit naturel, connaître d'une réclamation d'aliments formée par une femme étrangère contre son mari. Ils peuvent, sur la plainte de l'un des époux, appliquer à l'autre les peines de l'adultère, si le délit a eu lieu en France. C'est encore au nom des lois de police qu'un étranger peut en poursuivre un autre devant nos tribunaux, s'il y a eu dol, fraude, préjudice causé. Tel est, à mon avis, le sens d'un arrêt du parlement de Bordeaux de sept. 1775 et que M. Fœlix cite à tort comme faisant échec, dans l'ancienne jurisprudence, aux maximes énoncées plus haut.—(53) C'est surtout, en matière de questions d'état, que les tribunaux français sont incompétents. (Paris, 23 juin 1836); c'est une incompétence d'ordre public, que la volonté de l'étranger ne peut pas plus modifier que ne le ferait son domicile établi en France. Ainsi, un tribunal français refusera de prononcer la séparation de corps de deux époux étrangers ou la nullité de leur mariage; il ne pourra statuer sur une demande, formée par une femme étrangère contre son mari, à fin d'autorisation à l'effet de procéder à un acte de la vie civile, ni sur l'opposition formée par un père étranger au mariage que sa fille ou son fils se propose de contracter en France (Rennes, 16 mars 1842). Les tribunaux français doivent respecter le statut personnel des étrangers, car nous avons intérêt à ce que les tribunaux étrangers respectent l'état des Français. Contrairement à ce principe, la Cour du vice-chancelier de New-York a prononcé, le 19 août 1842, le divorce de deux Français mariés en France. (V. le J^{al} la Patrie, 20 sept. 1842).—(54) Traité du 11 janvier 1787 entre la France et la Russie.

— 400 —

§. II. *Actions résultant d'obligations commerciales.* Le compromis, nécessaire entre deux étrangers pour proroger la juridiction des tribunaux français, se forme tacitement pour les obligations contractées dans les foires françaises , et nos tribunaux sont, dans ce cas, obligés de juger la contestation. Les commerçants ont tous la même patrie, le monde, ou , comme l'a dit Valin en son commentaire sur l'ordonnance de marine de 1681 , en fait de commerce, il n'y a qu'une seule et même nation.

Dans l'ancien droit , les commerçants étrangers pouvaient invoquer entre eux la disposition de l'ordonnance de 1673 , tit. 12 , art. 17 , qui accordait au demandeur, à propos de marchés faits dans les foires , l'option qui lui est offerte aujourd'hui par l'art. 420 C. pr. (55). Les rédacteurs du Code civil n'ont point voulu s'écarter des principes de l'ancien droit sur cette matière (56), et l'exception relative aux marchés faits dans les foires doit même, à mon avis , s'étendre à *tous* les actes de commerce faits en France par des étrangers (57).

En effet , les ordonnances de nos anciens rois avaient eu pour but d'attirer les étrangers dans nos foires, parce que les foires naissantes avaient besoin de l'affluence des industries étrangères; ces ordonnances ne parlaient que des foires, parce que ce n'était guère que là qu'était le commerce, surtout celui fait par les étrangers. Aujourd'hui il n'en est plus ainsi : si l'on admet encore les priviléges du commerce,

(55) Boullenois I, 607 ; Despréaux, *Traité de la compétence des tribunaux de commerce,* n° 263. *Tous les princes chrétiens et mécréans,* nous dit le vieil auteur des *institutes consulaires , voulaient bien se soumettre, eux et leurs sujets, à nos juridictions marchandes, et l'on a vu amener des prisonniers d'Angleterre et de Barbarie, en vertu de jugements du conservateur des priviléges des foires de Lyon.*—(56) V. les observations de MM. Defermont, Réal et Tronchet lors de la discusssion de l'art. 14 (Discussion p. 19) au Conseil d'État.—(57) Cassation, 24 avril 1827. Merlin, *Rép*^{re} V° *Etranger* §§ 2 et 3. Toullier I, 265. M. Pardessus, n° 1477.

et l'on doit les admettre, ce n'est pas spécialement pour les marchés forains, c'est pour toutes les opérations commerciales qu'ils doivent survivre ; ce n'étaient pas les foires, c'était le commerce que l'on protégeait, et on le prenait là où il était. Il est partout, de nos jours ; protégeons-le partout, car il a encore besoin de crédit, de bonne foi et de célérité dans le jugement des contestations qu'il fait naître. C'est là ce qui le fait vivre.

Caution judicatum solvi. L'étranger défendeur ne peut exiger de l'étranger demandeur de fournir la caution *judicatum solvi.* Il en était autrement dans l'ancien droit (58); quelquefois même, si les deux plaideurs étaient de pays différents, la caution pouvait être respectivement exigée de chacun d'eux (59). Mais l'ancienne jurisprudence ne paraît préoccupée que de la seule pensée de garantir au défendeur le recouvrement de ses frais, tandis que le Code civil a donné à la caution *judicatum solvi* un caractère nouveau qui doit empêcher l'étranger défendeur de l'exiger, quand il ne jouit pas des droits civils en France.

Le texte me paraît peu propre à éclairer la discussion : il offre aux partisans des deux opinions des armes égales, ou plutôt il n'en offre à personne, bien que tous viennent lui en demander : le Code, n'ayant rien dit des contestations entre étrangers, n'a rien pu dire de la caution *judicatum solvi* à propos de ces contestations (60).

(58) Faber, § *sed hodiè*, Inst. *de satisd. et gall, quart.* 49. Un arrêt du parlement de Paris, du 23 août 1571 (Anne Robert, *Rer. jud.* lib. IV, 2), exige la caution du demandeur étranger. Quelques auteurs, trompés par Bacquet *d'aub°*, ch. 16 n° 2, prétendent que cet arrêt ne permet au défendeur d'exiger la caution qu'à la condition qu'il la donnera lui-même (Rousseaud Delacombe, V° *Aubain*, sect. 2, n° 2. Pothier, *Traité des Pers.*, part. I. tit. 2, sect. 2-2°), et l'erreur s'est perpétuée de proche en proche jusque dans le dernier ouvrage de M. Fœlix et dans le mémoire couronné de M. Sapey, p. 82, malgré les avertissements de Denisart, V° caution *judicatum solvi*, Merlin, *Eod. verb.*, Malleville sur l'art. 16, et Boncenne, t. 3, p. 183. — (59) Argou, *Instit. au droit fais*, t. 1, liv. 1, ch. 2. Chopin, *de Dom.*, ch. 2, n° 31.—(60) On ne peut donc

Restent les principes de logique. L'art. 16 C. c., placé au titre *de la jouissance des droits civils*, a pour but principal de prémunir le Français, attaché au sol par mille liens, contre le préjudice éventuel résultant de l'absence de toutes garanties de la part de l'étranger demandeur. La lutte eût été inégale et au désavantage du Français qui, en perdant son procès, eût été obligé de payer le principal et les frais, et qui, en le gagnant, pouvait encore perdre au moins les frais : l'art. 16 a voulu rétablir l'équilibre. Entre deux étrangers, au contraire, la lutte est égale ; pourquoi donner au défendeur pour ses frais une sûreté qu'il ne présente ni pour les frais ni pour le principal ? il a déjà l'avantage, dans bien des circonstances, de pouvoir décliner la juridiction des tribunaux français ; s'il l'accepte, il sait à quoi il s'expose. Le privilége de l'art. 16, dans les mains du Français, constitue un droit civil, je l'ai déjà dit ; lui seul a le droit absolu de plaider devant les tribunaux de France et de le faire librement et sans caution : tout étranger, qui ne jouit pas des droits civils, ne peut le faire : le droit de l'art. 16 est donc une faveur toute personnelle, laissée à la merci du défendeur, mais cette faveur n'est attachée qu'à la qualité de Français ; c'est pour lui seul que la loi l'a créée. Voilà pourquoi nous repoussons aujourd'hui la doctrine de l'ancien droit (61).

pas, pour l'affirmative, dire, comme on l'a fait, que le rapprochement des art. 15 et 16 semble n'accorder le droit de demander la caution qu'au *Français* défendeur. Qu'on ne dise pas non plus, pour la négative, que l'expression générique *étranger demandeur* des art. 16 C. c. et 166 C. p. c. s'applique à tous les cas, que le défendeur soit Français ou étranger. — (61) Merlin, Carré, Delvincourt, Boncenne, Zachariæ, MM. Coin-Delisle et Valette sur Proudhon exigent, au contraire, la caution. V. enc. Paris, 8 mars 1832 et 30 juillet 1834. Notre opinion est celle de Orléans, 26 juin 1828, Paris, 5 février 1840, Cassation, 15 avril 1842, et de MM. Duranton, Dalloz, Légat, Toullier, Rapetti et Fœlix.

CHAPITRE IV.

DE LA FORME, DE L'AUTORITÉ ET DE L'EXÉCUTION DES ACTES, JUGEMENTS ET SENTENCES ARBITRALES PASSÉS OU RENDUS EN PAYS ÉTRANGER.

ARTICLE I. — DES ACTES.

On distingue dans les actes les formes intrinsèques et *habilitantes*, des formes *extrinsèques* ou *instrumentaires*. Les premières sont sous la dépendance des lois personnelles, et, comme telles, c'est la loi du domicile de la personne qui les régit partout ; les autres sont régies par la loi du pays où l'acte est passé, suivant notre ancienne maxime *locus regit actum* (1). En effet, il y a des contrats qui peuvent se faire partout ; les Français les font en pays étranger, et, comme l'officier public étranger qui les reçoit ne peut obéir qu'à la loi de son pays, nous avons intérêt à voir concéder à nos nationaux l'usage de cette loi. Les étrangers peuvent les faire chez nous, et, en leur concédant ce droit, nous leur devons l'usage des formalités françaises ; nous ne pouvons leur offrir un droit inerte qui ne naîtrait pas viable, parce qu'il n'aurait ni le principe vital pour exister, ni le nerf nécessaire pour être mis en action. Aussi notre antique maxime a-t-elle conservé toute son autorité sous le Code (2), sauf

(1) Dumoulin, L. 1 ff. inf. *de test.* et L. c. *de emancip. liber.*, disait : *Aut statutum loquitur de his quæ concernant nudam ordinationem vel solemnitatem actús, semper inspicitur statutum vel consuetudo loci ubi actus celebratur. Sive in contractibus, sive in judiciis, sive in instrumentis aut aliis conficiendis, ità quòd testamentum factum, coram duobus testibus in locis ubi non requiritur major solemnitas, valet ubique ; idem in omni alio actu.* La règle *locus regit actum* ne s'est pas établie sans effort et sans lutte. Burgundus, qui l'admettait pour les contrats, la rejetait pour les testaments ; Cujas voulait qu'on suivît la loi du domicile du testateur et, au rapport de M. Fœlix, quelques auteurs allemands partagent encore son avis.—(2) La

quelques restrictions (3): elle est consacrée par l'art. 47 C. c., qui reconnaît comme valable tout acte de l'état civil des Français et des étrangers fait en pays étranger, s'il a été rédigé dans les formes usitées dans ce pays. De même encore, suivant l'art. 170 C. c., le mariage contracté en pays étranger entre Français ou entre Français et étrangers est valable, s'il a été célébré avec les formes en usage au lieu de la célébration, pourvu que le conjoint français ait rempli les formalités habilitantes de la loi française (4). Par conséquent, la preuve de l'existence de ce mariage peut être faite autrement qu'elle devrait l'être d'après les lois françaises, si le mariage eût eu lieu en France ; on peut même recourir à la preuve testimoniale, quand c'est la seule possible (Rejet, 8 juin 1809). Outre les publications il faut, suivant les expressions de M. Portalis, « que, trois mois après son retour, le Français vienne faire hommage à sa patrie du titre qui l'a rendu époux ou père, et qu'il naturalise ce titre en le faisant inscrire sur les registres de son domicile (art. 171 C. c.). » Mais aucune peine n'est attachée à l'inobservation de cette formalité, et le mariage n'en est pas moins valable (5). En-

première rédaction de l'art. 3 était ainsi conçue: « La loi oblige tous ceux qui « habitent le territoire français. *La forme des actes est réglée par les lois du* « *pays dans lequel ils sont faits ou passés.* » Le Tribunat signala le vague de cette disposition; la première partie fut modifiée comme l'on sait, la seconde passa inaperçue, s'évanouit et M. de Malleville (sur l'art. 3) n'en dit rien, tout en rappelant l'observation du Tribunat qu'il n'applique qu'à la première. — (3) Autrefois, par exemple, le statut local de Provence prescrivait, pour qu'une donation entre vifs fût valable, qu'elle eût été faite en présence du juge du lieu et du Conseil de la communauté. Ainsi encore, en Brabant, une constitution de 1611 décidait que les dispositions testamentaires d'immeubles n'étaient valables qu'autant que le testament qui les contiendrait serait conforme aux dispositions de la loi, non du lieu où le testament aurait été fait, mais du lieu où les biens légués étaient situés. Notre maxime fléchirait toujours dans des cas analogues.— (4) Sans cela les Français n'auraient pu contracter mariage en pays étranger et « la faculté de contracter mariage, dit M. Portalis (*exposé des motifs* de l'art. 170 C. c.) est universelle comme la nature, qui n'est absente nulle part. »— (5) M. Légat p. 370. Cass^on, 16 juin 1829.

fin, notre maxime reçoit encore son application dans l'article 999 C. c.; cet article reconnaît au Français, qui se trouve en pays étranger, la faculté de faire son testament par acte authentique avec les formes usitées dans le lieu où cet acte est passé (6).

Ainsi, l'acte considéré comme authentique par les lois du lieu de sa rédaction est regardé partout comme tel, c'est-à-dire que partout il fait également preuve complète : la question de savoir si un acte est ou non authentique tient en effet à sa forme, puisque c'est à l'observation de certaines formalités prescrites que les législateurs de tous les pays ont attaché cette foi spéciale de l'acte (7).

Mais les actes authentiques, passés en pays étranger, ne peuvent donner d'hypothèque sur les biens de France, quand même cette hypothèque y serait stipulée (art. 2128 C. c.). Il n'en a pas toujours été ainsi; nos plus anciens auteurs distinguaient la force exécutoire des contrats, de la convention d'hypothèque. Pour eux, la première était du droit public de chaque Etat, et, comme telle, elle était subordonnée à la juridiction exclusive dont étaient investis dans cet état les officiers chargés de la rédaction des contrats ; la seconde était du droit des gens, et, comme telle, elle ne dépendait que du consentement des parties. Par conséquent, l'obligation constitutive d'hypothèque sur les biens de France, quoique passée en pays étranger, produisait effet, si elle était reconnue par attes-

(6) Mais la règle *locus regit actum* est facultative, en ce sens qu'un Français pourrait tester en pays étranger, en la forme olographe, quand même la loi de ce pays ne le permettrait pas. Le sentiment d'une juste réciprocité nous ferait aussi considérer comme valable le testament qu'un étranger ferait en France en observant les lois de son pays. Dumoulin, 43ᵉ cons., soutenait la négative ; mais il n'était alors que l'ardent défenseur des principes féodaux, qui saisissaient, comme sujet temporaire de la loi territoriale, toute personne qui se trouvait dans le pays, même momentanément. La règle *locus regit actum* est consacrée textuellement dans le Code Bavarois, part. 1, ch. 2, 17; dans le Code Néerlandais, art. 10; dans le Digeste Russe, *Lois civiles*, X, suppl. art. 546.—(7) Pothier, *Introd. au tit. 20 de la Cout. d'Orl.* ch. 1, n° 9.

tation d'une autorité compétente du même pays (8). Mais, au commencement du XVIIe siècle, après la grande lutte des jurisconsultes sur les droits constitutifs de la souveraineté, on refusa à la volonté des parties le droit de constituer une hypothèque, l'on regarda généralement que le souverain seul pouvait imprimer le droit d'hypothèque sur le sol du royaume, et ce droit ne put dès-lors résulter que d'actes émanés de l'autorité publique : « *le notaire étranger*, dit d'Héricourt (œuvres posth., t. 2, p. 143), *n'ayant reçu son autorité que d'un prince qui ne peut donner de droit sur un fonds situé en France*, » on refusa de reconnaître le droit d'hypothèque résultant des actes publics reçus à l'étranger, et notre jurisprudence adopta cette maxime : *obligatio extrà Galliam contracta pro simplici chirographo est in Galliâ* (9), que l'art. 121 de l'ordonnance de 1629 traduisit ainsi : *les contrats ou obligations reçus ès-royaumes et souverainetés étrangères, pour quelque cause que ce soit, n'auront aucune hypothèque ni exécution en France, mais tiendront les contrats lieu de simples promesses* (10). L'on confondit ainsi, comme cela ressort du texte même de l'ordonnance, ce que jusqu'alors on avait distingué, *l'hypothèque* et *l'exécution* des actes : cette confusion s'explique d'autant plus facilement que, si l'hypothèque ne pouvait

Nouveau Denisart, V° *Donon entre-vifs* et V° *hypoth.* — (8) René Chopin sur Anjou, Legrand sur Troyes, Coquille, Loyseau en son *Traité des Offices*, Mourgues sur les *Statuts de Provence.*—(9) Mornac, sur la loi dern. ff. *de jurid.*, n° 11 ; Tronçon sur Paris, art. 165.—(10) Tel est, à mon avis, le vrai sens et le motif de cette métamorphose que M. Portalis signale, sans l'expliquer, comme une métamorphose fâcheuse et rétrograde en sens inverse du progrès des lumières et de la sympathie développée dans le monde, de peuple à peuple, par l'esprit philosophique (V. son article sur l'ouvrage de M. Rocco). La lutte était ardente, et l'ordonnance de 1629 ne l'éteignit pas (*hyp.* de Basnage, ch. 12, Brodeau sur Paris, Malicostes sur Maine, Lamoignon, V° *hyp.*). Cette ordonnance ne fut même jamais observée au parlement de Paris (*Mém. de Talon*, t. 3, p. 329. Pothier, *louage* n° 186, Grenier, *hyp.* t. 1, n° 14). On enveloppa dans la sanglante disgrâce du maréchal de Marillac l'œuvre de son frère Michel, garde-

plus résulter que d'un acte exécutoire, tous les actes exécutoires emportaient d'eux-mêmes hypothèque, sans convention des parties. On comprend donc que la loi française pouvait refuser à l'ouvrage des officiers publics étrangers un effet qu'elle n'accordait qu'à la parole de ceux qui étaient investis de sa confiance.

Que fait le Code civil au milieu de ces deux opinions (11)? Dans ses nouveaux principes, ce n'est plus la *puissance publique*, c'est la *convention*, c'est la *volonté des parties*, qui produit l'hypothèque (art. 2117-3°); les actes notariés en général sont bien encore exécutoires, mais ils ne confèrent plus l'hypothèque de plein droit et sans une convention spéciale (art. 2127 et 2129) (11 *bis*). Nous voilà revenus au premier système : mais dans l'art. 2128 le législateur oublie son principe nouveau ; au lieu de reconnaître la validité intrinsèque, *l'autorité de créance*, comme dit Pothier, de l'acte constitutif d'hypothèque passé à l'étranger, pour lui refuser seulement *l'exécution,* (parce qu'un acte de constitution d'hypothèque se résout toujours en exécution et que l'exécution forcée des contrats est un attribut réservé à la puissance publique du pays où elle doit avoir lieu (art. 546 C. pr.), il ne se rappelle plus que l'ancien texte du *Code Michau,* dont il retrouve aussi l'esprit dans l'art. 18 de la loi du 9 messidor an III (Voy. note 11), et il confond avec lui *l'hypothèque et l'exécution* : le principe fondamental a changé, et pourtant le Code conserve les conséquences de l'ancien. Ainsi, le Français peut vendre devant un notaire étranger ses biens situés en France, sauf à faire déclarer

des-sceaux, et on jeta sur l'ordonnance le sobriquet de *Code Michau.* — (11) L'art. 18 de la loi du 9 messidor an III disait : « Quant aux actes publics passés hors du territoire Français, ils sont privés de la faculté de conférer hypothèque: s'ils sont reconnus en France par acte authentique, le dernier est celui d'où résulte hypothèque en faveur du créancier. » —(11 *bis.*) Remarquons encore que les art. 14 et 15 C. c. supposent la validité des conventions passées à l'étranger.

l'acte de vente exécutoire en France, s'il est authentique ;
il ne peut grever ces mêmes biens, de la même manière,
d'une simple charge hypothécaire, et pourtant l'hypothèque
pas plus que la vente n'est elle-même un acte d'exécution.
Le Français peut le plus et le moins lui est interdit ! C'est
le priver à l'étranger d'un puissant moyen de crédit : mais le
Code a parlé, il faut se soumettre.

Puisque la stipulation d'hypothèque est, dans ce cas, considérée comme non écrite, un simple *pareatis* donné à
l'acte par le juge Français ne suffirait pas pour lui donner
la vie. Le créancier doit recourir à l'action judiciaire devant
un tribunal Français, faire assigner son débiteur, obtenir
un jugement contre lui et prendre inscription en vertu de ce
jugement.

Notre art. 2128 reconnaît du reste une exception fondée
sur les lois politiques et sur les traités (12).

ARTICLE II. — DES JUGEMENTS.

Les jugements, rendus en pays étranger, n'emportent hypothèque en France, qu'autant qu'ils ont été déclarés exécutoires par un tribunal français, sans préjudice des dispositions contraires qui peuvent être dans les lois politiques
ou dans les traités (art. 2123-4° C. c.) (12 *bis*). Cette disposition ne s'appliquait d'abord qu'aux jugements conférant
hypothèque, mais l'art. 546 C. pr. en a généralisé le principe en l'étendant à tous les jugements rendus et à tous les
actes passés à l'étranger.

Dans tout jugement il faut considérer le jugement en lui-même, ce qui constitue la chose jugée, et la force exécu-

(12) Il n'existe pas en France de loi politique sur cet objet. Un seul traité,
conclu le 24 mars 1760 entre la France et la Sardaigne, a dérogé, dans l'ancien
droit, à la disposition renouvelée par l'art. 2128 C. c.

(12 *bis*.) Il existe trois traités conclus entre la France et d'autres états
relativement à l'exécution des jugements ; avec la Suisse, le 18 juillet 1728,
avec la Sardaigne, le 24 mars 1760, et avec la Russie, le 11 janvier

toire. S'il est exécuté dans l'état même où il a été rendu, les deux parties émanent d'un seul souverain ; s'il doit être exécuté dans un autre état, deux pouvoirs sont en présence : le jugement et l'exécution émanent, chacun d'un pouvoir distinct.

« En principe, dit Merlin, l'autorité de la chose jugée ne dérive que du droit civil d'une nation ; c'est au nom du souverain que la justice y est rendue, mais l'autorité de chaque souverain ne s'étendant pas au-delà de son territoire, les actes émanés des juges qu'il délègue doivent perdre sur la frontière toute leur force civile. » L'exécution ne peut aussi dépendre que du souverain du pays où le jugement s'exécute, le principe de l'indépendance des états l'exige.

Les relations de bonne amitié et des considérations d'utilité et de convenance réciproques ont fait admettre des exceptions à la première partie de ces principes rigoureux ; mais on n'a jamais admis l'exécution *de plein droit* d'un jugement étranger, sans l'autorisation des juges du lieu de son exécution, qui seuls peuvent le revêtir de la formule exécutoire. Il s'agit donc seulement de savoir si le juge français accordera son *exequatur* par un simple *pareatis*, ou bien s'il ne le donnera qu'après révision du fond de la contestation. La question est encore vivement débattue dans la doctrine, sinon dans la jurisprudence française, qui refuse tout à la fois aux jugements étrangers et l'autorité de la chose jugée et l'exécution. Le tribunal français doit, à mon avis, examiner seulement si le jugement renferme une disposition contraire, soit à la souveraineté de la nation française, soit aux intérêts de la nation comme telle, soit enfin au droit public de la France : il ne s'occupera nullement de l'examen des droits privés des parties (13), et reconnaîtra sur ce point au jugement l'autorité de la chose jugée.

1787. V. Zachariæ § 32. — (13) Les publicistes du droit des gens moderne soutiennent que le *pareatis* doit être délivré sans révision du fond : 1° si le tri-

— 110 —

Rappelons d'abord le texte de l'art. 121 de l'ordonnance
du 15 janvier 1629 : « Les jugements rendus, dit-il, ès-
royaumes et souverainetés étrangères... n'auront aucune hypothèque ni exécution en notre royaume... et nonobstant
les jugements, nos sujets contre lesquels ils ont été rendus,
pourront de nouveau débattre leurs droits comme entiers
devant nos officiers. » Il y a là deux dispositions distinctes ;
l'une générale, reproduite avec plus de clarté dans l'art.
2123-4° C. c., l'autre spéciale et qui n'admet la révision
du fond que dans le cas où c'est le Français qui la demande,
et partant l'exclut dans tous les autres (14). Viennent ensuite les art. 2123-4°, 2128 C. c. et 546 C. pr. qui disent
que, pour produire effet, les jugements étrangers doivent
être... quoi ?... révisés ?... non, *déclarés exécutoires* par un
tribunal français : eh bien ! si le tribunal français, revisant
le fond, fait un nouveau jugement, sera-ce *rendre exécutoire* le jugement étranger ? Lisons avec soin l'art. 2123 : son
3° paragraphe reconnaît aux sentences arbitrales le pouvoir
d'emporter hypothèque, il ne leur manque pour produire
cet effet que *l'ordonnance judiciaire d'exécution*. Puis,
quand il s'agit des jugements étrangers, le § 4 continue, en

bunal a été compétent, 2° si l'étranger a été entendu librement et complètement, 3° si au fond la cause a été jugée d'après les lois du pays et si la décision est définitive et en dernier ressort. Cette exécution a lieu en outre, sous la
condition de réciprocité, dans les pays de l'Allemagne soumis au droit commun,
en Autriche, en Prusse, en Bavière, en Hanovre, en Sardaigne et en Danemark. La jurisprudence française, l'Espagne, le Portugal, la Russie, la Suède
et la Norwège n'admettent pas ce système de la réciprocité. Un troisième système, suivi en Angleterre, en Ecosse et aux Etats-Unis, laisse aux tribunaux
la faculté d'ordonner l'exécution même des jugements rendus dans les états qui
n'admettent pas la réciprocité (M. Fœlix, nos 292-293).— (14) V. Boullenois,
Julien, Emérigon, Denisart, Merlin et M. Persil. Disons aussi qu'au temps de
l'ord^ce de 1629, et comme un dernier vestige de l'ancien système féodal et des
droits des seigneurs-justiciers, la sentence d'un juge ne pouvait être exécutée
dans le *détroit* d'un autre juge, sans le *pareatis* de celui-ci. Dans les derniers
temps, quand la justice était rendue partout au nom du Roi, il *fallait* encore
un *pareatis* du Grand-Sceau pour rendre les jugements exécutoires hors de

les assimilant aux sentences arbitrales : « l'hypothèque , dit-
il , ne peut *pareillement* résulter..... » Suivons ensuite pas
à pas les règles du Code de proc. civ. en cette matière : remarquons sous quelle rubrique est placé l'art 546 : « règles
générales *sur l'exécution forcée* des jugements et actes. » Art.
545 : « pas *d'exécution* pour un seul jugement et acte sans
formule exécutoire. » Qui donc donnera cette formule au jugement étranger ? lisez l'art. 546. Puis vient l'art. 547, qui
abroge l'ancien usage du *visa* ou *pareatis* pour les jugements rendus à l'intérieur dans un ressort et *exécutés* dans
un autre. Remarquons l'enchaînement de tous ces articles et
de tous ceux contenus dans le même titre, nous y verrons toujours qu'il s'agit de l'exécution, non de la validité des jugements et actes. Le Code civil, éclairé par le Code de procédure, trouvait sur la même ligne (V. note 14) les jugements
rendus à l'étranger, qu'on voulait exécuter en France, et ceux
rendus dans un ressort du royaume qu'on voulait exécuter
dans un autre ressort : le législateur maintient la nécessité du
pareatis pour les premiers , il l'abroge pour les autres. Il
proclame l'unité de souveraineté dans la France, sortie de
la république française une et indivisible , et non l'unité de
souveraineté dans le monde. D'ailleurs , dans l'ordonnance
de 1629 , dans les art. 2123 , 2128 C. c. et 546 s. C. pr. ,
les jugements sont toujours sur le même rang que les actes.
Eh bien ! les actes passés à l'étranger sont valables s'ils
ont rempli certaines conditions, l'authenticité leur est accordée ; la force exécutoire leur est seul refusée : il en est
de même des jugements ; *judiciis quasi contrahimus.*

Enfin , les traités diplomatiques peuvent donner aux jugements étrangers la seule force qui leur manque , et ils ne

leur ressort. Les jugements consulaires étaient seuls exécutoires dans tout le
royaume sans *visa* ni *pareatis*. Eh bien ! les jugements rendus à l'étranger
étaient sur la même ligne que ceux rendus dans une autre province, puisque
les justices seigneuriales avaient été, dans le principe , aussi étrangères les unes

leur donnent que la force exécutoire ; il ne leur manque donc pas autre chose : « Qu'il existe, ou non, des traités, l'autorité de la chose jugée n'en est ni augmentée ni diminuée, dit M. Bérard des Glajeux (14 *bis*), les traités font seulement qu'elle entre de plein droit sur les territoires respectifs à l'égard desquels les traités interviennent, au lieu que, sans les traités, elle est soumise à l'acte de la puissance du territoire qui lui donne ou lui refuse son exécution. »

L'esprit de la loi est conforme au texte interprété dans ce sens : Les travaux préparatoires du Code civil n'offrent rien qui soit relatif à ses articles 2123 et 2128 ; l'on peut déjà conclure de ce silence qu'il n'y a pas une grande différence entre eux et l'art. 121 de l'ordonnance : or, cet art. 121 ne rejetait dans le jugement étranger que deux choses, *l'hypothèque* et *l'exécution* ; il admettait en thèse générale sa validité intrinsèque : *ce jugement passe pour opinion juste*, dit Bourjon (14 *ter*), *il a la force de la chose jugée et le condamné n'est point admis à en faire la critique.* L'ordonnance ne connaît à ce principe qu'un tempérament, c'est quand le condamné est français. Il n'y a plus d'exception dans le Code, son système est partout celui de la réciprocité, et, au moment où il le proclame dans l'art. 11, l'exception s'évanouit par cela seul dans l'ordonnance, il n'y a plus qu'une règle générale. Mais serait-ce donc la disposition exceptionnelle de l'ordonnance qui serait devenue cette règle inflexible ? Le Code Napoléon serait-il, sans prendre la peine de nous en avertir, plus soupçonneux au xixe siècle que le Code Michau au xviie ? Demandons-le à l'exposé des motifs de l'art. 546 C. pr. par M. Réal. (Locré, *législ. civ.*

aux autres que le royaume voisin le fut au royaume de France. — (14 *bis*.) Affaire Stacpoole, and[cc] du 6 mars 1824. — (14 *ter*.) Bourjon, *traité du droit commun de la France.* Boullenois pense que les jugements, rendus entre deux étrangers, hors de France, doivent s'exécuter chez nous avec un simple *parcatis* du Grand-Sceau. Voy. encore les arrêts du parlem. de Paris de 1777 et 1778, qui déclarèrent exécutoire une sentence de l'échiquier de Londres entre deux

T. 22', p. 572) ; demandons-le au tribun Favard, quand il parle du même article (Locré, p. 617) : Tous deux rappellent les art. 2123 et 2128 C. c., et tous deux, sans donner même un souvenir à la vieille exception ruinée par le Code, ne s'occupent exclusivement que d'un ordre d'exécution à donner par le tribunal français aux officiers ministériels du pays (15).

Pourquoi donc en était-il ainsi ? C'est que l'exécution seule peut intéresser l'indépendance de l'État, et que la chose jugée, quand elle a été régulière et légale (voy. note 13), ne touche qu'aux intérêts privés ; c'est que la réciprocité en pareille matière est ce qu'il y a de plus avantageux pour tous. Inclinons-nous donc devant l'autorité de la chose jugée à l'étranger ; c'est l'image de la vérité, elle doit être comme elle indépendante des pays et des lieux. Ne disons pas, à la honte de notre siècle et au grand dommage de notre pays (15 *bis*), que la justice d'un autre peuple est nécessairement suspecte et frappée d'impuissance et qu'elle ne peut passer la frontière française, sans soumettre au cordon sanitaire de la douane la raison de ces décisions ! Laissons juger les Français par les tribunaux étrangers, ou bien rayons les art. 14 et 15 du Code civil et repoussons toujours les étrangers des tribunaux français.

Toutefois, à de rares exceptions près, la jurisprudence, fixée d'abord dans ce sens, est revenue, depuis un arrêt de la Cour de Cassation du 19 avril 1819, au système qui dit que quiconque, français ou étranger, contre lequel un jugement dont on demande l'exécution en France a été rendu à

Irlandais.— (15) C'est parce qu'il doit y avoir révision, sur certains points intéressant le droit public de la France, que l'exécution est demandée au tribunal, et non au président seul comme lorsqu'il n'y a rien à examiner (art. 116, 166 et 1020 C. pr. — (15 *bis*.) La jurisprudence française révise les jugements étrangers et les tribunaux étrangers, par mesure de rétorsion, refusent d'admettre sans révision du fond les jugements français rendus entre Français et

l'étranger, peut débattre de nouveau ses droits devant le tribunal français (16).

Pour obtenir la formule exécutoire, la partie qui a intérêt à voir mettre à exécution en France le jugement étranger, doit faire assigner l'autre partie devant le tribunal français.

Tout ce qui précède ne s'applique qu'aux jugements civils. Nos lois, comme toutes celles de l'Europe, ne reconnaissent pas sur notre territoire l'effet des condamnations criminelles prononcées en pays étranger, comme l'incapacité résultant de la mort civile ou l'infamie qui s'attache à certaines peines. Les nations sont jalouses du droit de glaive et elles ne reconnaissent à personne le droit d'en user chez elles (16 *bis*).

ARTICLE III. — DES SENTENCES ARBITRALES.

Les sentences arbitrales, qu'elles émanent en France d'arbitres volontaires (liv. 3 , tit. 1 C. pr.), ou d'arbitres forcés (art. 51 s. C. co.), ne deviennent exécutoires que par l'ordonnance d'exécution délivrée par le président du tribunal de première instance (art. 1020 et 1021 C. pr. , art. 61 C. co.). Nos Codes ne disent rien de l'exécution des sentences arbitrales rendues en pays étranger.

La sentence, rendue par des arbitres volontaires en pays étranger entre Français et étrangers, tient de la nature du contrat (17) ; elle vaudra donc en France comme un contrat passé en pays étranger.

Mais si la sentence est un véritable acte de juridiction , s'il y a arbitrage forcé, l'arbitre procède comme délégué de la puissance publique ; la sentence n'a plus la nature d'un contrat. Il faut demander pour elle la force exécutoire au

---

étrangers. (V. M. Fœlix n° 322.) — (16) Malleville , Pigeau, M. Dalloz aîné, M. Duranton, Boitard, et récemment encore MM. Valette sur Proudhon et Fœlix ont adopté le système que nous défendons après eux.—(16*bis*) V. M. Sapey, p. 209.—(17) *Sans le compromis*, dit Merlin, *elle ne serait qu'un vrai chiffon.*

juge français, et, pour donner son *pareatis*, celui-ci ne pourra faire autre chose que ce qu'il ferait pour un jugement étranger, car elle ne peut être exécutoire d'une autre manière que les jugements qui ont choisi ou fait choisir les arbitres (18).

— (18) V. jugement du 21 janvier 1843, du tribunal de la Seine : Journal *le Droit* du 22 janvier.

FIN.

Caen.—Imp. de F. Poisson. 1843.

9 782329 056722